Königs Abi-Trainer

Rüdiger Bernhardt

Inhaltlicher Schwerpunkt: Epochenumbruch 18./19. Jahrhundert

unter besonderer Berücksichtigung der Entwicklung des Dramas

Schiller: *Don Karlos,* Büchner: *Woyzeck* und Kleist: *Prinz Friedrich von Homburg* (nur LK)

Deutsch-Abitur
Nordrhein-Westfalen 2011
(Grund- und Leistungskurs)

(Die Formen *Don Carlos, Dom Karlos* und *Don Karlos* stehen nebeneinander und wurden von Schiller gebraucht. In den letzten Jahren hat sich die Form *Don Karlos* nach der Ausgabe von 1805 durchgesetzt.)

Bange Verlag

Über den Autor:

Prof. Dr. sc. phil. Rüdiger Bernhardt lehrte neuere und neueste deutsche sowie skandinavische Literatur an Universitäten des In- und Auslandes. Er veröffentlichte u. a. Monografien zu Henrik Ibsen, Gerhart Hauptmann, August Strindberg und Peter Hille, gab die Werke Ibsens, Peter Hilles, Hermann Conradis und anderer sowie zahlreiche Schulbücher heraus. Von 1994 bis 2008 war er Vorsitzender der Gerhart-Hauptmann-Stiftung Kloster auf Hiddensee. 1999 wurde er in die Leibniz-Sozietät gewählt.

1. Auflage 2009
ISBN: 978-3-8044-3204-8

Druck und Weiterverarbeitung: Tiskárna Akcent, Vimperk

Zitierte Ausgaben

Die drei Primärtexte werden zitiert nach:

- Friedrich Schiller: *Don Karlos. Infant von Spanien. Ein dramatisches Gedicht.* Stuttgart: Reclam, 2001, Universal-Bibliothek Nr. 38.
  Zitiert mit Versangabe (z. B.: V. 3055 f.). –
  Varianten oder andere Texte Schillers werden zitiert nach: *Schillers Werke*. Nationalausgabe. Begründet von Julius Petersen. Hrsg. im Auftrag der Nationalen Forschungs- und Gedenkstätten der klassischen deutschen Literatur in Weimar (Goethe- und Schiller-Archiv) und des Schiller-Nationalmuseums in Marbach von Lieselotte Blumenthal und Benno von Wiese. Bd. 6 hrsg. von Paul Böckmann und Gerhard Kluge: *Don Karlos*. Bd. 7, Teil I, unter Mitwirkung von Lieselotte Blumenthal hrsg. von Paul Böckmann und Gerhard Kluge: *Don Karlos*. Bd. 7, Teil II, hrsg. von Paul Böckmann und Gerhard Kluge: *Don Karlos (Anmerkungen).* Weimar: Hermann Böhlaus Nachfolger, 1973, 1974 und 1986.
  Zitiert mit Sigle: NA Band- und Seitenangabe (z. B.: NA 6, 347).

- Georg Büchner: *Woyzeck.* Studienausgabe. Hg. von Burghard Dedner. Stuttgart: Reclam, 1999, Universal-Bibliothek Nr. 18007.
  Zitiert mit Seiten- und Zeilenangabe (z. B.: 21, 9).

- Heinrich von Kleist: *Prinz Friedrich von Homburg. Ein Schauspiel*. Anmerkungen von Bernd Hamacher. Stuttgart: Reclam, 2001, Universal-Bibliothek Nr. 178.
  Zitiert mit Akt-, Auftritt- und Seitenangabe (z. B.: 3.5., S. 55).

Wird innerhalb einer Abitur-Übungsaufgabe auf einen vorgegebenen Textauszug aus den drei Werken Bezug genommen, wird dort in Klammern die Druckzeile angegeben.

Vorwort

Dieser Kommentar dient der Vorbereitung auf das Abitur und behandelt das Thema des Epochenumbruchs vom 18. zum 19. Jahrhundert, der die Ablösung des Absolutismus durch die bürgerliche Gesellschaft einleitete und eine neue Klasse, die Arbeiterklasse oder das Proletariat, hervorbrachte. Dieser Wechsel zweier Gesellschaftsformationen wird an Friedrich Schillers *Don Karlos* und Georg Büchners *Woyzeck*, zwei Dramen, die diesen Ablösungsprozess einprägsam verdeutlichen, für den Abiturjahrgang 2011 dargestellt.[1] Zwischen beiden Dramen entstand Heinrich von Kleists *Prinz Friedrich von Homburg*, das Werk ist unter den gleichen Voraussetzungen für den Leistungskurs vorgesehen.

Es werden Ihnen Aufgaben zu diesen thematischen Schwerpunkten angeboten, bei denen Sie den Epochenwechsel unter verschiedenen Aspekten durchdenken können.

Die Übungsaufgaben sind für Grund- und Leistungskurs geeignet, da die Vorgaben als inhaltlicher Schwerpunkt mit den vorgegebenen Dramen und dem vorausgesetzten Wissen bis auf Kleists *Prinz Friedrich von Homburg* gleich sind; beim LK werden höhere Anforderungen an Komplexität und Fachsprachlichkeit gestellt. Der Erwartungshorizont ist entsprechend größer.

Um Ihnen diese selbstständige Arbeit zu erleichtern, werden Sie in wichtige Vorgänge der beiden Gesellschaftsformationen und in ausgewählte Widerspieglungsprozesse bei der Entwicklung des Dramas zwischen 1787 und 1836 eingeführt.

Bei den Aufgaben wurden Abiturbestimmungen zugrunde gelegt und Erwartungen einbezogen, wie sie im Zusammenhang mit früheren zentralen Abituraufgaben üblich waren.
Die Lösungsentwürfe sind so angelegt, dass die gründliche Beschäftigung mit den Einführungskapiteln (Teil I dieses Bandes) und die Kenntnis der dort mitgeteilten Fakten vorausgesetzt werden; sie sind umfassend angelegt, um möglichst viele Lösungsansätze und Varianten aufzuzeigen.

Autor und Verlag wünschen Ihnen Erfolg beim Umgang mit diesem Material und im bevorstehenden Abitur.

Autor und Verlag danken Herrn Ralf Gebauer, Harrani-Gymnasium in Herne, für hilfreiche Hinweise.

1 Bei der Erarbeitung des vorliegenden Materials wurden folgende Königs Erläuterungen und Materialien des Verfassers genutzt und teilweise verwendet:
Rüdiger Bernhardt: *Erläuterungen zu Georg Büchner. Woyzeck*. Königs Erläuterungen und Materialien Band 315, Hollfeld: C. Bange Verlag, 2008 (7. Auflage)
Rüdiger Bernhardt: *Erläuterungen zu Friedrich Schiller. Don Karlos*. Königs Erläuterungen und Materialien Band 6, Hollfeld: C. Bange Verlag, 2008 (3. Auflage).
Verwiesen wird außerdem auf Dirk Jürgens: *Erläuterungen zu Heinrich von Kleist. Prinz Friedrich von Homburg*. Königs-Erläuterungen und Materialien Band 451, Hollfeld: C. Bange Verlag, 2009.

Teil I: Vorausgesetztes Wissen

1. Epochenübersicht

Allgemeine Geschichte	Kulturgeschichte	Literaturgeschichte
Barock (1600–1720)		
Herrschaft des Absolutismus, Dreißigjähriger Krieg 1630–1648, Sieg über die Türken 1697 an der Theiß: Österreich-Ungarn wird zur europ. Großmacht. Friede im Nordischen Krieg 1719: Schwed. verliert europäische Macht.	Machiavelli: *Il Principe* (*Der Fürst*), 1513; dt. Sprachgesellschaften, erste Poetiken. In Engl. erster Landschaftspark. G. F. Händel: Leiter der Oper in London. Zeit Johann Sebastian Bachs.	J. Böhme (1575–1624), M. Opitz (1597–1639), P. Fleming (1609–1640), A. Gryphius (1616–1664), H. J. C. v. Grimmelshausen (um 1621–1676), Angelus Silesius (1624–1677). B. H. Brockes (1680–1747), J. C. Günther (1695–1723). Defoe: *Robinson Crusoe*, 1719
Aufklärung (1720–1785)		
Friedrich II., der Große von Preußen (1712–1786): 1740 Abschaffung der Folter. 1740–1745: Schlesische Kriege. Siebenjähriger (Dritter Schlesischer) Krieg (1756–1763): Preußen wird europ. Großmacht; Joseph II. (1765–1790: Kaiser des Hlg. Röm. Reiches Dt. Nat.) als Nachf. von Maria Theresia: Josefinische Reformen. Mme. Pompadour als Mätresse Louis' XV. von politischer Bedeutung; Bedeutung des 3. Standes (Bürger).	Übergang zur Aufkl. durch Anakreontik. Frühaufklärung: René Descartes (1596–1650): „Ich denke, also bin ich." (Cogito ergo sum) B. Spinoza (1632–1677), John Locke (1632–1704), G. W. Leibniz (1646–1716), A. H. Francke (1663–1727), Voltaire (1694–1778), J. J. Rousseau (1712–1778): *Zurück zur Natur*, zahlreiche Zeitschriften. 1735: Systema naturae (Carl v. Linné).	J. C. Gottsched (1700–1766, Entw. der Dramatik nach franz. Vorbild, Poetik), A. v. Haller (1708–1777, Lehrgedicht), C. F. Gellert (1715–1769), J. E. Schlegel (1719–1749) als Anakreontiker, G. E. Lessing (1729–1781): bürgerl. Trauerspiel nach engl. Vorbild, F. Klopstock (1724–1803): Dt. Gelehrtenrepublik, C. M. Wieland (1733–1813), M. Claudius (1740–1815). Ästh. Diskussionen: die Schweizer J. J. Bodmer und J. J. Breitinger. Engl. Sonderform: der empfindsame Roman (Sterne, Richardson). „Empfindsamkeit" setzte sich in Dt. nicht als Epochenbegriff, nur als Ergänzung zur Aufklärung durch.
Sturm und Drang (1767–1785)		
1. polnische Teilung 1772, 1774: König Louis XVI. in Frankreich (bis 1792). Nordamerika: Nordamerik. Unabhängigkeitskrieg (1775–1783), Landgraf von Hessen-Kassel verkauft insges. 19.000 Soldaten., Unabhängigkeitserklärung und Erklärung der Menschenrechte (1776). Österr.: Toleranzpatent (Freiheit der Religionsausübung), Aufhebung der Leibeigenschaft.	Naturrecht als Gesellschaftsrecht. Landschaftspark Wörlitz (1764–1798). Braunkohlenförderung. Stiftung der Bergakademie. Anfänge der industr. Rev. mit mech. Spinnmasch., mech. Webstuhl und Dampfmasch. des James Watt, Erste Weltreise des J. Cook (1768–1771).	Sog. Geniezeit. Periode datiert nach Herders *Fragmenten* (1767) bis zu Goethes erster ital. Reise 1786–1788. J. G. Hamann (1730–1788), C. F. D. Schubart (1739–1791), J. G. Herder (1744–1803), W. Heinse (1746–1803), H. L. Wagner (1747–1779); G. A. Bürger (1747–1794), F. Müller, genannt: Maler Müller (1749–1825), der junge Goethe und Schiller, J. M R. Lenz (1751–1792), F. M. Klinger (1752–1831), Göttinger Hain (Hainbund) mit J. H. Voß (1751–1826). Shakespeare wird für das dt. Theater und die dt. Dramatik entdeckt (Goethe: *Götz von Berlichingen*, 1773).

Allgemeine Geschichte	Kulturgeschichte	Literaturgeschichte
Klassik (1786–1805/1832)		
Französische Rev. von 1789: 14. 7. Bastillesturm. Deklaration der Menschen- und Bürgerrechte. 1792–1793: Tuileriensturm, Kanonade von Valmy, Abschaffung der Monarchie und Hinrichtung des Königs. 1793–1794: Jakobinerherrschaft mit Terror. 1793: Mainzer Republik. Koalitionskriege gegen Frankreich. Aufstieg Napoleons. Ende des Hlg. Römischen Reiches Dt. Nation (1806). Preuß. Reformen durch Reichsfreiherr vom und zum Stein (Bauernbefreiung). Erfurter Fürstenkongress 1808: dt. Staaten außer Preußen und Österr. treten dem Rheinbund bei. Napoleon erobert Europa, Niederlage in Moskau. 1813: Völkerschlacht bei Leipzig. Wiener Kongress (1814/15) mit Restauration. Rückkehr Napoleons, Niederlage bei Waterloo u. Verbannung nach St. Helena. 1815: Gründung des Dt. Bundes (ca. 40 Staaten bleiben von über 300 übrig).	Chem. Nomenklatur (Lavoisier u. a., 1787; Berzelius 1811). 1799–1804: A. v. Humboldts (1769–1859) Expeditionen nach Mittel- und Südamerika. Kant (1724–1804): kategorischer Imperativ. Phil. des dt. Idealismus: J. C. Fichte (1807/08: *Reden an die dt. Nation*). Mozarts *Figaros Hochzeit* (1786) und *Don Giovanni* (1787). – 1807: Dampfschiff (R. Fulton), L. v. 1808: Beethoven (5., 6. Sinfonie). 1811: Stahlgießerei und Maschinenfabrik Krupp. Europ. Dampfschifffahrt 1812. 1825: 1. Techn. Hochschule Dt.s in Karlsruhe. Eisenbahn (Stephenson), Eisenbahn zw. Manchester u. Liverpool (1830). 1832: Goethes Tod bedeutet „Ende der Kunstperiode" (Heine).	J. J. Winckelmann (1717–1768): antikes Schönheitsideal der Klassik. J. W. v. Goethe: *Iphigenie auf Tauris* (1779–1787), *Egmont* (1788); *Tasso* (1790), *Faust* (Fragment, 1790); J. J. W. Heinse: *Ardinghello* (1787), **F. Schiller: *Don Karlos* (1782–1787 entst.; UA und Druck 1787),** *Wallenstein* (1798–1799), *Maria Stuart* (1800), *Wilhelm Tell* (1804). U. Bräker: *Der arme Mann im Tockenburg* (1789), J. G. A. Forster (1754–1794): *Reise um die Welt* (1777), W. v. Humboldt (1767–1835): *Ideen über Staatsverfassung* (1791) J. C. F. Hölderlin (1770–1843): *Hyperion* (1797), J. Paul (1763–1825): *Hesperus* (1795), *Titan* (1800–1803), **H. v. Kleist (1777–1811): *Prinz Friedrich von Homburg* (1809–1811 entst.; UA und Druck 1821),** *Penthesilea* (1808), *Der zerbrochene Krug* (1808), J. P. Hebel (1760–1826): *Kalendergeschichten, Alemannische Gedichte*, J. (1785–1863) u. W. (1786–1859) Grimm: *Deutsche Sagen, Dt. Grammatik* u. Beginn des *Dt. Wörterbuches*. A. v. Platen (1796–1835): *Ghaselen* (1821). Europäische Lit.: Shelley: *Der entfesselte Prometheus* (1820), Manzoni: *Die Verlobten* (1827), Mickiewicz: *Totenfeier* (1823/32/60), Stendhal: *Rot und Schwarz* (1830)
Romantik (1795–1835) [Biedermeier 1815–1848[2]]		
1809 Widerstand gegen Napoleon durch Einzelaktionen (Major Schill, Andreas Hofer, Schwarze Schar des Herzogs von Braunschweig). 1814: Louis XVIII. (Bourbonenrestauration). 1817: Wartburgfest. 1818: Allgem. Dt. Burschenschaft. 1819: Karlsbader Beschlüsse, Demagogenverfolgung.	1797: In Engl u. Dt. schließen sich junge Schriftsteller zusammen (die „Lakers" und die „Jenaer"). 1810: Malervereinigung der Nazarener in Rom. 1811: Jahn eröffnet ersten Turnplatz in Berlin. Gemälde C. D. Friedrichs. Bedeutende Zeitschriften 1798 ff. (*Athenäum*). Lit. Salons als Kulturzentren:	Frühromantik/Jena: A. W. (1767–1845) und F. (1772–1829) Schlegel, C. Schlegel (verheiratet u. a. mit A. W. Schlegel, Schelling, befreundet mit G. Forster), Novalis (1772–1801): bedeutendster Dichter der Frühromantik, L. Tieck (1773–1853), E. T. A. Hoffmann (1776–1822). Hochromantik nach 1805 (Heidelberg): A. v. Arnim (1781–1831), C. Brentano (1778–1842): Sammlung von Volksliedern (*Des Knaben*

2 Der Begriff „Biedermeier" für die Zeit 1815–1848 hat sich in der Lit.wiss. nur sehr bedingt durchgesetzt u. größere Bedeutung nur in Innenarchitektur, Mode und Malerei erlangt. Dort diente er zur Bezeichnung einer schlichten bürgerlichen Kultur.

Allgemeine Geschichte	Kulturgeschichte	Literaturgeschichte
1821: Griech. Freiheitskampf bis 1829, Philhellenismus. 1822: Hlg. Allianz: Unterdrückung der bürgerl. Rev. in Europa. 1830: Julirev. in Frankreich – Die Restauration wird gelenkt von Fürst Metternich (1773–1859): kämpfte gegen Liberalität, verfolgte rev. Bewegungen unter Dichtern und Studenten.	Rahel Varnhagen, H. Hertz, Bettina von Arnim, K. v. Günderrode. Gründung des Börsenvereins des dt. Buchhandels (1825), utop. Sozialismus: Saint-Simon. Eisenbahn: Nürnberg-Fürth 1835. Architektur: Klassizismus von Schinkel.	*Wunderhorn*) und Volksdichtungen, Brüder Grimm: *Kinder- und Hausmärchen* (1812/15). Spätromantik/Schwaben nach 1820 (volkstüm.): L. Uhland (1787–1862), Gustav Schwab (1792–1850), Justinus Kerner (1786–1862), E. Mörike (1804–1875). Romant. Schicksalstragödie (Zacharias Werner, Adolf Müllner). J. v. Eichendorff (1788–1857), W. Müller, genannt: Griechen-Müller (1794–1827). Österr. Dichtung: F. Raimund, J. N. Nestroy, F. Grillparzer. Engl.: Lord Byron.
Junges Deutschland, Vormärz (1830–1850)		
1832: Hambacher Fest, 1833 Frankfurter Wachensturm. 1834: *Hessischer Landbote* (G. Büchner, F. L. Weidig), Dt. Zollverein schafft einheitl. Markt. Weberaufstand in Lyon – 1835: Erlass gegen das Junge Dt. 1836: Bund der Gerechten (pol. Organisation d. dt. Arbeiter). Schles. Weberaufstand (1844). Bund der Kommunisten (1847) u. Komm. Manifest (1848). Aufstände u. Rev. in Europa (Berlin, Wien), Februarrev. in Frankr., badischer Aufstand (1848/49). 1848/49: Dt. Nationalversammlung in der Frankfurter Paulskirche. Reichsverweser Erzherzog Johann von Österreich bleibt machtlos. Erste Gewerkschaften in Dt. Franz Joseph I., Kaiser von Österreich (1848–1916)	1832: opt. Telegraf Berlin – Koblenz. 1837: Protesterklärung der Göttinger Sieben (darunter Wilhelm und Jacob Grimm) gegen die Aufhebung der Verfassung im Königreich Hannover, daraufhin Entlassung und für einige Landesverweisung. Telegraf (Morse) – 1839: Daguerre-Fotografie. Künstl. Dünger (Liebig). 1847: Semmelweis entdeckt Ursache d. Kindbettfiebers. C. Darwin (1809–1882): Weltreise 1831–37. Gemälde A. Menzels (1848 u.a. der Märzgefallenen). –Steigende Bedeutung des Journalismus, u. a. *Neue Rhein. Zeitung* (1848–49), hrsg. von Karl Marx.	Junges Deutschland: L. Börne (1786–1837), H. Heine (1797–1856), C. D. Grabbe (1801–1836), L. Wienbarg (1802–1872), H. Laube (1806–1884), K. Gutzkow (1811–1878). **G. Büchner (1813–1837): *Woyzeck* (1836/37 entst.; Druck 1878, UA 1913)**, K. Immermann (1796–1840). Pol. Gedichte bis 1840 von Platen, Lenau, Mosen, Chamisso. Pol. Dichtung im Vormärz: Herwegh, Werth, Freiligrath, A. H. Hoffmann v. Fallersleben, A. Glaßbrenner. der Westfale F. W. Weber (1813–1894) und sein Epos *Dreizehnlinden* (1878). Frankr.: V. Hugo, A. Dumas: *Der Graf von Monte Christo* (1845/46) Schweiz: J. Gotthelf (1797–1854), G. Keller (1819–1890).
Realismus (1850–1890)		
1849 Frankfurter Nationalversammlung aufgelöst. 1851: Staatsstreich Louis Napoléons, bis 1870 zweites Kaiserreich (Nap. III.). 1862: Bismarck wird Min.präsident Preußens.	1854: Elektr. Glühlampe. 1856: Fund des Neandertalers. 1858: Marienvisionen in Lourdes, Virchow entw. Zellularpathologie. 1859: Darwin *Über den Ursprung der Arten*,	C. Sealsfield (1793–1864), A. Droste-Hülshoff (1797 –1848), A. Stifter (1805–1868), F. T. Vischer (1807–1887), F. Reuter (1810–1874): als Burschenschaftler 1836 zum Tode verurteilt, zu 30 Jahren Festungshaft begnadigt.

Allgemeine Geschichte	Kulturgeschichte	Literaturgeschichte
1863: Gründung des ADAV (Allgem. Dt. Arbeiter-verein) unter F. Lassalle. 1864: Dt.-dän. Krieg. 1866: Dt.-österr. Krieg, Auflösung des Dt. Bundes. 1869: Gründung der Sozialdemokratischen Arbeiterpartei Dt.s, Unfehlbarkeitsdogma des Papstes. 1870/71: Dt.-frz. Krieg, Pariser Kommune. 1871: Gründung des Dt. Reiches und Wahlen zum Reichstag. Reparationen führen zu „Gründerjahren" u. seit 1873 zur Gründerkrise. Abgrenzung zwischen Kirche u. Staat: Kulturkampf (ab 1871). 1878: Sozialistengesetz bis 1890 (Verbot der Sozialdemokratie)	Vererbungstheorie. – Opern R. Wagners und G. Verdis. Bilder L. Richters u. A. Böcklins (u. a. *Die Toteninsel*, 1880). 1859–69: Bau des Suezkanals. 1866: Dynamomasch. (Siemens). 1868: Haeckel: *Natürl. Schöpfungsgesch.* 1870: Gründung der Dt. Bank. 1871: Schliemann findet Troja. Benzinmotor (Otto, 1876). R. Koch entdeckt Milzbrandbakterium (1876), funktionssicheres Telefon (A. G. Bell, 1876), Gründung des Weltpostvereins (1878). 1883: Marx beendet das *Kapital*.	F. Hebbel (1813–1863), O. Ludwig (1813–1865), G. Freytag (1816–1895), Th. Storm (1817–1888), G. Keller (1819–1890), Th. Fontane (1819–1898), C. F. Meyer (1825–1898), F. Spielhagen (1829–1911), M. v. Ebner-Eschenbach (1830–1916), W. Raabe (1831–1910), W. Busch (1832–1908): Bildergeschichten, L. Anzengruber (1839–1889), F. Nietzsche (1844–1900, seit 1889 geisteskrank): Zurücknahme des klass.-antiken Vorbildes. Unterhaltungslit.: E. Marlitt (1825–1887, P. Rosegger (1843–1918).
Naturalismus (1880–1890)		
Dt. Kaiserreich (1871–1918), Bismarck wird Reichskanzler bis 1890. 1884: Dt. weitet Kolonialbesitz aus, Sozialdemokratie hat Stimmengewinne, auch bei den nächsten Wahlen. 1887: Rückversicherungsvertrag mit Russland. 1888: Dreikaiserjahr, Wilhelm II. besteigt den Thron. 1889: 1. Mai wird Kampftag der intern Arbeiter. 1890: Fall des Soz.gesetzes, Sturz Bismarcks; Dt. tauscht Sansibar gegen Helgoland. Zyklische Überproduktionskrise bis 1894. Dt. Expansionspolitik: Flottenprogramm.	Wirtsch. wird elektrifiziert, chemisiert u. motorisiert. Einfluss Darwins (s. o.), der Religionskritik L. Feuerbachs, des Positivismus, des mech. Materialismus (L. Büchner, 1824–1899) u. der Milieutheorie (H. Taines, 1828–1893) auf den Naturalismus. Soziologie als Wiss. entsteht. K. Duden schafft Wörterbuch. Gemälde van Goghs, Cézannes, Liebermanns.	Gebr. Hart: *Kritische Waffengänge* (1882–84), *Moderne Dichtercharaktere* (1885), K. Bleibtreu: *Rev. d. Lit.* (1886), *Freie Bühne* (1889), zahlreiche Zeitschr. wie *Die Gesellschaft* (1885 ff.). Entdeckung der Außenseiter u. des 4. Standes (Proletariat) als lit. Thema. D. v. Liliencron (1844–1909), der Westfale P. Hille (1854–1904), H. Sudermann (1857–1928), J. Schlaf (1862–1941), G. Hauptmann (1862–1946), A. Schnitzler (1862–1931), A. Holz (1863–1929), H. Bahr (1863–1934) verkündet 1891 die *Überwindung des Naturalismus*. Ausländ. Einflüsse: F. Dostojewski (1821–1881); L. Tolstoi (1828–1910), H. Ibsen (1828–1906), B. Björnson (1832–1910), A. Strindberg (1849–1912), E. Zola (1840–1902).

Der Naturalismus löst sich seit 1890 in zahlreiche Gegenströmungen auf (u. a. Höhenkunst, Impressionismus, Neuromantik, Neoklassik, Symbolismus usw.), die voneinander kaum abgrenzbar sind.

2. Erläuterung des Epochenumbruchs vom 18. zum 19. Jahrhundert

Drei Entwicklungen

Der Epochenumbruch vom 18. zum 19. Jahrhundert ist einschneidend: Die absolutistische, feudalaristokratische Epoche wird von der bürgerlich-kapitalistischen Epoche, die sich zum Imperialismus entwickelt, abgelöst. Drei herausragende Entwicklungen bestimmen diesen Geschichtsprozess, begleitet von zahlreichen anderen Veränderungen:

1. Philosophisch und geistesgeschichtlich vollzieht sich die **Befreiung des individuellen und gesellschaftlichen Denkens** von religiösen Dogmen und erstarrten Ritualen, ein im 17. Jahrhundert beginnender gesamteuropäischer Vorgang, der in Deutschland unter dem Begriff „Aufklärung" zusammengefasst wurde. Er ging von Frankreich und England aus, hatte aber auch in Deutschland bedeutende Vertreter (G. W. Leibniz, 1646–1716; C. Thomasius, 1655–1728; Christian Wolff, 1679–1754). Von besonderer Bedeutung war die Herausbildung eines bürgerlichen Staates während des amerikanischen Unabhängigkeitskrieges (1775–83), der sich auf den Ideen der französischen Aufklärung gründete. Das führte auch in Deutschland zur Politisierung des philosophischen Denkens und verbreitete die Überlegungen Jean-Jacques Rousseaus (1712–1778), zu finden in *Der Gesellschaftsvertrag* (1762). An die Stelle des Feudalabsolutismus stellte Rousseau das Ideal einer freien gesellschaftlichen Vereinigung, darin sollten jeder Bürger und sein Eigentum den Schutz des Staates erhalten. Es herrscht der aus dem Naturrecht abgeleitete Allgemeinwille.
Die folgenden philosophischen und ästhetischen Entwicklungen – Sturm und Drang, Klassik, Romantik, aber auch die Dialektik eines Georg Wilhelm Friedrich Hegel und eines Karl Marx – stehen im Zeichen des aufklärerischen Denkens, das zur Quelle der modernen Philosophie wurde. Deutlich wird das zum Beispiel dadurch, dass der führende Kopf der deutschen idealistischen Philosophie Immanuel Kant 1784 in seiner Schrift *Beantwortung der Frage: Was ist Aufklärung?* die heute noch gültige **Bestimmung der Aufklärung** vornahm: „Aufklärung ist der Ausgang des Menschen aus seiner selbstverschuldeten Unmündigkeit. Unmündigkeit ist das Unvermögen, sich seines Verstandes ohne Leitung eines anderen zu bedienen. Selbstverschuldet ist diese Unmündigkeit, wenn die Ursache derselben nicht am Mangel des Verstandes, sondern der Entschließung und des Mutes liegt, sich seiner ohne Leitung eines anderen zu bedienen. Sapere aude! Habe Mut, dich deines eigenen Verstandes zu bedienen! ist also der Wahlspruch der Aufklärung." Literarische Entwicklungen entstanden aus dem aufklärerischen Denken, das bürgerliche Drama war zum Beispiel „wesentlich ein Kind der moralischen Aufklärung" (Hermann Hettner: *Das moderne Drama*, 1852).

2. Die zweite Entwicklung betrifft den **Beginn der industriellen Revolution**, die von England ausging, sich europaweit von West nach Ost durchsetzte und andere Veränderungen, Organisationen und Konzentrationen auslöste: Das Bankwesen führte zur Gründung von nationalen Banken (Bank von England, 1694), um die finanziellen Mittel für die industrielle Entwicklung zu schaffen; die dafür benötigten Arbeitskräfte führten zur Entwicklung des Proletariats, das im *Manifest der*

Kommunistischen Partei (1848) von Karl Marx und Friedrich Engels sein wichtigstes politisches Programm bekam und sich zu organisieren begann (1847 aus dem „Bund der Gerechten" hervorgehender „Bund der Kommunisten").
Das sich verstärkende bürgerliche Denken führte auch zur Gründung des ersten bürgerlichen enzyklopädischen Museums, das 1753 in London angeregt und 1759 als „British Museum" geöffnet wurde. Es dokumentierte die Kulturgeschichte der Menschheit ohne Rücksicht auf aristokratische Machtausübung.
Die naturwissenschaftlichen Fortschritte führten zu grundlegenden Veränderungen in der Produktion (beginnende Mechanisierung), zur Ertragssteigerung in der Landwirtschaft (Chemisierung) und zu einem völlig neuen Verkehrswesen (Dampfmaschinen, Dampfschiffverkehr seit 1816, Lokomotiven, Eisenbahn).

3. Schließlich stand das Jahrhundert von 1750 bis 1850 im Zeichen **revolutionärer Bewegungen**, von denen die Französische Revolution von 1789 mit ihren Forderungen „Freiheit, Gleichheit, Brüderlichkeit", die französische Julirevolution 1830 und die bürgerlichen Revolutionen von 1848, die mehrere europäische Länder betrafen, den Rahmen bildeten. Die Französische Revolution von 1789 (Sturm auf die Bastille) löste eine der gewaltigsten Veränderungen in der Weltgeschichte aus. Die Losung der Revolution „Liberté, Égalite, Fraternité" stammt aus der *Deklaration der Rechte des Menschen und des Bürgers* (26. 8. 1789). Die Losung behielt in den späteren Revolutionen ihre Bedeutung und wurde in der Pariser Kommune wieder aufgenommen. Dass es sich bei den revolutionären Ereignissen in der Folge der Französischen Revolution um einen langfristigen Vorgang handelte, war den Zeitgenossen bewusst; 1852 schrieb H. Hettner: „Jene große Revolution ist ja nur der erste furchtbare Anfang einer welterschütternden Umwälzung, die noch heute zermalmend über unsere Häupter dahinrollt." (*Das moderne Drama*, 1852)
Die revolutionären Ereignisse des ausgehenden 18. Jahrhunderts lösten in verschiedenen europäischen Ländern Befreiungsbewegungen aus (Griechenland 1821–1829, Polen 1830–1831), die von lebhaften literarischen Entwicklungen, vor allem in der deutschsprachigen Lyrik, begleitet wurden.

Geschichte, Politik, Wirtschaft
1789 bis 1840

In Folge der Französischen Revolution von 1789 zerfielen die absolutistischen Herrschaftsstrukturen in Europa, eine zunehmend bürgerliche Gesetzgebung entwickelte sich und es kam zu einer **territorialen Neuordnung Europas**, die trotz der vom Wiener Kongress (1814/15) unter Fürst Metternich beabsichtigten und eingeleiteten Restauration nur teilweise zurückgenommen werden konnte. Als Napoleon nach dem Thronverzicht 1814 und dem Rückzug nach Elba 1815 überraschend nach Frankreich zurückkehrte und sein Siegeszug nach Paris begann, beendete der Kongress die Verhandlungen schnell und der preußische König erneuerte seine Verfassungsversprechen an das Volk.
Am 18. Juni 1815 wurde Napoleon bei Waterloo geschlagen. Russland, Österreich und Preußen schlossen sich zur **Heiligen Allianz** zusammen, der fast alle europäischen Herrscher beitraten, um die bürgerlichen Bewegungen und Aktionen einzuschränken. Die Heilige Allianz erschien Dichtern wie Georg Büchner als Hindernis bei der Neugestaltung Europas, aber sein politisches und soziales Ziel einer gesellschaftlichen Neuordnung, wie er es im *Hessischen Landboten* beschrieben hatte, verlor er deshalb nicht aus den Augen.

Der **Widerspruch zwischen feudal-aristokratischer Herrschaftsform und bürgerlich-kapitalistischer Produktionsentwicklung** wurde zunehmend größer, auch vorangetrieben durch die teilweise Aufhebung der Zersplitterung Deutschlands: Von mehr als 300 souveränen Gebilden waren nach dem Wiener Kongress 40 geblieben. Entscheidend waren die industriellen Entwicklungen. Sie schlugen sich in Deutschland, das überwiegend noch ein Agrarland war, zuerst in der Landwirtschaft nieder, befördert durch die zunehmende Aufhebung der Leibeigenschaft, die 1781 in Österreich begonnen hatte – doch blieben bestimmte Verpflichtungen (Erbuntertänigkeit) noch bestehen –, 1810 in Preußen fortgesetzt und in beiden Staaten 1848 abgeschlossen wurde. Der Einsatz von Maschinen, meist englischer Herkunft, steigerte die Erträge vor allem bei der Kartoffel- und Zuckerrübenproduktion; 1840 begann Justus Liebig mit der künstlichen Düngung. In der Industrie begann die Veränderung in der Textilindustrie durch den Einsatz von Spinnmaschinen (seit 1785); 1826 entstand die erste Spinnmaschinenfabrik in Chemnitz. Die Handarbeit wurde durch Maschinen abgelöst, es kam deshalb zu Weberaufständen (1831 Lyon, 1844 Schlesien), denn die Weber waren mit ihrer Manufakturproduktion gegenüber der industriellen Produktion nicht mehr konkurrenzfähig. Diese Aufstände erschütterten Europa, hielten bis zum Ende des Jahrhunderts an und wurden im Verlauf des 19. Jahrhunderts zunehmend zum literarischen Thema.
1819 wurden unter der Führung Metternichs die **Karlsbader Beschlüsse** erlassen, um die bürgerlichen und studentischen Bewegungen einzudämmen: eine verschärfte Pressezensur, Einschränkungen der universitären Freiheiten, Verbote, Behinderungen der Burschenschaften und Kontrolle der Buchproduktion behinderten zehn Jahre die bürgerlichen Entwicklungen. Am 20. Juni 1833 hatte der Bundestag die „Centraluntersuchungsbehörde" beschlossen, die auf allen deutschen Universitäten strenge Überprüfungen durchzuführen hatte und viele Studenten in die Prozesse um den Frankfurter Wachensturm (1833) verwickelte. Nach dem Sturm auf die Frankfurter Hauptwache 1833 wurden an allen Universitäten staatliche Unterdrückung und Verbote burschenschaftlicher Tätigkeit durchgesetzt. Attentate verschärften den Druck auf die Universitäten. Es dauerte Jahre, bis alle Strafen verkündet, Zuchthaus- und Festungsstrafen erteilt und die Anstellungsfähigkeit bzw. das Bleiberecht verkündet oder versagt wurden. Erst nach 1840 milderten sich die Verhältnisse an den Universitäten.

Schiller und der Begriff der Freiheit

Von den Forderungen der Französischen Revolution „Freiheit, Gleichheit, Brüderlichkeit!" war Schiller von der Freiheit besonders fasziniert. Sie hatte sowohl in Schillers persönlicher Erfahrung als auch in seinen philosophischen Studien eine besondere Rolle gespielt. Schiller gilt als der deutsche Dichter der Freiheit, der deutsche Dichter der Jugend, der deutsche Dichter des Gefühlsüberschwangs, der Dichter als geborener Kämpfer: Die summierende Reihe solcher Versatzstücke, die sich oft zu Legenden führten, ließe sich fortsetzen. Für Schiller war „Freiheit" von Beginn bis zum Ende seines Schaffens eine zentrale Idee, die er mit der ästhetischen Erziehung des Menschen verband. Durch die Schönheit sollte die Freiheit errungen werden, Erziehung war das Mittel. Kein anderer Dichter hat der Kunst eine solche Macht bei der Welt- und Gesellschaftsveränderung zugetraut wie er. – Mit den realen Kämpfen hatte Schiller es dagegen schwer. Seine *Räuber* sind das Sinnbild eines Freiheitskampfes geworden. Sein Karl Moor weiß, „die Freiheit brütet Kolosse und Extremitäten aus". Aber Karl Moor und seine Räuber scheitern. Der Höhepunkt der Freiheitsvorstellungen Schillers wurde im *Don Karlos* erreicht, dem gewaltigsten, vom Dichter wenig geliebten Werk. Posas „Geben Sie Gedankenfreiheit" ist zu *dem* Sinnspruch Schillers bis in die Gegenwart geworden und wird bis heute immer wieder zitiert. Für das „unterdrückte Heldenvolk" der Niederlande, das Posa unterstützte, hatte er Karlos als Anführer vorgesehen. Aber beide kommen um und das Heldenvolk verliert seine Führer. Die Reihe ließe sich fortsetzen; Wallenstein erörtert erst, als er um seinen Untergang weiß, die Möglichkeiten der „Freiheit" und verspricht sie: „Ihr verdientet / Die Freiheit". Er kann sie aber nicht mehr denen verschaffen, denen er sie verspricht, denn er steht kurz vor seiner Ermordung. Nur einmal, so scheint es, siegen bei Schiller die historischen Kräfte: in *Wilhelm Tell*. Doch erweisen sich die Sieger bei genauem Hinsehen als konservativ und rückständig; sie streben nach dem „alten Recht" und stehen dem Fortschritt der Zentralgewalten ihrer Zeit entgegen. Eine Freiheit in Fortschritt und sozialer Neuordnung vermochte Schiller noch nicht zu beschreiben.

Was bedeutete Freiheit für ihn? Als Dichter der Freiheit war er ein Idealist. Freiheit war ihm das wichtigste Gut, aber sie erschien ihm als unerreichbarer Besitz. Deshalb richtete er den Blick auf Erziehung und Bildung, um den Menschen für die Freiheit fähig zu machen. Schiller sah den Menschen trotz Aufklärung und dem Vordringen der Vernunft noch in einem Zustand des „Barbaren"(8. *Brief über die ästhetische Erziehung des Menschen*), der ihn für die Freiheit unbrauchbar mache. Deshalb forderte er noch stärkeren Drang; „seinem Geist die Bildung zu geben, die er bisher verabsäumt hatte", so im Roman *Der Geisterseher*, einem der erfolgreichsten Werke Schillers. Der Mensch könne den Augenblick leben, die Zukunft aber als Utopie denken.

Der **Umschlagpunkt seines Denkens** spiegelt sich im Verhältnis zur Französischen Revolution. Sie hatte in Schillers Freundeskreis, besonders bei den Schwestern Charlotte von Lengefeld, seiner späteren Frau, und Karoline von Beulwitz, der geliebten Freundin und Schwägerin, Begeisterung ausgelöst, der sich auch Schiller nicht entzog. Die Reden der französischen Nationalversammlung und deren Geist faszinierten sie. – Schillers anfängliche Zustimmung zur Französischen Revolution, die den Geschichtsoptimismus seiner Antrittsvorlesung als Historiker an der Universität Jena bestätigte, erschreckte den Weimarer Adel. Goethes vertraute Freundin Charlotte von Stein, für die das Schiller verliehene französische Ehrenbürgerrecht (26. August 1792) Banditenrecht und der „Nationalkonvent Räuber" waren, hoffte, Schiller werde von seiner Leidenschaft bekehrt werden. Als Freunde wie Wilhelm von Humboldt 1793 von „Gräuelszenen" in Paris berichteten, erlosch die Begeisterung, nachdem Schiller schon zuvor die Begebenheiten „ernst und ahnungsvoll" aufgenommen hatte, weil er die Franzosen „für kein Volk (hielt), dem echt republikanische Gesinnungen eigen werden könnten". (NA 42, 127) Humboldt ließ sich seine Hoffnungen indessen nicht nehmen und hoffte, dass aus dem Chaos die Konturen eines neuen Staatssystems hervorkommen könnten.

Für Schiller hatte mit der Revolution eine späte Vernunft die geschichtliche Bühne betreten, aber dort ein ihr nicht entsprechendes Menschengeschlecht vorgefunden, wodurch es nicht zu jener bürgerlichen Freiheit kommen konnte, deren Konturen er in seinem *Don Karlos* gezeichnet hatte. Schiller verurteilte die Hinrichtung des französischen Königs („diese elenden Schindersknechte", schrieb er am 8. Februar 1793 an Körner), aber an seinen idealen Vorstellungen eines freien Menschen hielt er fest, wenn er nun auch die Zeiträume größer sah und die Zukunft einbezog. Schiller sah im Sommer 1793 den Zeitgeist aufgefordert, „sich mit dem vollkommensten aller Kunstwerke, mit dem Bau einer wahren politischen Freiheit zu be-

schäftigen" (2. *Brief über die ästhetische Erziehung*). Er vermisste ein idealistisches Konzept mit einer universalhistorischen Orientierung und setzte sein ästhetisches Konzept dagegen. Die Konsequenz, mit der er dabei bestehende gesellschaftliche Verhältnisse verneinte – ein Wallenstein negiert Papst, Kaiser und Kurfürsten und ist sich mit seiner Macht selbst genug –, hatte erst in Heiner Müllers Utopien Entsprechungen. Insofern ist Schiller ein überaus moderner Dichter. –
Es war nicht leicht, sich im engsten Kreis eines Duodezfürsten wie Herzog Karl August von Sachsen-Weimar und Eisenach zur Freiheit oder gar zur Französischen Revolution zu bekennen. Schiller war vorsichtig. Aber als er 1802 geadelt wurde, ließ er in den Adelskalender neben dem Hofrat auch den Ehrentitel „Bürger von Frankreich" aufnehmen.

In Schillers *Don Karlos* konnte sich vieles nur ansatzweise niederschlagen, was das klassische Schaffen Schillers ausmachte: Mit Weimar, Goethe und der beginnenden Weimarer Klassik hatte er 1787 noch nichts zu tun, die Kant-Studien begannen erst Jahre später (1791 ff.), Kants *Kritik der praktischen Vernunft* (1788) war noch nicht einmal erschienen. Noch war Schiller nicht von der bei Kant gefundenen Unabhängigkeit des menschlichen Geistes fasziniert, die das Reich der Idee ermöglichte, wo Recht und Unrecht unterscheidbar wären. Insofern war sein *Don Karlos* ein Stück des Scheiterns aufklärerischer Ideen: Der geistige Führer der niederländischen Freiheitskämpfer Posa fällt ebenso, wie der gewünschte Vorkämpfer Karlos ausgeschaltet wird; Alba scheint der Sieger zu sein. In Goethes *Iphigenie auf Tauris* (1787), im gleichen Jahr wie Schillers *Don Karlos* erschienen, dominierte die menschliche Moral über göttliche Vernichtungsgebote und königliche Opferforderungen. Im *Don Karlos* siegten die Macht der Inquisition, die Methoden der Vernichtung des Menschen als Erfüllung königlicher Weisungen, der unbequeme Denker wird ritual geopfert.

Da Schillers *Don Karlos* auf die klassische deutsche Literatur weist, sollen zum Verständnis dieser für Deutschland so wichtigen Literaturperiode einige oft vernachlässigte Informationen skizziert werden:
Am Anfang des umrissenen Epochenumbruchs vom 18. zum 19. Jahrhundert steht als prägender geschichtlicher Vorgang die Französische Revolution. Die Schriftsteller und Künstler der Zeit sahen sich mit deren Vorbereitung, Durchführung und ihrem Umschlag in die napoleonische Herrschaft konfrontiert. Die Revolution fand unter jungen deutschen Dichtern und Philosophen (Schiller, Hölderlin, Schelling, Hegel) große Zustimmung; die Entwicklung der Philosophie in England und Frankreich und ihr folgende literarische Zeugnisse hatten sie darauf eingestimmt und Erwartungen gebildet. In den zumeist kleinen Fürstentümern fanden sie ähnliche Verhältnisse wie im vorrevolutionären Frankreich vor. Die Wünsche und Vorstellungen der deutschen Fürsten waren, bedingt durch die geringeren finanziellen Mittel, aber ähnliche Ansprüche, oft zugespitzter als die der Bourbonen. Das traf etwa auf das Württemberg des Herzogs Karl Eugen, Landesvater Friedrich Schillers, zu. Dass sich im Herzogtum Sachsen-Weimar und Eisenach – es hatte 100 000 Einwohner – nach 1786 die Klassik ausbilden konnte, hatte mit Zufällen zu tun und damit, dass die Armut und Rückständigkeit dieses Herzogtums sich weder Großbauten noch übermäßige Ansprüche erlauben konnte und sich mit gebildeten Menschen wie Wieland, Goethe und Herder begnügte, die man zur Unterhaltung in die Residenz holte. Dadurch entwickelte sich zwar kein prachtvolles Staatsgebilde, aber ein ungewöhnlicher Kunstsinn. Weimar war ein „Mitteldding zwischen Dorf und

Stadt" (Herder), hatte 6000 Einwohner und bei Goethes Ankunft 1775 ein Schloss, das nach einem Brand 1774 nur noch eine Ruine war und aus Geldmangel erst nach 1789 wieder aufgebaut wurde. Die Einschränkung und Verletzung der Menschenrechte unterschieden sich nicht von anderen deutschen Staaten. Der milde und altersweise gestimmte Goethe erinnerte sich 1810 bei der Arbeit an *Dichtung und Wahrheit* ähnlich: „Darstellung des Zustandes des Adels, der Bürgerschaft. Gutmütige Beschränktheit, die sich zur wissenschaftlichen und literaren Kultur emporzuheben sucht." (*Stoffsammlung zu einzelnen Punkten der Karlsbader Schemas*). Goethe erlebte, wie in dem Zwergstaat die höfische Aristokratie dem weltoffenen Bürger misstrauisch und ablehnend begegnete. Er sah aber die Chance, die ihm der Herzog bot, der Goethe als welterfahrenen Partner in seine Zerstreuungen einbezog: in einem kleinen Territorium überschaubar wirken zu können und aufklärerisches Denken in die Politik zu bringen. Dass dieses Vorhaben scheiterte, wurde 1783 in Goethes Gedicht *Ilmenau*, es entstand parallel zu Schillers *Don Karlos*, deutlich. Das Gedicht überreichte Goethe seinem Herzog am 3. September 1783 zu dessen 26. Geburtstag. Es ist dem Anlass entsprechend ein Huldigungsgedicht. Ilmenau war der einzige Ort, dem Goethes Aufmerksamkeit auch nach der Italienreise gehörte. Er war auch mit der Erinnerung an wüste Unternehmungen nach Goethes Ankunft 1775 in Weimar und an Jagdausflüge mit dem Herzog verbunden. Mit ihm und seinem Gefolge machte er die Gegend unsicher, ergötzte sich mit Bauernmädchen, feierte ausufernde Trinkgelage und verübte wilde Streiche.
Schließlich war Ilmenau 1783 auch der Ort der Selbstprüfung Goethes gegenüber seinem eigenen Anspruch in Weimar, den er nicht erfüllen konnte: „Nun sitz ich hier, zugleich erhoben und gedrückt, / Unschuldig und gestraft, und schuldig und beglückt." (*Ilmenau*, V. 118 f.) Damit beschrieb er seine Situation, nach ungestümem Beginn den Herzog auf den Weg einer sinnvollen Wandlung gebracht zu haben. Das Ziel wurde als „Fürstenerziehung" bezeichnet und war ein ursprünglich aus der Aufklärung abgeleiteter Vorgang, unter dem Eindruck der sozialen Konflikte die absolutistischen Herrscher zur Einsicht und zu neuem Verhalten zu bringen. Das Gedicht thematisiert das Scheitern eines solchen Programms und wurde so ein erstes Dokument für den Rückzug Goethes aus der aktuellen Politik, der in der Flucht nach Italien 1785 gipfelte.

Die Zustimmung zur Revolution von 1789 ging durch alle literarischen Strömungen und Gruppen. Sie schlug in Distanz und Ablehnung um, als die Revolution 1793 in die **Jakobinerdiktatur** überging:

17. September 1793 Beginn der „Terreur" (Schreckensherrschaft)
10. November 1793 „Fest der Freiheit und der Vernunft" in Notre-Dame, Kirchenzerstörungen

Am Ende des hier behandelten Epochenumbruchs stehen die **Julirevolution** von 1830 und die bürgerlichen Revolutionen von 1848. In dieser Zeit erreichten die Herausbildung bürgerlicher Staaten, die damit verbundene Verfassungsfrage und die Entwicklung kapitalistischer Produktionsmethoden einen Höhepunkt, der zu einem neuen Bewusstsein von nationaler Bedeutung führte. Damit im Zusammenhang wurde die Unzufriedenheit mit der „Heiligen Allianz" größer, neue soziale Konflikte zwischen dem entstehenden Proletariat und dem Kleinbürgertum einerseits und dem Großbürgertum andererseits führten zu revolutionären Situationen, in denen nicht nur soziale Widersprüche gelöst, sondern neue Freiheiten wie die Pressefreiheit errungen werden sollten. Begünstigt wurde das durch den seit der napoleonischen Zeit in einigen deutschen Gebieten (Rheinbund) gültigen Code civil, der liberale Bestrebungen im Gerichtswesen und bei der Verwaltung ermöglichte. Einen ersten Höhepunkt erreichten die Volksbewegungen 1832 beim **Hambacher Fest**, das zur größten Massendemonstration vor der Revolution von 1848 wurde. Gefordert wurden die Einheit Deutschlands, die deutsche Republik und bürgerliche Freiheiten und Grundrechte. Der Bundestag erhöhte seinen Druck auf die bürgerlichen, kleinbürgerlichen und studentischen Kräfte durch zahlreiche Verbote – sie betrafen Vereinigungen, Presse und Studentenverbindungen – und verschärfte dadurch die revolutionäre Situation.

Büchner und der Begriff der Freiheit

In diesem Umfeld wirkte Georg Büchner und in dieser Zeit, um 1836, entstand sein *Woyzeck*. Auch für Georg Büchner war Freiheit ein nicht zu verhandelnder Wert. Aber sein Begriff von Freiheit war in einem weit höheren Maße determiniert von Fremdbestimmungen, die Georg Büchner als Naturwissenschaftler kennengelernt hatte. Zwar verwendete er die Begrifflichkeit der klassischen deutschen idealistischen Philosophie, die mit der freien Selbstbestimmung und dem bewusst eingesetzten Willen den Unterschied des Menschen zum Tier zu beschreiben versuchte. Aber Büchner erweiterte diese idealistische Ansicht durch seinen materialistischen Natur-Begriff, der den Menschen als mindestens teilweise abhängig von seinen Trieben erklärte, und lud ihn sozial auf. Er orientierte sich nicht an Hegel, dessen Dialektik er ablehnte und für „Taschenspielerkünste" (Mitteilungen Ludwig Wilhelm Lucks) hielt. Für ihn gab es einen natürlichen und geschichtlichen **Determinismus**. Büchners Freiheits-Begriff bekam in einem weit höheren Maße als Schillers Begriff soziale Inhalte. Im ***Hessischen Landboten*** (1834) entwickelte Büchner einen Staats- und Gesellschaftsentwurf, der von einem geeinten Deutschland in „Freiheit" [3] ausging, deutsche Zerrissenheit und föderalistische Sonderwege („der vielen Herrlein, Kleinherzoge und Däumlingskönige") als größte Hemmnisse überwunden hatte und den Begriff der Freiheit nicht mehr moralisch, sondern politisch begründete. Grundlage des neuen Gesellschaftsentwurfs war, dass „alle Menschen frei und gleich in ihren Rechten" seien. Obrigkeit sei, was vom Volk das Vertrauen bekommen habe. Bestimmend für ein Volk sei, dass es „durch Eine Sprache zu Einem Leibe" vereinigt werde. Staatsform sei der „Freistaat". Der Weg dahin sei nur durch eine Revolution zu gehen; diese erfolge im Namen Gottes. War die dialektische Anlage Büchners von Hessen ausgegangen und hatte schließlich in der Analyse ganz Deutschland in seiner Zerrissenheit umfasst, so mündete sie im Blick über Deutschland hinaus, bei den „Völker(n)", die „aus der Dienstbarkeit zur Freiheit" geführt werden müssten. Trotz der von Weidig vorgenommenen Abschwächung der Forderungen stellte Büchners *Hessischer Landbote* das politische Programm dar, mit dessen Hilfe ein Mensch wie Woyzeck hätte gerettet werden können.

Zwischen *Don Karlos* und *Woyzeck*

Zwischen Schillers *Don Karlos* (1787) und Büchners *Woyzeck* (1836) liegt ein Zeitraum, in dem sich **Napoleons Aufstieg und Fall** vollzog. Durch Napoleons Wirken wurde Europa grundsätzlich verändert. Napoleon wurde zum großen literarischen Thema, von

3 Hier und im Folgenden zitiert nach Georg Büchner: *Lenz. Der Hessische Landbote.* Nachwort von Martin Greiner. Stuttgart: Philipp Reclam jun., durchgesehene Ausgabe 2002 (Universal-Bibliothek Nr. 7955)

den einen wurde der „Genius des Mannes" begeistert gefeiert (H. Heine) – oft nur bis zum Staatsstreich am 18. Brumaire VIII (d. i. der 9. November 1799, an dem Napoleon Erster Konsul und Alleinherrscher wurde; die Revolution war zu Ende) –, von den anderen verdammt (F. Schiller) oder mit wüstem Hass überzogen: Für Heinrich von Kleist war er der „böse Geist der Welt", dem man „die Kugel durch den Kopf" jagen müsse (An Otto August Rühle von Lilienstern, Dezember 1805).
Die politischen Auswirkungen der napoleonischen Herrschaft waren trotz Napoleons Niederlage bei Leipzig 1813 und seiner Entmachtung nicht zu übersehen: Die Zahl der deutschen Staaten war entscheidend zurückgegangen. Mit dem Reichsdeputationshauptschluss von 1803 waren 100 kleinere staatliche Gebilde in größeren Staaten aufgegangen: Die geistlichen Gebiete wurden säkularisiert, von 52 freien Reichsstädten blieben sechs, die Reichsritter wurden entmachtet. Damit hatten wesentliche Teile der mittelalterlichen kaiserlichen Macht ihre Bedeutung verloren. Die wenn auch anfangs nur sporadisch umgesetzten Reformen, die vom 1806 gegründeten Rheinbund ausgingen, bedeuteten eine staatliche und wirtschaftliche **Modernisierung Deutschlands**. Heinrich Heine beschrieb mehrfach die durch die Französische Revolution und Napoleon geschaffenen Veränderungen, die neu benannten Aufgaben der Zeit: „Was aber ist diese große Aufgabe unserer Zeit? Es ist ... die Emanzipation der ganzen Welt, absonderlich Europas, das mündig geworden ist, und sich jetzt losreißt von dem eisernen Gängelbande der Bevorrechteten, der Aristokratie." (*Reisebilder*, 3. Teil; 1828). Die Emanzipation, wie Heine sie beschrieb, wurde unterstützt durch die Übernahme des *Code civil*, die prinzipielle Anerkennung der Gleichheit, die Bestimmung antifeudaler, bürgerlicher Rechte und eine straff organisierte Verwaltung enthaltend. Zwar versuchte der **Wiener Kongress** (1814/15) die vorrevolutionären Verhältnisse wieder herzustellen, aber die Veränderungen waren so weit gediehen, dass nur mit schärfsten Verfolgungsmaßnahmen, Unterdrückung der neu erworbenen Freiheiten und Zwangsmaßnahmen die Ziele Metternichs und des Wiener Kongresses zeitweise durchgesetzt werden konnten. Andererseits ging die Beseitigung der deutschen Zersplitterung weiter: Im Deutschen Bund (gegründet 1815), einerseits ein Instrument der feudalen Reaktion, waren nur noch ca. 40 Staaten von ehemals mehr als 300 vorhanden. Aus deutscher Sicht stand dieser Zeitraum im Zeichen der vollständigen Niederlage Preußens 1806 und der Befreiungskriege 1813–15; es war die Zeit Heinrich von Kleists.

Kleist und der Begriff der Freiheit

Über die **Widersprüchlichkeit** des Dichters wurden zahlreiche Bücher geschrieben. Hier geht es nur um sein Schauspiel *Prinz Friedrich von Homburg,* das Kleist 1810 der Königin Luise widmen wollte, – ihr früher Tod verhinderte das –, das 1811 neben einem Bittgesuch Kleists an den Prinzen Wilhelm von Preußen, einen Bruder des Königs, ihm eine angemessene Stellung erwerben sollte und in dem Bittgesuch vermutlich das darin erwähnte „tüchtige Werk" war, das 1821 Ludwig Tieck mit großer Anerkennung versehen veröffentlichte, das erst 1828 in Berlin aufgeführt und danach sofort vom preußischen König verboten wurde. Die Datenreihung deutet Schwierigkeiten an; Kleist hat nirgends seinen Platz gefunden und schied als ein Gescheiterter freiwillig aus dem Leben. Insofern ist auch die Frage nach Kleists Verständnis von Freiheit nicht einfach zu beantworten. Bezieht man die Antwort aus dem *Prinzen Friedrich von Homburg*, so kommt darin die Auffassung von Freiheit Kant sehr nahe. Sie ist innerhalb der Grenzen möglich, die Gesetz und Befehl einräumen;

Gesetz und Befehl dagegen sind durch Überschreitungen veränderbar, wenn die individuell genutzte Freiheit der Festigung und Erweiterung von Gesetz und Befehl dient. In Kleists Schauspiel wird das deutlich, wenn der Oberst Kottwitz dem Kurfürsten erklärt, dass nicht der Herrscher, sondern das Vaterland für das Gesetz stehe: Das Gesetz, „das höchste, oberste, / Das wirken soll, in deiner Feldherrn Brust, / Das ist der Buchstab deines Willens nicht; / Das ist das Vaterland, das ist die Krone" (80). Das Zitat deutet an, dass Kleists Freiheitsbegriff vom **Patriotismus**, dem sich Kleist seit 1808 verschrieben hatte, getragen wurde und keine soziale Komponente hatte, bezog er sich doch einzig und allein auf aristokratische preußische Repräsentanten. Kleists Freiheitsvorstellung war durch die napoleonische Herrschaft bestimmt und zielte auf die vaterländisch preußische Unabhängigkeit im monarchistischen Kleide, die sich für Kleist zu einem politisch nicht näher bestimmten Deutschland – er plante eine Zeitschrift *Germania* – erweiterte. Dabei war Kleist keineswegs zimperlich und fand für seine Vorstellung vom patriotischen Freiheitskampf teils wüste Bilder, die einen übersteigerten, nationalistisch anmutenden Patriotismus zeigten: „Nur der Franzmann zeigt sich noch / In dem deutschen Reiche; / Brüder, nehmt die Keule doch, / Dass er gleichfalls weiche." (*Kriegslied der Deutschen*, 1809) Folgte Kleist anfangs noch der bürgerlichen Aufklärung, dem Heraustritt des Menschen aus einer selbstverschuldeten Unmündigkeit, wie **Kant** die Aufklärung bezeichnete, orientierte er sich danach an **Rousseau** und dem naturgemäßen Leben, so brachte ihn gerade Rousseau auch zu einer wesentlichen Erkenntnis: Rousseaus Ideen ließen sich nur schwer mit einem individuell erkannten künstlerischen Auftrag vereinen. So musste Kleist, als er seine Künstlerschaft erkannte und sich zu ihr bekannte, auf seine Schweizer Lebensplanung im Sinne Rousseaus verzichten. Entwurf einer bäuerlichen Lebensführung und Niederschrift des ersten Dramas (*Die Familie Schroffenstein*, 1802) erzwangen die Entscheidung zwischen natürlicher Lebensführung als Bauer oder Bildungssuche als Künstler. Zuvor, 1801, hatte Kleist in Paris eine französische Gesellschaft erlebt, die nichts mehr mit Rousseaus natürlichem Leben zu tun hatte, sondern in der Sittenlosigkeit und Skrupellosigkeit regierten und Ausdruck des neuen bürgerlichen Lebensgefühls geworden waren. So wurde Kleist nicht nur zur Flucht aus dem seiner Meinung nach verwahrlosten Frankreich in die Schweiz, sondern auch zur Entscheidung für die in ihm wirkende Kunst getrieben. Diese Entscheidung führte zu einem Leben im Dienste der Kunst, begleitet von zahlreichen Krisen auf fast allen Gebieten des Denkens und Fühlens, zu Niederlagen und Enttäuschungen und schließlich zum Freitod.

In diesem Lebenslauf hat ein kontinuierlich entwickelter Freiheitsbegriff wenig Raum; vielmehr werden verschiedene, immer allumfassend verstandene Lebensentwürfe entwickelt, die immer im Zeichen einer **Idealität** stehen: eines Ideals der Wissenschaft, eines Ideals der ländlichen Idylle, eines Ideals der Natürlichkeit im Zeichen Rousseaus und eines Ideals der Kunst. Wenn er sich doch findet, dann ist es die patriotisch verstandene Freiheit im *Prinzen Friedrich von Homburg.* Das Stück bedeutete Kleists Erfüllung und Vereinigung aller seiner Lebensentwürfe, „aller Lebensphasen und Bildungselemente seines Dichters: Humanität und natürliches Gefühl des Menschen; der rousseauistische Konflikt zwischen Staatsraison und Gefühlskraft des Einzelnen zur Synthese gebracht; Freiheit und Notwendigkeit in dialektischer Verschränkung; das Vaterländische in eins geschlungen mit den Geboten der Humanität und der Menschenwürde."[4] Im Schauspiel gab Kleist seinem Homburg poetische Worte, die diese Verdichtung aller Lebenspläne zu einer Ent-

4 Hans Mayer: *Heinrich von Kleist: Der geschichtliche Augenblick*. In: Hans Mayer: Das unglückliche Bewusstsein. Berlin und Weimar: Aufbau-Verlag, 1990, S. 390

scheidung enthielten: „Ich will das heilige Gesetz des Kriegs, / Das ich verletzt, im Angesicht des Heers, / Durch einen freien Tod verherrlichen! ... Und frei, auf mütterlichem Grund, behaupte / Der Brandenburger sich; denn sein ist er, / Und seiner Fluren Pracht nur ihm erbaut!" (87) Die Reduktion der Freiheitsinhalte auf einen militanten Patriotismus Kleists wirkte sich auch auf das Schauspiel *Prinz Friedrich von Homburg* aus. Eine moderne Biografie Kleists spitzte diese Beziehung zu: „Der Prinz von Homburg, durch Todesfurcht in reine Kreatur verwandelt, wird im Spiel neu zusammengesetzt. Er unterwirft sich in Freiheit, seine Freiheit ist die Unterwerfung im Namen des Vaterlands."[5]

Zeit nach dem Ende der napoleonischen Herrschaft

Einen großen Teil der Befreiungsbewegung von 1813, Georg Büchners Geburtsjahr, gegen die französische Fremdherrschaft hatte die Bevölkerung von sich aus getragen, so dass sich Herrscher wie der preußische König Friedrich Wilhelm III. genötigt sahen, sich ohne Begeisterung an die Spitze der Bewegung zu stellen. Hatte die Französische Revolution welthistorische Veränderungen ausgelöst, so bedeuteten die Befreiungskriege gegen die napoleonische Fremdherrschaft eine Verschärfung der nationalen Bewegung, die in dem Maße, wie sich ihr große Teile des Volkes widmeten, demokratisch wurde, aber auch nationalistisch-deutschtümelnde Überspitzungen hervorbrachte. Auch die preußischen Reformen nach 1806 zielten auf eine bürgerliche Entwicklung, allerdings innerhalb der vorhandenen monarchistischen Struktur. Insofern wurde Kleist zu einem geeigneten Repräsentanten. Das Ziel war, „den Kräften der Nation eine freie Tätigkeit und eine Richtung auf das Gemeinnützige zu geben" (H. F. K. Reichsfreiherr vom und zum Stein)[6]. Unter dieser Voraussetzung gelang der Zusammenschluss unterschiedlichster Kräfte zur Beseitigung der Fremdherrschaft.

Am 16. Oktober 1813 griffen die verbündeten Armeen Preußens, Österreichs, Russlands und Schwedens Napoleon bei Leipzig an, nachdem die französische Armee 1812 in Moskau eine vernichtende Niederlage erfahren hatte. Die Völkerschlacht bei Leipzig veränderte die Welt; die napoleonische Herrschaft über Europa war zu Ende. Im Kampf gegen die Fremdherrschaft hatten sich eine patriotische Kraft und eine **Vorstellung von deutscher Nationalität** entwickelt, die sich nicht mehr verdrängen ließen und immer wieder erinnert wurden. Die Vorstellungen waren allerdings zweischneidig: Während das klassische Umfeld die Ausweitung in europäisches Geistesleben unternahm – allen voran Goethe mit seinem Verständnis von Weltliteratur und europäischen Kämpfen –, wurden in den Kreisen, die sich auf den nationalen Befreiungskampf orientierten – an Kleist ist zu denken –, diese Ausweitungen zurückgenommen und auf nationale, teils auch nationalistisch anmutende Ziele konzentriert und beschränkt, zu denen auch eine neue Qualität des Antisemitismus gehörte, vor dem Kleist durch seine gelebte Einsamkeit weitgehend verschont blieb.

Dagegen standen allerdings die durch Napoleon durchgesetzten **bürgerlichen Rechte**, die den ständischen Adel in Preußen in seinen Rechten beschnitten hatten. Auch hatte sich die Bildung um eine neuhumanistische und naturwissenschaftliche Thematik erweitert. Sie war an die Seite der klassischen Fächer getreten, wodurch neue politische und soziale Interessen der Schüler entwickelt wurden. Insofern

5 Jens Bisky: *Kleist.* Eine Biographie. Berlin: Rowohlt, 2007, S. 45
6 Eckhard Müller-Mertens u. a. (Hrsg.): *Deutsche Geschichte von den Anfängen bis 1945.* Leipzig: Bibliographisches Institut, 1965 (Kleine Enzyklopädie), S. 222

wurde die Julirevolution 1830 für aufgeschlossene Geister wie Georg Büchner die Fortsetzung des Kampfes um bürgerliche Rechte und Freiheiten. Büchner und seine Freunde sollen sich „nur mit den Worten ... ‚Bon jour, citoyen!'" (Guten Tag, Bürger) gegrüßt haben.[7]

Georg Büchner forderte Kampf und führte ihn auch, deshalb wurde er verfolgt. Seine Schriften galten als unsittlich und mit dem Jungen Deutschland, einer losen Schriftstellervereinigung geriet er in Verruf. Als am 10. Dezember 1835 die Deutsche Bundesversammlung ihren Verbotsbeschluss gegen das Junge Deutschland beschloss, traf es auch Büchners *Dantons Tod*. Zur jungdeutschen Literatur gehörten neben Heine und Börne – sie seien stellvertretend genannt – auch der erst im letzten zurückliegenden Jahrzehnt wiederentdeckte Ernst Ortlepp (1800–1864), aber auch in einem weiteren Umkreis der Westfale F. W. Weber (1813–1894). Wenn Ernst Ortlepp, Georg Büchner und F. W. Weber hier als drei sehr unterschiedliche Vertreter im Umfeld des Jungen Deutschland genannt werden, so entspricht das der Tatsache, dass die Konturen dieser Bewegung, die weder organisiert noch durch Programmatik gefügt war, unscharf sind.

Büchner wollte gar nicht dazu gerechnet werden: „Übrigens gehöre ich für meine Person keineswegs zu dem sogenannten Jungen Deutschland, der literarischen Partei Gutzkows und Heines." (Brief an die Familie vom 1. Januar 1836). Seine Ansichten waren radikaler als die des Jungen Deutschland. Er warf ihm vor, dass nur mit „Tagesliteratur eine völlige Umgestaltung unserer religiösen und gesellschaftlichen Ideen" angestrebt werde. Das sei die Folge eines „völligen Misskennens unserer gesellschaftlichen Verhältnisse" (Brief an die Familie vom 1. Januar 1836). Er forderte stattdessen die Fokussierung auf das unterdrückte Volk und die sozialen Gegensätze als Thema der Literatur und der Publizistik.

Am 1. Dezember 1835 war das erste Heft der *Deutschen Revue* erschienen, die dem Jungen Deutschland Sicherheit bringen sollte. Am 10. Dezember 1835 wurden die Schriften des Jungen Deutschland verboten. Die Herausgeber L. Wienbarg und K. Gutzkow hatten sich jener Schriftsteller versichert, die für die soziale Idee der Gleichheit und ihre Verwirklichung standen. Georg Büchner gehörte dazu. Seine politischen Vorstellungen und Ziele wurden im ***Hessischen Landboten,*** einer politisch-sozialen Kampfschrift, deutlich. Büchner hatte den wichtigsten Oppositionellen von Oberhessen kennengelernt, den Theologen Dr. Friedrich Ludwig Weidig, und schrieb seine berühmte Flugschrift, die von Weidig überarbeitet, ihrer sozialen Stoßrichtung entschärft und mit dem Titel versehen wurde. Büchner wollte den Vierten Stand, so wurde das entstehende Proletariat bezeichnet, über einen revolutionären Umsturz an die Macht bringen. Das Motto des *Hessischen Landboten* „Friede den Hütten! Krieg den Palästen!" war ernst gemeint.

Georg Büchners Flugschrift *Der Hessische Landbote* (1834) ist ein Programm der gesellschaftlichen Veränderung, wie es in dieser Schärfe und mit dem ihm innewohnenden revolutionären Gestus nichts Ähnliches zu seiner Zeit hatte. Die Flugschrift ist das politische und erste gedruckte Dokument des Dichters, in dem er seine sozialen Ansichten fixierte und damit den Freundeskreis und im Geheimbund *Gesellschaft der Menschenrechte* begeisterte und erschreckte. Das Dokument gehört in den Umkreis von Georg Büchners ***Dantons Tod***, in dem zum ersten Mal die Französische Revolution von 1789 ins deutsche Drama gebracht wurde, und in den Umkreis des ***Woyzeck***, in dem ein Vertreter des 4. Standes die veränderten sozialen Bedingungen erkennbar werden lässt. Die drei Texte, die gattungstheoretisch un-

7 Henri Poschmann: *Georg Büchner.* Dichtung der Revolution und Revolution der Dichtung. Berlin und Weimar: Aufbau-Verlag, 1983, [3]1988, S. 288

terschiedlicher nicht sein können – ein journalistisches Kampfblatt, ein Drama und ein dramatisches Fragment, das erst Jahrzehnte später bekannt wird –, gehören zueinander wie ein revolutionäres Programm, das Protokoll seines Scheiterns und die Dokumentation einer neu entstehenden revolutionären Situation. Im *Woyzeck* gestaltete Büchner die letzte Konsequenz der ungelösten sozialen Frage und die Deformation eines Menschen zum animalischen Wesen, wenn ihm Besitz, soziale Anerkennung und lebensnotwendiges Geld fehlen: Als ultimativen Widerstand gegen seine Rückbildung zum Tier begeht er einen Mord. Die Ursachen dafür sah Büchner im „gesetzlichen Zustand", im „Gesetz, das die große Masse der Staatsbürger zum fronenden Vieh macht, um die natürlichen Bedürfnisse einer unbedeutenden und verdorbenen Minderzahl zu befriedigen" (Brief Georg Büchners vom 5. April 1933 an die Familie). Entschieden kämpfte er dagegen und schuf dabei eine neue Kunst, die heute als Beginn der Moderne gilt und mit der Kunst zwischen Romantik und Vormärz, in die Büchner zeitlich gehört, kaum etwas zu tun hat.
Büchner Grundidee im *Landboten* ist die Frage nach dem Besitz, im *Woyzeck* die Besitzlosigkeit. Das entscheidet seiner Meinung nach über revolutionäres Engagement und revolutionäres Ziel. Büchner interessierten am wenig auffälligen Kriminalfall des Friseurs Johann Christian Woyzeck, der am 21. Juni 1821 seine Geliebte umbrachte, die unterschiedlichen Betrachtungsweisen der wissenschaftlichen Gutachter auf Woyzeck. Es ging um die Beurteilung der Seele: War sie undeutbar und eine höhere Eingebung oder wurde sie von natürlichen Prozessen wie Stoffwechsel usw. bestimmt? Büchner kannte die Gutachten. Woyzeck war für ihn ein beispielhafter Charakter, den er nach der Natur und der Geschichte – zwei für Büchner unabdingbare Voraussetzungen für einen Charakter (Neujahrsbrief 1836 an die Familie) – zeichnen konnte. Daraus ergab sich aber zwingend die Frage, ob der Mensch in seinen Entscheidungen frei sein konnte oder ob seine Willensentscheidungen vorherbestimmt waren. Für Büchner wurde die Frage zum zentralen Problem in klinischer, wissenschaftlicher und künstlerischer Hinsicht. Die Antwort fand Georg Büchner in den Umständen der sozialen Situation Woyzecks; sie wurde von Lösung und Auflösung bestehender Bindungen bestimmt, schlug um in gesellschaftliche Beziehungslosigkeit und führte so ins Verbrechen. Die Personen des Fragments *Woyzeck* wurden von Büchner auch bei der Kennzeichnung dieser Determination unterworfen: Nur die engere Gruppe um Woyzeck trägt individuelle Züge und wird mit Namen ausgestattet (Woyzeck, Marie, Christian, Andres, Margreth), die andere Gruppe wird durch ihre soziale Stellung ausgewiesen (Hauptmann, Tambourmajor, Doktor, Unteroffizier) und verliert jede Individualität.
Der *Landbote* ist gespickt mit **sozialpolitischen Analysen** – ein völlig neues Vorgehen in der Publizistik und gleichzeitig ein neues Reservoir für die Kunst. Die Analysen gelangen Büchner auf der Grundlage umfangreichen Materials und seiner sozialen und politischen Ziele, die wesentlich von den Vorstellungen der Französischen Revolution gespeist wurden. Die Flugschrift wirkte ästhetisch durch eine Verquickung von Dokumenten, Erfahrung und Fiktion. Der *Woyzeck* bot dazu die **Analyse der Natur des Menschen** und die sich an sie anschließenden sozialen Bindungen, aus denen schließlich die ethischen Verhaltensweisen Moral – Unmoral und Tugend – Untugend entstanden. Büchner studierte zu beiden Arbeiten umfangreiche Materialien und geriet zwischen Hoffnung und Resignation in eine Krise, aus der in einem Brief an die Braut, vermutlich vom März 1834, die berühmte Formulierung vom **„grässlichen Fatalismus der Geschichte"** stammt. Der *Landbote* weist aus, dass sich Büchner diesem Fatalismus keineswegs hilflos ausgesetzt sah, *Woyzeck* bietet den Ablauf eines Fatums, das beeinflussbar wäre. – Georg Büchner

betrachtete eine Revolution dann als erfolgreich, wenn die Massen der Armen gegen die Reichen siegten.
Georg Büchner war mit widersprüchlichen Denk- und Anschauungsweisen im Elternhaus aufgewachsen, hatte aber auch gegenseitige Toleranz erlebt. Seine philosophischen und politischen Ansichten waren radikaldemokratisch und nahmen frühsozialistische Anschauungen vorweg. Damit war er seinen Zeitgenossen voraus. Diese Bewertung Büchners hat sich, gemeinsam mit dem Werk, durchgesetzt.

3. Grundstrukturen des Dramas und der drei Beispiele Schillers, Kleists und Büchners

Zwei Besonderheiten

Das Drama unterscheidet sich von den beiden anderen Grundgattungen der Literatur Lyrik und Epik durch zwei Besonderheiten:

1. Das Drama hat immer eine **Handlung**, die sich **gegenwärtig** und zwischen **Personen** vollzieht: Es ist die „Darstellung des vollkommen Gegenwärtigen" (Goethe an Schiller vom 23. 12. 1797). Symbolische Vorgänge bzw. Beschreibungen werden, wenn sie dramatisch wirken sollen, personifiziert. Der Zuschauer wird Zeuge eines unmittelbaren Geschehens, das sich auf der Bühne abspielt. Die Handlung wird nicht beschrieben – das ist nur in einzelnen Ausnahmesituationen möglich (Botenbericht, Mauerschau) –, sondern vollzieht sich durch Personen, den zwischen ihnen gesprochenen Dialog und deren Handlungen.

2. Das Drama wird erst durch die **Inszenierung** zum vollständigen und einmaligen Kunstwerk (jede Aufführung ist anders) und erst durch die Bühnengegenwart rezipierbar, wobei der Rezeptionsvorgang sich fast ausnahmslos als Gemeinschaftserlebnis (Publikum) vollzieht. Der gedruckte Text ist nur ein Teil davon und bildet eine Art Redevorlage und Handlungsanweisung für die Inszenierung. Dadurch kommt es in einzelnen geschichtlichen Abschnitten zur Form des sogenannten „Regietheaters", bei dem der Regisseur mehr Bedeutung gewinnt als der Dichter, die Einfälle der Inszenierung mehr Gewicht bekommen als der Text.

Typen des europäischen Dramas

Trotz aller Abweichungen, Variationen und besonderen Ausbildungen haben sich nur zwei Typen des europäischen Dramas seit der Antike herausgebildet:

1. Das ist das **drei- bzw. fünfaktige aristotelische Drama**, das auch die Grundform für das aufklärerische, klassische und klassizistische deutsche Drama wurde und der ältere der beiden Typen ist. Es ist bis zum heutigen Tage gültig und wird immer wieder benutzt. Dieser Struktur des aristotelischen Dramas wurden die verschiedensten Inhalte, vom bürgerlichen Trauerspiel über das Historiendrama (Shakespeare!) bis zu den provinziellen Stoffen des Volkstheaters, des Schwanks und der Posse aufgelegt. Diese Form des Dramas ermöglicht verschiedene Lösungsmöglichkeiten, aus denen sich Tragödie (Trauerspiel) und Komödie (Lustspiel) – in der Antike die einzigen Genres –, das Schauspiel und als Zwischenform die Tragikomödie ergaben. Unter den Varianten dieses Typs bekam das analytische Drama, das nur den letzten Teil des aristotelischen Dramas auf die Bühne brachte, eine herausragende Bedeutung. – Einen Höhepunkt erlebte das aristotelische Drama in der deutschen Klassik: Goethes *Iphigenie auf Tauris* und *Torquato Tasso* sowie Schillers *Don Karlos* und *Maria Stuart* seien stellvertretend genannt, aber auch Kleists *Prinz Friedrich von Homburg* entspricht formal einem klassischen Schauspiel. Mit der *Braut von Messina* schuf Schiller ein vollkommenes Drama nach aristotelischen Normen. Das treibende Element der Handlung sind Konflikte und Widersprüche, denen die handelnden Personen ausgesetzt sind, gegen die sie sich zur Wehr setzen und die sie

zu lösen versuchen. Gelangen sie dabei zu einer unerwarteten Lösung, bei der alle Widersprüche, oft auch gegen die vorhandene Logik, aufgehoben werden (Happy End), führt das meist zum Lustspiel. Gehen die Personen im Kampf gegen die Widersprüche unter oder müssen sie ihre Lebensziele aufgeben, tendiert das Stück zur Tragödie. Ob es sich um eine Tragödie oder eine Komödie handelt, wird am Ausgang der Handlung deutlich, nicht an der sprachlichen Gestaltung oder dramaturgischen Gliederung.

2. Der andere Typ ist das weltliche **Stationendrama**, mit dem das moderne Drama beginnt, nachdem das Stationendrama in den mittelalterlichen Mysterienspielen schon eine Rolle gespielt hatte, in denen die Stationen des Leidensweges Christi gereiht und gezeigt wurden. Ansatzweise findet es sich in Georg Büchners *Dantons Tod*, es wurde erstmals in Georg Büchners *Woyzeck* durchgestaltet und sollte später von August Strindberg in *Nach Damaskus* zu einem Höhepunkt geführt werden. Durch aneinandergereihte Bilder entsteht eine chronologische, simultane oder auch nur exemplarische Zusammengehörigkeit. Dieses Drama kam dem naturalistischen Drama entgegen, das scheinbar „zufällig" einen Wirklichkeitsausschnitt vorführte, in dem Vollständigkeit der Erscheinungen und Vorgänge, aber nicht dramatische Handlung gefordert waren (Gerhart Hauptmann: *Die Weber*). Es tendiert zum epischen Theater, ohne mit diesem identisch zu sein, ist doch das epische Theater (Brecht!) der Versuch, die Grenzen zwischen den Gattungen aufzulösen und dramatische Handlungen zu „episieren", also berichtend zu zeigen. Weitere Vorläufer sind Fastnachtsspiele (Hans Sachs) und auch einige Dramen Shakespeares, die sich streng an die historischen Chroniken hielten (Shakespeare: *Richard III.*). Vom Stationendrama aus führte ein direkter Weg zum epischen Theater Bertolt Brechts.

3. Beide Formen werden auch als **„geschlossenes" oder „offenes" Drama** bezeichnet.[8] Das aristotelische Drama hat eine geschlossene Form als Grundlage: Alle Szenen dienen der Durchführung einer in sich vollständigen Handlung, die mit der letzten Szene abgeschlossen wird. Die Szenen sind miteinander verknüpft, bedingen und ergeben sich gegenseitig. Die aristotelische Dreieinheit (Ort, Zeit, Handlung) wird möglichst genau eingehalten. Das moderne Drama, fälschlicherweise auch als realistisches Drama bezeichnet, benutzt häufig die offene Form: Der zusammenhängende Handlungsverlauf wird zurückgestellt und durch eine Reihung unterschiedlicher, oft nicht einmal aufeinander angewiesenen Szenen abgelöst. Die Orte sind vielgestaltig, die Handlung verläuft in zeitlichen Sprüngen, die Zeit dehnt sich. Vorläufer dieser Dramenform sind Dramen Shakespeares und Calderons.

4. Zu den beiden oben beschriebenen Typen des Dramas gab es zahlreiche **Variationen** und zwischen ihnen auch mancherlei **Übergänge**. Einer ist in Kleists ***Prinz Friedrich von Homburg*** zu erkennen. Der äußeren Erscheinung nach ist das Schauspiel ein aristotelisches Drama und erscheint klassisch: Die fünf Akte unterliegen dem Auf- und Abbau der Handlung nach dem klassischen Beispiel; der Blankvers treibt die Ähnlichkeit weiter und die auffallenden personellen Entsprechungen zwischen Kleists Schauspiel und Schillers *Wallenstein* – Homburg und Max Piccolomini, Natalie und Thekla, die Dragoner Kottwitz' und die Pappenheimer u. a. – zwingen geradezu zum Vergleich mit einem klassischen Vorbild. Durch den Vergleich aber

8 Vgl. Volker Klotz: *Geschlossene und offene Form im Drama*. München: Hanser, 14. Auflage, 1999 und Manfred Pfister: *Das Drama*. München: Wilhelm Fink Verlag, 5. Auflage, 1988 (UTB 580)

werden Unterschiede deutlich: So auffallend die Form auf das klassische Drama weist, so wenig stimmt der Weg der Hauptgestalt mit klassischen Handlungsabläufen überein. Das ist weniger die Folge konzeptioneller Überlegungen Kleists, sondern mehr die Projektion des eigenen Schicksals in Isolation und Einsamkeit auf die historisch nur wenig ausgebaute Gestalt des Homburg. Wie Kleist durch sein Leben als ein Scheiternder zog, so zieht auch Homburg von Station zu Station als ein Einsamer und Scheiternder, der sein Leben auf der Bühne im Traum beginnt und im Traum endet. Dazwischen liegen eine Verwirrung durch Neigung, verhängnisvolle Unaufmerksamkeiten in seiner Tätigkeit, eine Insubordination in der Schlacht, eine Entwaffnung wegen Befehlsmissachtung, Gefängnisaufenthalt, ein Todesurteil, das Erlebnis eines für ihn ausgehobenen Grabes, eine unheldische Entsagung von Liebe und Heldentum, eine zweischneidige Begnadigung, ein Schuldeingeständnis und damit verbunden Todesbereitschaft, eine wenn auch fiktive Hinrichtung mit „Totenmarsch" (91) und eine theatralische Erlösung, die Homburg wiederum nur als „Traum" (93) verstehen kann. Homburg geht einen einsamen Weg als ein fortlaufend Scheiternder. Es deutet sich eine Stationenfolge an, die mit den Entwicklungen und kathartischen Vorgängen des klassischen Dramas nichts zu tun hat und auch nicht zu einer Peripetie führt, sondern die Hauptgestalt von Anfang bis Ende auf einem gleichen Wege sieht, der im Traum beginnt und endet. Die Titelgestalt des Schauspiels, Träger des Inhalts, ist mit der Form des Schauspiels nicht in Übereinstimmung.

Strukturelle Unterschiede

Der strukturelle Unterschied der beiden genannten Typen ergibt sich aus einem **unterschiedlichen Menschenbild**. Das aristotelische Drama geht von einem gestaltenden Individuum aus, dessen Handlungen zweckbestimmt sind, Entscheidungen suchen und Situationen bewältigen (Karlos, Posa). Das Stationendrama zeigt das Individuum determiniert und bestimmt von fremden Mächten (Vererbung, Milieu, soziale Herkunft; Schicksal, Bestimmung, Vorsehung); seine Willensfreiheit ist eingeschränkt bzw. verdrängt (Woyzeck). Das Individuum stößt bis zur Erkenntnis dieser Determination vor, unterwirft sich oder begehrt auf, sieht sich aber in jedem Falle fatalistischen Bedingungen ausgesetzt. Aus dem zweckbestimmten Handeln des aristotelischen Dramas wurde das erduldete oder schmerzvoll ertragene Leiden des Stationendramas, das im Extrem zum Genuss des Leidens führen kann. Das Stationendrama entsprach den immer wichtiger werdenden Erkenntnissen der Naturwissenschaften, die den Menschen in mehrerer Hinsicht als ein determiniertes Wesen ohne jeden ausgeprägten eigenen Willen beschrieben (Vererbung, Milieu, soziale Einbindung). Es war auch die Zeit des sich herausbildenden Positivismus, bei dem August Comte (1798–1857) ein Projekt entwickelte, in dem die Menschheitsgeschichte, aber auch ihre einzelnen Abschnitte notwendige und vom Menschen nicht beeinflussbare Stadien durchliefen.

Die von **Aristoteles** (384–322 v. Chr.) vorgenommene Bestimmung des Dramas in der ***Poetik*** (330 v. Chr.) wurde die folgenreichste der gesamten Literaturgeschichtsschreibung und hat sich prinzipiell nicht geändert. Aristoteles gliederte die in sich abgeschlossene Handlung eines Dramas in drei Teile: Anfang – Mitte – Ende. Diese drei Teile entwickelten sich logisch einer aus dem anderen, beschleunigt durch Szenen des Umschlags vom Glück zum Unglück. Dieser Umschlag, ein unerwarteter Schicksalswechsel, wurde von Aristoteles als Peripetie bezeichnet. Sie ereignete sich plötzlich, war aber durch die zurückliegende Handlung begründet. Aus dieser Dreiteiligkeit (Schürzung des Knotens – Peripetie – Lösung des Knotens) entwickelte sich eine Fünfteiligkeit; beide Gliederungen haben sich nebeneinander erhalten:

1. Akt: Einleitung/Exposition (Einführung in Situation und Personen), erregendes Moment (erstes vorwärtstreibendes Moment des Konflikts);
2. Akt: Steigerung/Entwicklung (Intrige);
3. Akt: Höhepunkt/Umschlag (Peripetie=Wendung der Handlung zu einer Lösung) mit dem tragischen Moment (Konfrontation unvereinbarer Haltungen / Entscheidungen);
4. Akt: mit fallender Handlung, retardierenden Momenten (Verzögerung, Intrige und mögliche andere Lösung), dem Moment der letzten Spannung (letzte Möglichkeit zur Verhinderung der Katastrophe);
5. Akt: Katastrophe (Wende- und Schlusspunkt der Handlung, Lösung des Konflikts zum Schlimmen oder Guten).

Durch die Handlung der Tragödie wurde die sogenannte Katharsis (Reinigung, Läuterung) ausgelöst, einer der bis heute diskutierten und umstrittenen Vorgänge des Rezeptionsvorganges: Beim Zuschauer sollen durch das Miterleben „Furcht und Mitleid" ausgelöst werden, wodurch seine Seele von den verderblichen Leidenschaften, die auf der Bühne sichtbar waren, geläutert würde.
Nach der klassischen deutschen Literatur unternahm es der Schriftsteller Gustav Freytag (1816–1895) in *Die Technik des Dramas* (1863), aus dem antiken und dem klassischen Drama einen Regelkanon abzuleiten, der im **Freytag'schen Dramendreieck** gipfelte:

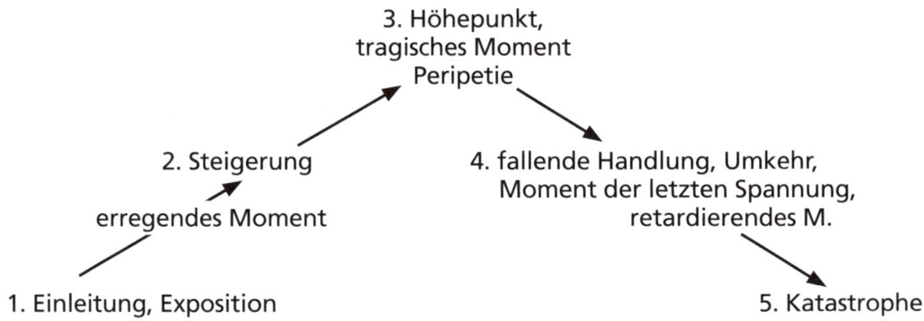

Das Dramendreieck ließ sich auch auf Einakter anwenden, in denen sich die fünf Abschnitte in Szenen auswirkten. In Dramen, die sich dieser klassischen Struktur entzogen, wurden oft einzelne Handlungsstränge fünfteilig „klassisch" organisiert, um der stationenartig verlaufenden Handlung ein inneres Gerüst zu geben und den Zuschauer in seiner Erwartungshaltung, die bis in das späte 19. Jahrhundert hinein fast ausschließlich von der klassischen Dramenstruktur bestimmt wurde, zu bestätigen.

Friedrich **Schillers *Don Karlos*** und Heinrich von **Kleists *Prinz Friedrich von Homburg*** sind ihrer Form und Anlage nach aristotelische Dramen; dabei wurde allerdings öfters auf den Widerspruch zwischen der klassischen Form und dem nichtklassischen Inhalt in Kleists Stück hingewiesen, denn der Prinz von Homburg hat in seiner Todesangst und Verzweiflung preisgegeben, was klassische Ideale ausmachte. Georg **Büchners *Woyzeck*** hat nichts mit dem aristotelischen Drama zu tun, sondern zeigt Merkmale des erst später voll ausgebildeten Stationendramas. Die beiden Stücktypen repräsentieren die beiden grundsätzlichen Dramentypen in der deutschen Literatur. Schiller beschäftigte sich erst nach dem *Karlos* mit antiken Dramen; auch große Beispiele wie Sophokles' *König Oedipus* studierte er erst 1797 im Zusammenhang mit der Arbeit am *Wallenstein*. Da er aber die französische klassizistische Dramatik gut kannte (Corneille, Racine u. a.) und während der Arbeit am *Karlos* deren Werke studierte, kannte er den Aufbau antiker Dramen und die Dramaturgie klassizistischer Stücke. Das hat zu einem logischen dramaturgischen Aufbau geführt, wie er sich in der Beschäftigung mit Aristoteles' *Poetik*, mit der die normative Dramaturgie begann, seit Johann Christoph Gottsched (*Versuch einer Critischen Dichtkunst vor die Deutschen*) und Gotthold Ephraim Lessing (*Hamburgische Dramaturgie* u. a.) durchgesetzt hatte und in der klassischen Dramatik den Höhepunkt fand. Das Stück folgt der aristotelischen Gliederung. Sie ist im *Bauerbacher Entwurf* lückenlos und ungebrochen zu finden. Während der weiteren Entstehung kamen mehrere Brüche in die anfangs klare Struktur, die in der Handlungsführung auffallen und die beiden letzten Akte streckenweise verwirrend gestalten. Auch gibt es mehrere unterschiedlich ausgeprägte Höhepunkte neben der Zentralszene des Stückes (3. Akt, 10. Auftritt), die jedoch zu einer eigenen Handlung (Posa-Handlung) gehört, die erst im 3. Akt, 5. Auftritt einsetzt und im 5. Akt, 3. Auftritt mit einer eigenen Katastrophe beendet wird. Die Eboli-Handlung hat ihren Höhepunkt mit der anschließenden fallenden Handlung bereits im 2. Akt, 8. Auftritt. Bei aller Variation ist die Grundanlage als aristotelisches Drama deutlich erkennbar und wird in den sich überlagernden Handlungen mehrfach wiederholt, wie die Skizze verdeutlicht:

Dramenaufbau *Don Karlos*

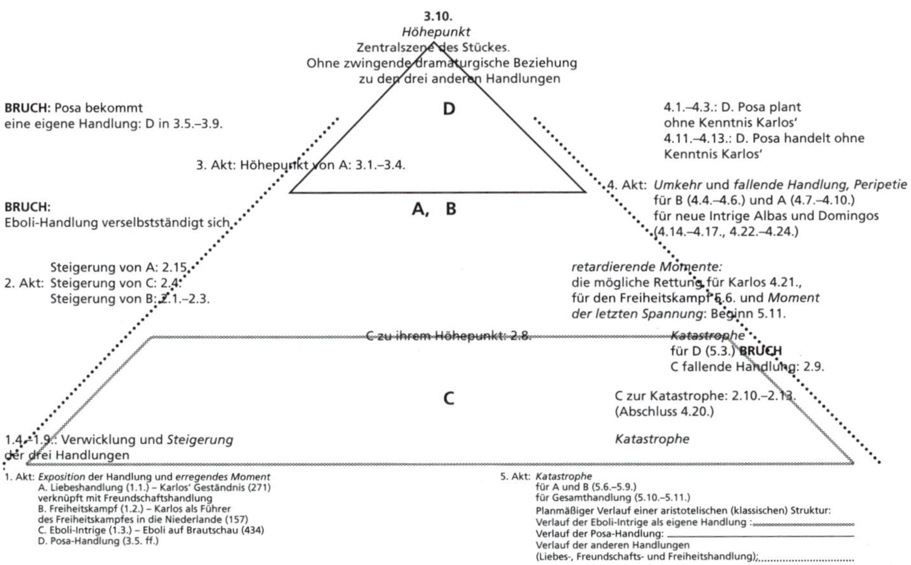

Schillers *Don Karlos*

Als politisches Drama wird *Don Karlos* durch die Familien- und Liebeshandlung möglich, beide Handlungsstränge (A, B) verfügen in der Figur Posas aber über den gleichen Beteiligten:
Er will einmal die Interessen der Niederländer durchsetzen und zum anderen dem König beim Klären der Familienprobleme dienstbar sein. Mindestens drei **Handlungsstränge** werden in der endgültigen Fassung anfangs parallel geführt, nicht immer einander bedingend, aber sich gegenseitig treibend: Im 1. Akt, 1. Auftritt ist es Karlos' Geheimnis, das Spannung erregt, Gegner wie Domingo auf den Plan ruft und sich später als verbotene Liebe zu seiner Stiefmutter herausstellt, aber für die Handlung an Bedeutung verliert und von Karlos schließlich auch im Interesse des politischen Kampfes aufgegeben wird. Im 1. Akt, 2. Auftritt wird der niederländische Freiheitskampf erwähnt, in dem Karlos von den Niederländern erwünscht ist. Obwohl Karlos dem geringe Aufmerksamkeit schenkt, wird er durch Posa (und die Königin) handlungsbestimmend und beherrscht am Ende auch Karlos' Fluchtplan: Er soll von Cadix (4980, Seehafen und Festung in Südspanien) nach Vlissingen (V. 4981, Seehafen auf der Insel Walcheren in der niederländischen Provinz Zeeland) segeln, in Brüssel liegt Geld bereit (V. 5101 ff.), aus Gent (V. 5361, Hauptstadt von Ostflandern) will Karlos den ersten Brief schreiben.
Schiller beherrschte die Mittel des Intrigenstücks meisterhaft, wie die Briefszenarien in den *Räubern* und *Kabale und Liebe* beweisen, wie Franz Moor in den *Räubern*, dem Schiller in der „unglückseligen Katastrophe seiner Intrige" (NA 22, 124) menschliches Fühlen bescheinigt. Meisterhafte Intrigen konnte Schiller bei Shakespeare lernen. Intrigen mit Briefen sind auch in anderen Szenen des *Don Karlos* wichtig, so bei Domingo, der die Liebe der Königin entlarven und Karlos stürzen möchte (V. 2179 ff.), zwischen Karlos und Posa (V. 2289 ff., 2400 ff., 2432), zur Information des Königs über die Liebe Karlos' (V. 2554 ff.) und als grundsätzliches Mittel der Information (V. 2465 ff.). Gegen Ende löst ein Brief Posas (4. Akt, 22. Auftritt), den dieser absichtlich in die Hände des Königs spielt, die abschließende Handlung aus (V. 4685 ff.). Die dramatische Bewegung der Szenen 4.1 –16. folgt den Regeln des Intrigenspiels und verstellt das Verständnis für Posa, der nun auch die Königin und den Freund zu Elementen seines diplomatischen und politischen Spiels macht. Moralisch wertet sich Posa dabei ab, indem er die Königin in seine Intrige als Geliebte einbezieht und damit auch den Freiheitskampf in Flandern, in dem die Königin engagiert ist und für den sie Geld gibt, gefährdet, ja zum Intriganten wird. –
Neben diesen teils sich unabhängig voneinander entwickelnden Handlungen wird der Aufbau durch einen Gegensatz der **Handlungsorte** geprägt: Der 1. Akt spielt in den anmutigen Gärten von Aranjuez, die 14. und 15. Szene des 2. Aktes ebenfalls fern der Hauptstadt in einem Kloster. Alle anderen Szenen spielen im königlichen Schloss von Madrid. In der Fassung von 1787 und der endgültigen Fassung 1805 ist der Gegensatz fassbar als Polarität von freier Natur und höfischem Zwang; allerdings sind Reste einer Konfrontation von zerstörtem Paradies und Hölle erkennbar, wie sie aufklärerisches Denken bestimmte. Deutlicher ist dieser Gegensatz im *Thalia-Fragment* 1785 zu erkennen: Karlos fühlt sich zu Beginn (1. Akt) im Paradies verfolgt „wie die Gerichte Gottes" (NA 6, 347) und findet sich vor den Gestalten der Byblis und des Caunas wieder, eines Zwillingspaares, das an seiner Liebe zueinander zugrunde ging (Ovid, *Metamorphosen*). Der 2. Akt beginnt mit einer später nicht ausgeführten Szene, die Schiller von Mercier übernahm: Nach einem Autodafé, einer Ketzerverbrennung, kehrt Philipp mit seinem Hofstaat in den Palast zurück. Der Großinquisitor übergibt dem König ein vom Papst verliehenes Glau-

bensschwert; es schließt sich die Szene an, in der Karlos Alba als eine Art Teufel beschreibt (NA 6, Thalia-Fragmente, 2. Akt, 1. Auftritt), denn ein Mensch, „das ist / Das Einzige, was Alba nie gewesen" (V. 1178 f.).
Die **Handlungszeit** drängt zur aristotelischen Einheit, die auch das klassizistische französische Drama übernommen hatte: „Der Tragödiendichter legt es darauf an, dass die im Spiel dargestellte Handlung sich innerhalb eines Sonnenumlaufes (also innerhalb 24 Stunden) entwickelt oder doch nur wenig Zeit darüber hinaus beansprucht" (Aristoteles): Während die ersten beiden Akte zwei Tage umfassen, spielen die anschließenden (3.–5. Akt) an einem Tag von morgens bis kurz nach Mitternacht. Der Schluss weist allerdings eine bei Dramen ungewöhnliche Zeitdehnung auf, durch die Schiller zusätzliche Spannung geschaffen hat. Ein Drama bietet, im Gegensatz zur Epik, die das Verhältnis von Erzählzeit und erzählter Zeit nach Bedarf gestalten kann, zeitliche Deckung, d. h. dass der einzelne Handlungsausschnitt *auf der Bühne* mit der Zeit, die für die Handlung in der Wirklichkeit nötig wäre, übereinzustimmen scheint und dadurch das Bühnengeschehen gegenwärtig wird. Am Ende des 5. Akts, 6. Auftritt steigt die Spannung auf einen Höhepunkt, auf den der Zuschauer mehrfach hingewiesen wird: Posa ist tot, Karlos verzweifelt, die Königin will ihn um Mitternacht erwarten, um ihm Posas Hinterlassenschaft als Auftrag zu übergeben: „Die Zeit / Ist zwölf Uhr." (V. 4915 f.) Spannung und Zeit verhalten sich reziprok. Erreicht wird das durch die Überlagerung einer konkreten Absprache zwischen der Königin und Karlos und der Sage, dass um „Mitternacht in den gewölbten Gängen / Der königlichen Burg, in Mönchsgestalt, / Der abgeschiedne Geist des Kaisers wandle." (V. 4901 ff.) Am Ende des 6. Auftritts wird die Zeit festgelegt, im 7. Auftritt wird zur Eile getrieben („Fliehen / Sie ohne Aufschub.", V. 4921 f.), im 8. Auftritt ist die Zeit weit fortgeschritten (es ist Stunden nach Sonnenuntergang, vgl. V. 4975 ff.) und die Begegnung steht bevor, aber auch Alba weiß von dieser Zeit (V. 5009) und plant, Karlos' Reise – „Schlag zwei Uhr soll / Die Post vor dem Kartäuserkloster halten." (V. 5096 f.) – zu verhindern. Ehe es jedoch dazu kommt, zu Beginn des letzten, 11. Auftritts, vergehen zwei inhaltlich aufwändige Szenen, also viel Zeit. Je größer die Spannung wird und je mehr die Personen zur Eile getrieben werden, desto länger dehnt sich entgegen dramaturgischer Gesetze die Zeit. Es entsteht zusätzliche Spannung dadurch, dass die Zeitangabe „zwölf Uhr" (V. 4916) und „Mitternacht" (V. 5009) mehrfach variiert (nach Sonnenuntergang, binnen Mitternacht und Morgen usw.) und permanent mit bedrohlichem Inhalt gefüllt wird. Lerma fordert den Prinzen auf: „Retten Sie sich" (V. 4917); der König kündigt an: „Die Welt / Ist noch auf einen Abend mein. Ich will / Ihn nützen diesen Abend, dass nach mir / Kein Pflanzer mehr in zehen Menschenaltern / Auf dieser Brandstatt ernten soll." (V. 5082 ff.)
Die ursprüngliche Familienhandlung bedient sich einer bewährten Grundstruktur, dem **Vater-Sohn-Konflikt**, der bis zur Parabel vom verlorenen Sohn im Lukas-Evangelium zurückgeht. In der Abfolge bedeutender Beispiele, die bis zu Franz Kafkas *Das Urteil* reichen, zu denen auch die wie ein Vater-Sohn-Konflikt erscheinende Beziehung zwischen dem Kurfürsten und dem Prinzen von Homburg in Kleists Schauspiel *Prinz Friedrich von Homburg* gehört, nimmt Schillers *Don Karlos* eine herausragende Stelle ein. – Im Konflikt definieren und legitimieren sich Söhne als weltanschauliches und moralisch-ethisches Gegenstück zu ihrem Vater; der Konflikt steigert sich mit zunehmender Gnadenlosigkeit der Väter. Gründet sich das wie im vorliegenden Fall noch auf den Besitzanspruch an eine Frau, wird die bewährte und oft variierte Grundstruktur zum außergewöhnlichen Fall und erreicht ein Höchstmaß an Erbarmungslosigkeit. Sie wird von Schiller kontinuierlich aufgebaut und über verschie-

dene Stufen bis zur totalen Familienzerstörung geführt. Im Augenblick, als Karlos „und mir wird er verzeihn" sagt und das Wort „verzeihn" fällt (4730), ehe der Vers vollendet ist, trifft der tödliche Schuss Posa: Das bedeutet auch Karlos' Ende. Es ist die völlige Konzentration auf den König, der kein Vater sein kann und will, weil das die Macht gefährde. Der tatsächliche Sieger aber ist die Inquisition.
Auf den **Aufbau** des *Don Karlos* haben sich die lange Entstehungszeit und die verschiedenen Fassungen ausgewirkt. Bis auf eine Verschiebung ist das Gesamtgefüge jedoch relativ einheitlich geblieben: Die Gestalt des Karlos tritt ab dem 3. Akt zurück und macht Platz für Posa, der bis zu seinem Tod die Handlung dominiert. Dass diese Verschiebung das Stück dennoch kaum stört, erklärt sich aus der geistigen Nähe von Karlos und Posa. Da Karlos an den Freiheitskämpfen der Niederländer nur mäßig interessiert ist (170 ff.), tritt Posa an die Stelle. Der Freiheitsgedanke wird zur Klammer der Handlung, scheidet das Figurenensemble in Fürsprecher (Posa, Karlos, Königin) sowie Gegner (König, Alba, Großinquisitor) und hat auch eine umfangreiche geschichtsphilosophische und staatspolitische Begründung in der Zentralszene des Stückes (3. Akt, 10. Auftritt) erhalten. Ohne eine dramatische Handlung zu haben, wird die Szene zum ideellen Zentrum und zum Forum für Schillers weltanschaulich-politische Ansichten, die von Rousseaus *Gesellschaftsvertrag* geprägt sind: Das Naturrecht, als Alternative zum Absolutismus, gebe den Menschen Freiheit und Gleichheit. In den *Briefen über Don Karlos* wurden Posas Ideale zur „Hauptidee" des Stückes erklärt und der ursprüngliche Ansatz der Familientragödie zurückgedrängt.
Die **Spannung** erreicht ihren ersten Höhepunkt, als einer von Schillers berühmten Sätzen fällt, die für Konfliktballungen stehen. Hier ist es der Satz „Ich liebe meine Mutter." (V. 271), der durch die bereits vorhandenen Kenntnisse – es handelt sich um Stiefmutter und einstige eigene Braut – Sprengkraft bekommt. Schiller hatte in seinen Dramen einen ausgeprägten Sinn für Eröffnungs- und letzte Sätze, in denen bestimmte Situationen sprachlich auf den Punkt gebracht werden. Berühmt wurde der Eröffnungssatz der *Piccolomini* „Spät kommt Ihr – Doch Ihr kommt! Der weite Weg, / Graf Isolan, entschuldigt Euer Säumen." (I 49, 1 f.) oder der Schlusssatz der *Räuber* „Dem Mann kann geholfen werden." Schillers Stücke enden grausam. Der Schluss des *Karlos* ist von besonderer Qualität. Philipps letzter Satz bedeutet die ungeheuerliche Lösung: „Kardinal! ich habe / Das Meinige getan. Tun Sie das Ihre." (V. 5369 f.) Es ist das Todesurteil für den eigenen und einzigen Sohn.
Da wird nicht nur Rache geübt, sondern der Rächer wird ein Einsamer. Philipp vernichtet Frau und Sohn, weiß aber, dass er ein einsamer Mensch sein wird und auch seine Dynastie damit beendet hat. Sein letzter Gesprächspartner ist der Großinquisitor, er selbst spricht nur noch „kalt und stille" (V. 5369): Kalt und unbarmherzig war er schon immer, „stille" nimmt sich als Redehinweis absurd aus und signalisiert völliges Verstummen.
Die Verwandlung der Prosa in Verse war ein entscheidender Einschnitt, auf den Schiller später in der Vorrede *Über den Gebrauch des Chors in der Tragödie* zur *Braut von Messina* zurückblickte („… die metrische Sprache selbst ist ideal; aber die Handlung soll nun einmal real sein …"). Mit der Metrik sei man der poetischen Tragödie um einen großen Schritt näher gekommen. Das bedeutete auch, für die entstehende deutsche klassische Dramatik das entsprechende Versmaß und zu den antiken Vorbildern eine adäquate Entsprechung gefunden zu haben. Andererseits gab es beträchtliche Probleme mit dem Publikum, das an die Jamben nicht gewöhnt war und sie ablehnte. Schiller war gezwungen, trotz seiner grundsätzlichen Entscheidung einige Bearbeitungen des *Don Karlos* für die Bühne in Prosa vorzunehmen.

Zentrum des Stückes ist die Audienzszene (3. Akt, 10. Auftritt), in der Philipp den Marquis Posa empfängt. Sie bildet die Zusammenfassung der staatspolitischen, philosophischen und historischen Ansichten Schillers, die sich auch in gleichzeitigen ästhetischen Schriften (*Briefe über Don Karlos,* 1788) und in der *Geschichte des Abfalls der vereinigten Niederlage von der spanischen Regierung* (1788) wiederfinden. Das gehört zum Geschichtsdrama *Don Karlos*.

Geschichtsdrama

Das Geschichtsdrama, auch: historisches Drama bezeichnet dramatische Werke, in denen authentische Personen der Vergangenheit auftreten und in historischen Vorgängen agieren. Für das europäische Geschichtsdrama wurden Shakespeares Historiendramen das große Vorbild. Lessing bestimmte in der *Hamburgischen Dramaturgie*, wie genau sich der Dichter an die historische Wahrheit zu halten habe, „nicht weiter, als sie einer wohleingerichteten Fabel ähnlich ist" (19. Stück). Bei den Charakteren allerdings müsse sich der Dichter an die historische Wahrheit halten, „die Charaktere sind ihm heilig" (23. Stück). Bei Schillers *Don Karlos* bietet sich die hervorragende Möglichkeit, das historische Geschehen und die Dichtung miteinander zu vergleichen, da sich Schiller als Historiker (*Geschichte des Abfalls der Niederlande von der spanischen Regierung*) und als Dichter mit dem Stoff beschäftigte. Schiller ging mit den historischen Details großzügig um: Die spanische Armada wurde 1588 zerstört, Schiller verlegte die Vernichtung als Ausdruck schwindender Macht auf 1568 vor und bezog sie in den *Don Karlos* ein. Es war nicht die einzige Veränderung in der historischen Chronik: Karlos hat mit seinem historischen Vorbild keine Ähnlichkeit, ja, ist geradezu sein Gegensatz. Die Liebe zu seiner Stiefmutter ist historisch nicht verbürgt. Die Befreiung Maltas, von der Alba berichtet (V 2900 ff.), fand 1565 statt. Alba war bereits im April 1567 in die Niederlande aufgebrochen und konnte 1568 nicht am Hof in Madrid sein, Karlos war im Januar 1568 aus medizinischen Gründen von der Öffentlichkeit ferngehalten worden, Egmont wurde im Juni 1568 in Brüssel hingerichtet, Karlos kann ihn nicht aufsuchen, wie Posa meint (V. 3487 f.). Karlos starb im Juli. Es ging Schiller nicht um ein stimmiges Geschichtsbild, sondern um die vergleichbare **Epochenproblematik zweier Zeiten**.

Posa argumentiert nicht mit historischen Prämissen, sondern erweist sich als europäischer Aufklärer, der die Erfahrungen der niederländischen Befreiungsbewegung mit dem geistigen Problem der Welterneuerung zu verbinden versucht. Er benutzt dafür das um 1760 in Frankreich entwickelte Modell des „aufgeklärten Absolutismus", der durch „Fürstenerziehung" zu erreichen sei, und erklärt sie: „Bürgerglück / Wird dann versöhnt mit Fürstengröße wandeln" (3152 f.). Damit wird die Szene „unhistorisch", denn es stoßen zwei Zeitalter in ihr zusammen: der Absolutismus auf dem Höhepunkt (1568, Philipp II. als Repräsentant) und der Absolutismus kurz vor dem Zusammenbruch (1762, Karlos und Posa als Repräsentanten des Naturrechts Rousseaus). Das Naturrecht gehört zu Schillers Zeit zu den aktuellen philosophischen Entwicklungen; es zielt auf einen „Gesellschaftsvertrag", der das Verhältnis zwischen Staat und Bürger regelt. Wenn der Staat nicht für Freiheit und Gleichheit eintritt, hat der Bürger ihm gegenüber keine Pflichten mehr. Schiller führte diesen **Zusammenstoß zweier Zeitalter** bewusst herbei: „Es mag zwar ein gotisches Ansehen haben, wenn sich in den Gemälden Philipps und seines Sohns zwei höchst verschiedne Jahrhunderte anstoßen, aber mir lag daran, den *Menschen* zu rechtfertigen, und konnt' ich das wohl anders und besser als durch den herrschenden Genius seiner Zeiten?" (Friedrich Schiller: *Dom Karlos. Thalia-Frag-*

mente 1785–1787. (Vorwort). In: NA 6, 345.) Deutlich wird, dass Schiller das klassische Drama anstrebte und darin zentrale Ideen der Aufklärung ebenso einbrachte wie die französische Ideenwelt der vorrevolutionären Zeit.

Neuordnung in der Dramatik – Büchner

Die klassische Tragödie hatte ästhetisch den Höhepunkt und damit auch den Höhepunkt ihrer Anerkennung erreicht, als es bereits Erscheinung einer Neuordnung in der Dramatik gab. Für diese Entwicklung gab es keine Begriffe. Sie musste umschrieben werden. Als Karl Gutzkow Büchners ***Dantons Tod*** 1835 veröffentlichte, gab er ihm den Untertitel „Dramatische Bilder aus Frankreichs Schreckensherrschaft".[9] „Bilder" war ein Begriff, der sich gegen dramatisches Geschehen sperrte. Als Gutzkow 1837 seinen Nachruf auf Georg Büchner schrieb, ging er nochmals auf die ungewöhnlichen Szenen – „rapid und stürmend" – des Stückes ein, die ihm „in kurzen scharfen Umrissen" erschienen, das Stück selbst sei ein „lose angelegte(s) Drama". Es handelt sich um eine Szenenfolge, die nicht durch einen aristotelischen oder klassischen Aufbau gegliedert ist, sondern das Geschehen als Ausschnittfolge einer sich konsequent vollziehenden Handlung bietet. Diese dramaturgische Technik ist neu und bereitet das Stationendrama – den Begriff kannte die Zeit allerdings noch nicht – vor.

In einer Zeit, die alle Vorgänge in Systeme zu erfassen und über jede Entwicklung verbindliche, ja normierte Aussagen zu machen versuchte, so wie es Freytag für das klassische Drama unternahm, fand auch das moderne Drama seine Theoretiker, deren Höhepunkt Hermann Hettners *Das moderne Drama* (1852) bildete. Bereits im Vorwort gab er als Grund dafür an, dass Goethes und Schillers Muster nicht mehr ausreichten, „alles drängt rüstig vorwärts nach einem unbekannten, nur dunkel geahnten Neuen". Hettner, der klassisch gebildete Kunst- und Literaturwissenschaftler, war mit dieser Entwicklung keineswegs einverstanden, sah sie als eine Übergangserscheinung, konnte aber nicht umhin, sie zu beschreiben. Dabei war es ihm unmöglich, sich auf Büchners *Woyzeck* zu berufen; dieser war zwar entstanden, aber noch nicht gedruckt. Zur Verfügung stand jedoch Georg Büchners *Dantons Tod*. Der besondere Inhalt der neuen Dramatik war für Hettner „sozial", die Form episch und episierend, eine Ursache für die Entwicklung die Tatsache, dass die „gewaltigen Revolutionsgeschichten" nicht in „den knappen Rahmen dramatischer Gestaltung einzufangen" seien. Als Begriff fand er dafür die „Tragödie der Verhältnisse" oder „soziale Tragödie", in der „Darstellungen des Proletarierlebens" zu finden seien, „rein passiv, seufzend und duldend unter dem Drucke des Elends". Unterstützung fand Hettner bei dem Dramatiker und Dramaturgen Julius Mosen (1803–1867), der die Ansicht vertrat, der Dramatiker trage „den Prozess der Weltgeschichte als Referent von der Bühne herunter dem Publikum vor". So hatte das aristotelische, klassische Drama ein Pendant gefunden, das völlig neu in der literarischen Landschaft war und von denen, die mit der Theaterpraxis verbunden waren – Mosen war 1844–48 Dramaturg am Oldenburger Hoftheater – oder im Kontext mit Philosophen und Naturwissenschaftlern ihre Ansichten diskutierten – Hettner war befreundet mit dem Philosophen Ludwig Feuerbach und dem Naturwissenschaftler Jakob Moleschott –, gespürt und erahnt wurde. Ein halbes Jahrhundert nach der Erstveröffentlichung von Büchners *Dantons Tod* und ein Dutzend Jahre nach der Erstveröffentlichung von *Woyzeck* setzte sich der neue Stücktyp

9 Vgl. dazu Rüdiger Bernhardt: *Erläuterungen zu Georg Büchner. Dantons Tod*. Hollfeld: C. Bange Verlag, 4. Auflage 2008, S. 102

mit Frank Wedekinds *Frühlings Erwachen* (1891), Gerhart Hauptmanns *Die Weber* (1892) und August Strindbergs *Nach Damaskus* (1898–1901) durch.

Büchners *Woyzeck*

In Georg Büchners *Woyzeck* ist eine klassische Struktur nicht zu erkennen, auch wenn man berücksichtigt, dass es sich um ein Fragment handelt und besonders am Schluss die Abfolge der Szenen nicht deutlich ist. Dennoch ist festzustellen: *Woyzeck* besteht aus einzelnen Szenen. Akte oder andere Gliederungen einer klassisch geprägten Abfolge von der Exposition bis zur Katastrophe sind nicht erkennbar, aber **Komplexe**:
1. eine Art **Einführung**: Woyzeck als kasernierter Soldat, Zusammenleben mit Marie, die Messe als besonderes Erlebnis, Begegnung Maries mit dem Tambour-Major;
2. ein sich entwickelnder **Konflikt**: Verführung Maries, Woyzecks Verwirrung und Fokussierung auf Rache, konkretisiert im Messer;
3. der logische **Abschluss**: Provokation Woyzecks durch den Tambour-Major, Kauf des Messers und Mord an Marie. Woyzecks geht ins Wasser, ob er stirbt oder sich tatsächlich nach dem Mord nur säubern will, bleibt unklar.

Die Szenen werden wie Stationen aneinandergereiht. Sie folgen einem geradlinig fallenden Weg bis zu Maries Tod und Woyzecks Untergang:

Handlungsablauf in *Woyzeck*

Woyzecks Wahnideen (im Gespräch mit Andres und Marie)
Woyzecks Erlebnis der unmoralischen Welt (Maries Hurenlohn: die Ohrringe)
Woyzecks Unmoral (im Gespräch mit dem Hauptmann: uneheliches Kind)
Woyzeck als Wortbrüchiger (im Gespräch mit dem Doktor)
Woyzeck als Betrogener (im Gespräch mit Hauptmann und Doktor)
Woyzeck als Besiegter (im Ringen mit dem Tambour-Major)
Woyzeck als Rächer (der Tod Maries)
Woyzeck als Sterbender/Entschwindender

Die Handlung beginnt scheinbar zufällig: Woyzeck befindet sich in einem Gespräch mit Andres und gibt Antwort auf eine dem Leser/Zuschauer unbekannt bleibende Frage.
Der unmotivierte Eintritt in die dramatische Handlung war knapp 50 Jahre später, um 1885, in der naturalistischen Dramatik Bedingung. Um die Handlung in Bewegung zu bringen, benötigte man den sogenannten „Boten aus der Fremde", der in eine scheinbar unbewegliche Situation kommt und diese aus dem Gleichgewicht, damit in Bewegung bringt. Dieser „Bote aus der Fremde" ist schon bei Büchner vorhanden: Es ist der Tambour-Major. Durch ihn gerät das Gleichgewicht sowohl unter der Bevölkerung (die Frauen möchten ihm gefallen; die Obrigkeit = Hauptmann beobachtet dessen Abenteuer) als auch in der Familie Woyzecks in Bewegung. *Woyzeck* hat **Züge eines pränaturalistischen Stationenstücks**. Neben der Szenenfolge wird eine schwierigere Struktur dadurch geschaffen, dass das sprachliche Material von der Situation, aus der heraus gesprochen wird, und dem nichtsprachlichen Material überlagert wird. Auch das ist neu für die Dramatik.
Im klassischen Drama war es üblich, dass sich das Erfahrene, Gesehene und Erlebte in Sprache umsetzte und im Dialog verwendet wurde. Regieanmerkungen blieben

auf ein Mindestmaß beschränkt und hatten ausschließlich hinweisende Bedeutung für Bewegungen und Richtungen (vgl. *Don Karlos*: „er setzt sich", bei V. 1589, „Die Prinzessin stutzt", bei V. 1602 usw.).
Entsprechend der zunehmenden Hilflosigkeit des Individuums im nachklassischen Drama wird auch dessen **Sprachlosigkeit** größer; Woyzeck ist ein treffendes Beispiel. Nicht nur Bewegungshinweise finden sich hier, sondern auch Handlungen werden beschrieben: „Woyzeck tritt herein, hinter sie. Sie fährt auf, mit den Händen nach den Ohren." (15, 25 f.) Woyzeck verschwindet aus der Handlung, indem zwischen monologisierendem Gespräch und Handlungsbeschreibung gewechselt wird: „das Messer, das Messer, hab ich's? So! Leute – Dort. (er läuft weg) So, dahinunter! (er wirft das Messer hinein) Es taucht in das dunkle Wasser, wie Stein!" (39, 24 ff.)
Wenn in der 1. Szene (Freies Feld) Woyzeck und Andres sprechen, wird das zu keinem Dialog, denn man spricht aneinander vorbei. Woyzeck hat zudem kaum geordnetes sprachliches Material bereit und präzisiert deshalb das Gesprochene ständig, strukturiert es durch Ausrufe: „still! ... Still! Es geht was! ... Die Freimaurer! ... Red was! Andres! ... Wie hell!" (9, 10 ff.) und Prolepsen (Wiederaufnahme eines Substantivs durch ein Pronomen oder Adverb): „...den Streif da über das Gras hin, da rollt Abends der Kopf" (9, 5 f.). In der populären Dichtung wird die Prolepse oft zum Stilprinzip (wie in Eichendorffs *In einem kühlen Grunde, da geht ein Mühlenrad*).
Den **Regieanmerkungen** kommt große Bedeutung zu; so wird aus ihnen bereits in der 1. Szene Woyzecks Verwirrung erkennbar. Er „stampft", er „starrt", er reißt Andres „in 's Gebüsch". Um verstanden zu werden, benötigen sie keinen gesprochenen Text, während sich die Regieanmerkungen in früherer Zeit auf den gesprochenen Text beziehen.
Büchners Texte enthalten meist **authentisches Material**. Hier wurden Aussagen des historischen Woyzeck aus den Gutachten und die Gutachten selbst eingearbeitet. Erfunden dagegen sind die Gestalten des satirisch gezeichneten Hauptmanns und des Doktors, die von Fassung zu Fassung an Gewicht zunehmen und Woyzecks zunehmende Animalisierung und moralische Destrukturierung als soziale Mächte wesentlich bestimmen.
Zusammengehalten werden die Szenen durch eine relativ strenge **Einheit der Zeit**, die drei Tage umfasst. Während dieser Tage erscheinen die Szenen wie Momentaufnahmen wichtiger Augenblicke; einen kontinuierlichen zeitlichen Verlauf gibt es nicht. Die Technik war nicht neu und schon bei Shakespeare, beim jungen Goethe (*Götz von Berlichingen*) und bei Lenz vorhanden. – Folgende Zeiteinteilung ist möglich, ohne dass sie als verbindlich angenommen werden muss:
1. Tag: Woyzeck und Andres schneiden Stöcke; der Musikzug mit dem Tambour-Major kommt in die Stadt. Marie sieht den Tambour-Major, Woyzeck lädt sie auf die Messe ein. Dort trifft sie den Tambour-Major.
2. Tag: Der Tambour-Major hat Marie das erste Mal besucht und sie beschenkt. Woyzeck bringt Geld, wie immer in Eile, da er noch seinen Hauptmann rasieren muss. In der Zwischenzeit besucht der Tambour-Major Marie ein zweites Mal und wird dabei fast von Woyzeck überrascht. Wiederum hat er aber keine Zeit, da der Doktor auf ihn wartet. Als er bald darauf vom Hauptmann erfährt, was er ahnt, sucht er Rat bei Andres und trifft dann beim abendlichen Tanz Marie mit dem Tambour-Major. Er hat eine unruhige Nacht.
3. Tag: Der Tambour-Major reizt ihn; Woyzeck kauft das Messer und verteilt seine Habseligkeiten. Marie ist ängstlich, denn Woyzeck kommt den zweiten Tag nicht („gestern nit, heute nit" 33, 8 f.). Erst am Abend taucht er auf und geht mit Ma-

rie ins Finstre, ermordet sie, besucht kurz das Wirtshaus und geht im Zeichen des nächtlichen Mondes ins Wasser.

Ein wesentliches Strukturelement des Aufbaus sind die **Symbole und Metaphern**, die statt der sich entfaltenden Handlung die Szenenreihung verbinden. Drei Symbole und Metaphern dominieren:
1. Symbole und Metaphern des **Todes** (Hobelspäne, leuchtende Schwämme, das „Es", die schwarze Katze mit feurigen Augen, Tötungsvorgänge wie Halsabschneiden usw.),
2. Symbole und Metaphern des bedrohten **Lebens** (rot, roter Mund, Feuer, der rote Mond, rotes Blut, die rote Schnur, das rote Kreuz, blutig Eisen mit dem gesamten Wortfeld „Messer", erstechen: der Hauptmann fühlt sich mit Woyzecks Augen erstochen, die inneren Befehle „stich" usw.)
3. Symbole und Metaphern des **Übergangs vom Tier zum Menschen** (viehische Vernunft, wildes Tier (20, 2), der Affe als Soldat, das pissende Pferd, „Viehsionomik" (14, 13), gepisst wie ein Hund (21, 9).
Die Symbole und Metaphern halten die Erinnerung an die Hauptvorgänge des Stücks wach und führen von Station zu Station, bis sie bis zum Mord immer näher zueinanderkommen und schließlich fast in einer großen Metapher zusammenfallen. In der 15. Szene (*Woyzeck. Der Jude*) kauft Woyzeck das Messer, sein Tod wird ihm wohlfeil geboten und bezeichnet wird er als „der Hund" (32, 15). Bis zu Woyzecks Gang ins Wasser bleiben diese Symbole und Woyzeck beieinander und lassen den Tod Maries, aber auch Woyzecks Ende zwanghaft unaufhaltsam erscheinen.

4. Einführung in die Dramen

4.1 Einführung in das Drama *Don Karlos* von Friedrich Schiller

Zeitgeschichtlicher und historischer Hintergrund

Friedrich Schillers *Don Karlos* wurde am 29. August 1787 in einer gekürzten und auch entproblematisierten Fassung – auf den Großinquisitor wurde beispielsweise verzichtet – in der Regie von Friedrich Ludwig Schröder uraufgeführt. Schiller verwendete in seinem Stück zwei zeitgeschichtliche Abschnitte, die die Folie bildeten, auf die Schiller die geistigen Probleme seiner Gegenwart projizieren konnte:

Zeit im Drama

1555 bestieg Philipp II. (1527–1598), der Sohn Karls V., den spanischen Thron und herrschte über ein riesiges Reich, zu dem neben den spanischen Gebieten die burgundisch-habsburgische Macht, die amerikanischen Kolonien (Neuspanien, Neugranada), italienische Besitzungen (Mailand, Neapel, Sizilien und Sardinien), die Philippinen und die Niederlande gehörten. Kaiser Karl V. hatte eine Macht wie kein anderer Herrscher des Mittelalters auf- und ausgebaut; seine Absicht war, diese katholische spanische Macht als kaiserliche Macht in Deutschland dauerhaft zu verfestigen. Das stieß auf den Widerstand der protestantischen deutschen Fürsten, löste aber auch Unruhen in den Niederlanden aus, die unter spanischer Herrschaft standen. Die Protestanten der Niederlande waren für Karls Sohn und Nachfolger Philipp II., Don Karlos' Vater, „Ketzer...", ihr Glaube die „Pest" (V. 892 ff.), die nur mit einem „Blutgericht" zu bekämpfen waren.

Entstehungszeit des Dramas

Zum anderen war die Entstehungszeit die konfliktreich bewegte Phase vor der Französischen Revolution von 1789 und die Zeit des amerikanischen Unabhängigkeitskrieges (1776 Unabhängigkeitserklärung). Die Frau des dänischen Schriftstellers Baggesen Sophie schrieb am 19. 10. 1792 begeistert an Schillers Frau: Frankreich sei „ein Triumph der Freiheit und der herannahenden Vernunft! Wie müssen Könige vor ihnen sinken! Man spricht nichts und hört nichts als Frankreich; es ist auch das Edelste, was so allgemein gedacht worden ist. Wie wird der Autor von *Don Karlos* sich freuen."[10] Schillers Stück, vor der Revolution entstanden, wurde von den Zeitgenossen durchaus als zu der Revolution gehörig empfunden. Sie fanden indessen auch eine andere typische Zeiterscheinung: Die geistigen Repräsentanten aufklärerischen Denkens Posa und Karlos scheitern sowohl politisch als auch persönlich. Das entsprach dem Zeitgefühl der Stürmer und Dränger; sie waren literarische Revolutionäre geworden, ohne dafür eine politische Bühne zu bekommen. Viele von ihnen – zuerst ist an Lenz zu denken – scheiterten und verließen den Kampfplatz.

Philipp II. war das Haupt der europäischen Gegenreformation. Durch die von Geistlichen gelenkte Erziehung wurde er unbeugsam, starrsinnig und bigott. Das war der Teil Philipps II., der für den „Despoten" stand. Schiller verwendete für das Umfeld Philipps II. sowohl im *Don Karlos* als auch in zeitlich zugehörigen Werken ein

10 Kurt Wölfel: *Friedrich Schiller*. München: dtv, 2004 (dtv portrait), S. 95, vgl. dort auch Baggesens Verhältnis zum *Don Karlos*.

entsprechendes Wortfeld: „Despotismus" und „Despotengröße" (NA 22, 153), „des Despoten Seele" (V. 2970), einen „despotischen finstern Charakter" (*Geschichte des Dreißigjährigen Krieges* 1. Teil, 1. Buch), Despot als „unnützliche(s) Geschöpf" (NA 16, 169) usw. – Philipp hatte die besten Heere Europas und die erfolgreichsten Feldherren zur Verfügung, aber trotz seiner Macht wurde er in Deutschland nicht zum Kaiser gewählt. Während seiner Regierungszeit verlor sogar die spanische Herrschaft an Bedeutung, die Vertreibung der Morisken (christliche Araber, vor allem für Seidenindustrie und Landwirtschaft wichtig) aus Südspanien führte zum wirtschaftlichen Niedergang. Sinnfälliger Ausdruck dafür wurde die Niederlage der Armada, Spaniens riesiger, als unbesiegbar geltender Flotte, vor Englands Küste (1588). Schiller hatte einzelne dieser Vorgänge, in den Daten verändert, in sein Drama aufgenommen. Aber bereits in der Eröffnung des Stückes wird deutlich, dass es sich weniger um ein Geschichtsdrama und mehr um ein **politisches Drama** handelt. Angemerkt sei, dass Schillers *Don Karlos* eine Vielzahl von Genrebezeichnungen bekommen hat, als Wandlungsdrama und Familientragödie, als Ideendrama und als „dramatisches Gedicht" – vom Dichter selbst – bezeichnet wurde.

Abgrenzung zwischen Geschichtsdrama und politischem Drama

Die Abgrenzung zwischen Geschichtsdrama und politischem Drama ist schwierig, die meisten Geschichtsdramen sind schon wegen ihres Stoffs gleichzeitig politische Dramen. Andererseits sind, etwas verallgemeinert, alle Stücke Brechts, auch die ohne historische Stoffe, politische Stücke. Das auffallendste Merkmal ist im politischen Drama die Formulierung eines politischen Ziels, im Falle des *Don Karlos* die Freiheit der Niederlande. Das verbindet sich mit Machtfragen, dem Kräfteverhältnis in der Gesellschaft und unterschiedlichen Gesellschaftsentwürfen dieser Kräfte. An dieser Stelle wird die Grenze zum sozialen Drama fließend. Das politische Drama wird besonders in Zeiten der Krise, der Auseinandersetzung und der Revolution bedient; Schillers *Don Karlos* entstand unmittelbar vor der Französischen Revolution von 1789. Häufig finden sich im politischen Drama Ansätze des Dokumentarischen: Auszüge aus politischen Reden (Büchners *Dantons Tod*), aus Protokollen (Büchners *Woyzeck*) usw. Ungenau, aber einigermaßen praktikabel lässt sich das politische Drama als ein Drama verstehen, das zu den zeitgenössischen Vorgängen ausdrücklich Stellung nimmt, unabhängig davon, ob es sich um innen- oder außenpolitische Vorgänge handelt. Relativ häufig wird in der Literaturwissenschaft das politische Drama gegenüber dem „unpolitischen" Drama, das nur dem Geist verpflichtet und deshalb „eigentliche" Dichtung sei, zurückgesetzt. Es wird sogar abgestritten, dass politische Dichtung, also auch das politische Drama, mit ästhetischen Maßstäben zu messen sei: „Politische Dichtung, mag sie noch so viel von Kunst und Bildung überkreuzt werden, hat dennoch den innerhalb des Ästhetischen völlig einzigartigen Charakter, grundsätzlich aus Bildung und Kunst heraustreten zu wollen in den Bereich der Lebensaufgaben, die sich mit der praktischen Gestaltung sozialer Gemeinschaften beschäftigen."[11] Schillers *Don Karlos* ist ein politisches Drama. Dabei kann sich der Leser auf Schiller berufen. Schiller beschreibt in den *Briefen über ‚Don Karlos'*, wie sich Posas ideale Programme entwickelten, wie er in Flandern eine kommende „Revolution zubereitet" findet, und fasst zusammen: „Sein Ideal republikanischer Freiheit kann kein günstigeres Moment und keinen empfänglicheren Boden finden." (3. Brief) Das ist die Beschreibung eines politischen Ziels.

11 Vgl. Benno von Wiese: *Politische Dichtung Deutschlands*, Berlin: Junker und Dünnhaupt, 1931, S. 10

In der Eröffnung des *Don Karlos* wird das entscheidende politische Thema des Dramas von Posa angesprochen: Er wurde von einem „unterdrückte(n) Heldenvolk" (V. 154) ausgesendet, um Hilfe zu holen. Der Befreiungskampf der Niederländer, der gegen Philipp II. begann, dauerte fast 100 Jahre und bedeutete einen Wendepunkt in der europäischen Staatengeschichte. So eröffnete auch Schiller seine *Geschichte des Abfalls der Niederlande von der spanischen Regierung* und fügte hinzu, „die Gründung der niederländischen Freiheit" habe das 16. Jahrhundert „zum glänzendsten der Welt gemacht" (NA 17, 10). Einer der Helden war Lamoral, Graf von Egmont, Prinz von Gavre (1522–1568), der in der Gunst Karls V. stand und von Philipp II. zum Statthalter von Flandern und Artois berufen wurde. Zu diesen Niederlanden gehörten Holland, Luxemburg, das heutige Belgien und Teile des heutigen Frankreichs; es war eines der reichsten Länder Europas und, besonders in den bürgerlichen Schichten, protestantisch geprägt, was für zusätzliche Spannung mit dem katholischen Spanien führte. Für die Wirtschaftskraft sprachen die Seefahrts- und Handelstätigkeit (Antwerpen), die entwickelten bürgerlichen Manufakturen und die moderne Produktion. Das hohe Steueraufkommen benötigte Philipp II. für seine Kriegsführung. Der niederländische Hochadel, besonders die Mitglieder des Staatsrates, versuchten Philipps Politik zu mildern; Egmont wurde deshalb 1565 in Madrid vorstellig und forderte, ergebnislos, die Zurückdrängung des katholischen Einflusses. Es entstand daraufhin ein Geheimbund des Adels. Nach dem Bildersturm des Volkes von 1566 schickte Philipp II. Herzog Alba mit einem Heer in die Niederlande. Er sollte die spanische Herrschaft und den Einfluss der katholischen Kirche (Inquisition) sichern. Albas Heer wütete barbarisch; eines der Opfer war Egmont, der am 5. Juni 1568 enthauptet wurde. Daraufhin entbrannte der Widerstand des niederländischen Volkes erst recht, der 1609 die weitgehende Unabhängigkeit brachte, die 1648 im Westfälischen Frieden von Spanien endgültig bestätigt wurde. Damit hatte sich als Folge eines Befreiungskrieges erstmals in Europa eine selbstständige bürgerliche Nation herausgebildet.
Das in Schillers Werk wichtigste politische Ereignis war die Gefährdung der Selbstständigkeit der Niederlande, „... wenn Alba, / Des Fanatismus rauer Henkersknecht, / Vor Brüssel rückt mit spanischen Gesetzen." (V. 161 ff.) Den Niederlanden sollten die spanische Verwaltung und der katholische Glauben aufgezwungen werden. Es gelang Alba trotz seines berüchtigten Blutrats nicht, den Aufstand niederzuwerfen. Karlos zu Alba: „Man spricht, / Sie führten einen Vorrat Blutsentenzen, / Im Voraus unterzeichnet, mit?", V. 1449 ff. Am Ende der Begegnung zwischen Karlos und der Königin (1.5) überlagern sich Liebes- und politischer Konflikt. Karlos bekommt Post zur Erledigung, „diese Tränen aus den Niederlanden." (V. 808)
Mit der Utrechter Union (1579) war der Abfall der nördlichen sieben Provinzen entschieden. Philipp II. hinterließ bei seinem Tod ein zerrüttetes Land, in dem nur die Kirche zu enormen Reichtum gekommen war. – Philipp II. war viermal verheiratet. Aus der ersten Ehe mit Maria von Portugal stammte der Thronfolger Don Karlos. In dritter Ehe war er mit Elisabeth, der Tochter Heinrichs II. von Frankreich, vermählt, die bereits 1568 starb; sie war zuerst Don Karlos als Braut zugedacht. Nur kurzzeitig milderte diese Ehe die Spannungen zwischen Spanien und Frankreich.

Zeitgenössische Verhältnisse vor der Französischen Revolution

Die zeitgenössischen Verhältnisse vor der Französischen Revolution und der amerikanische Unabhängigkeitskrieg wurden von Schiller von Beginn an mitgedacht. Den Unabhängigkeitskrieg hatte er schon in *Kabale und Liebe* aufgenommen, zusätzliche

Informationen bekam er von Heinrich von Kalb – Charlotte von Kalbs Mann, der 1784 gerade aus Amerika zurückgekommen war, wo er in französischen Diensten gegen die Engländer gekämpft hatte. – Die Ideen der Aufklärung und der französischen Enzyklopädisten waren Schiller vertraut, das wurde in dem frühen Bekenntnis zum politischen Inhalt des Stücks deutlich: Er wollte, „in Darstellung der Inquisition, die prostituierte Menschheit ... rächen, und ihre Schandflecken fürchterlich an den Pranger ... stellen" (Brief vom 14. April an Reinwald, NA 23, 78 ff.). Die **Inquisition** war das Ketzergericht der römisch-katholischen Kirche. Sie vernichtete dabei Andersdenkende oder der Macht der Kirche im Wege stehende Menschen. Die Inquisition war innerhalb des Familienkonflikts ein Hauptthema, im *Thalia-Fragment* (1785) erschien Pater Domingo, der Beichtvater des Königs, noch als „gewesener Inquisitor" (NA 6, 346). Es war auch nicht so, dass es die Inquisition zu Schillers Zeit „nicht mehr gab"[12], sondern sie war gegenwärtig: 1759 hatte sie Diderots und d'Alemberts *Encyclopédie* verboten. 1781 kam es bei Autodafés zu Verbrennungen auf dem Scheiterhaufen und erst die Französische Revolution veränderte die Rolle der Inquisition durchgreifend, bis sie nach 1808 von Napoleon durch Dekrete verboten wurde, ohne dass sie damit schon völlig beseitigt war. Erst 1829 beendete Papst Pius VIII. die Unabhängigkeit der spanischen Inquisition, die in Spanien seit 1480 eine mächtige Einrichtung war, getragen von den Dominikanern, mit einer eigenen Armee (eingeführt 1208 in Frankreich, seit 1494 in Spanien, genannt „Miliz Christi"), einer eigenen Fahne und einem flächendeckenden Spionagesystem, in das wohlhabende Familien eintraten, um nicht verdächtigt zu werden. In der Macht hatte die Inquisition den Adel deutlich überflügelt und wurde so zur entscheidenden Kraft bei der Durchsetzung des Absolutismus. Bei öffentlichen Auftritten hatte der Großinquisitor den Vortritt vor dem König. –

Verdächtigungen reichten zur Anklage aus. Zur Überführung der Beschuldigten benutzte man die Folter, die wie auch die Strafen unvorstellbar brutal und unmenschlich waren. Die Inquisitoren galten als verschlagen, grausam und fanatisch; in der Regierungszeit Philipps II. wurden 3.990 Verhaftete lebendig, 1.845 in effigie („im Bild", bildlich) verbrannt, 18.450 auf die Galeere verbannt. Die Inquisition machte auch vor hochgestellten Personen nicht halt; selbst gegen Kaiser Karl V. führte sie nach seinem Tod einen Ketzerprozess. Karlos soll in diesem Zusammenhang „zweideutige Ausrufungen" getan haben, die „Drohungen gegen das Inquisitionsgericht" enthielten, so heißt es in Schillers *Thalia-Fragment* 1786 (NA 6, 407). Er zog sich deswegen den Hass der Inquisitoren zu. Im *Thalia-Fragment* 1785 war die antiklerikale Haltung Karlos' wesentlich deutlicher als in der endgültigen Fassung: Posa beschreibt ihn als Menschen, der „den gift'gen Schierlingstrank des Pfaffentums" von sich stieß, der „gegen Priesterblitze und eines Königs schlaue Heiligkeit ... die Rechte der unterdrückten Menschheit geltend machte, der zu Madrid für Ketzer bat, am Turme der Santa Kasa für die Duldung stimmte" usw. (NA 6, 363). –

Karl V. hatte die Inquisition in den Niederlanden eingeführt; in kurzer Zeit wurden 50.000 Menschen ermordet. Das war ein Grund für den Aufstand der Niederländer gegen die Spanier. Schiller hatte dieser barbarischen Macht von Beginn an den Kampf angesagt und den Familienkonflikt zur Abrechnung mit der mächtigen Inquisition benutzt. So gerieten die spanischen Verhältnisse zu einem Spiegel absolutistischer Macht, wie sie in Frankreich einen besonderen Höhepunkt erreicht hatte.

12 Rüdiger Safranski: *Schiller oder Die Erfindung des Deutschen Idealismus.* München, Wien: Carl Hanser, 2004, S. 230

Arbeitsstufen

Die Entstehung des Stückes von **1782 bis 1787** ist in verschiedenen Arbeitsstufen deutlich erkennbar. Schiller bestätigte später Brüche wie die zwischen den ersten zwei Akten, die Karlos gehören, und den drei abschließenden Akten, die im Zeichen Posas stehen (*Briefe über Don Karlos*). 1782 hatte ihm der Mannheimer Theaterintendant Wolfgang Heribert von Dalberg den Stoff empfohlen. Wahrscheinlich sah er die Kombination von neuem bürgerlichem Trauerspiel, das zu der Zeit ein erfolgreicher moderner Dramentyp war, mit der alten Haupt- und Staatsaktion aus dem Barock. Von Beginn an war das Stück als ein politisches, in dem die Abrechnung mit der unmenschlichen Inquisition eine wichtige Rolle spielen sollte, und als großes historisches Stück, „hohe Tragödie" (Brief Schillers an Dalberg vom 24. August 1784; NA 7 II, 18) mit Rückgriff auf das bürgerliche „Familiengemälde", gedacht. Schiller benutzte Saint-Réals *Histoire de Dom Carlos, Fils de Philippe II., Roy d'Espagne* (1672), in der Varianten des Philipp-Carlos-Elisabeth-Stoffes vereinigt und auf den liebenden Prinzen Karlos hin ausgerichtet waren. Diese Version des Stoffes war die verbreiteteste. – Schiller hatte neben Shakespeare auch andere Vorbilder: Gotthold Ephraim Lessings *Emilia Galotti* (1772) und Johann Anton Leisewitz' *Julius von Tarent* (1776), das er auf der Karlsschule besonders liebte. Aus diesem Stück bezog Schiller den Grundcharakter seines Werkes: Es sollte antifeudal wirken. Es ist auch die Zeit von Mozarts *Figaros Hochzeit*. Es gibt zahlreiche Ähnlichkeiten: Beide Stücke spielen in fürstlichen Residenzen. Auch in *Figaros Hochzeit*, auf das in Deutschland damals verbotene Stück *Der tolle Tag* von Beaumarchais zurückgehend, ist der Aufenthalt auf dem Sommerschloss zu Ende. Der Abschied von einer sommerlichen Welt des erotischen Tändelns war auch ein Abschied von archaisch gewordenen Ansprüchen des Adels, in denen individuelle Wünsche keine Rolle spielten. An dieser Stelle berührten sich Mozarts Opera buffa und Schillers Trauerspiel. Die beiden Werke berühren sich auch in anderer Weise. Beide Werke reagierten auf bürgerliche Geheimbünde wie Illuminaten und Freimaurer, die im Geiste der Aufklärung für Toleranz und Menschenrechte eintraten.

Statt auf Geheimgesellschaften setzte Schiller auf den aufgeklärten Herrscher, den Posa erziehen wollte. Was bisher nur von den Wissenschaften erörtert worden sei – Menschenrechte, Menschenglück und Wahrhaftigkeit in der Politik, „Enthusiasmus für Wahrheit, Freiheit und Tugend" (NA 22, 143) –, habe er durch Posa „in das Gebiet der schönen Künste herüberziehen, mit Licht und Wärme ... beseelen und als lebendig wirkende Motive in das Menschenherz" (NA 22, 168) pflanzen wollen. Der Malteserritter Posa vertrat mit seinen Forderungen nach Toleranz, Menschenwürde und Gleichheit die Ansichten des Illuminatenordens und nahm die der Französischen Revolution von 1789 vorweg.

Inhaltsangabe

1. Akt

An einem Frühlingstag 1568 im Garten des Lustschlosses der spanischen Könige Aranjuez versucht Domingo, der Beichtvater des Königs, vom Infanten (Thronfolger) Don Karlos das Geheimnis seines Kummers zu erfahren, der ihn seit seiner Rückkehr von der Universität beherrscht. Karlos ist einziger Sohn und Thronfolger; bei seiner Geburt starb die Mutter; die jetzige Frau des Vaters war einst Karlos' Braut. – Karlos' Freund Posa berichtet vom „unterdrückte(n)

Heldenvolk" (V. 154) in Flandern, das auf Unterstützung durch den Infanten hoffe. Karlos hat anderes im Sinn: Er liebt seine Stiefmutter Elisabeth. Posa will ein Treffen zwischen beiden organisieren. Bei einer Begegnung mit der Königin erzählt er ihr in einer Parabel („Zwei edle Häuser in Mirandola ...", V. 553) von Karlos' Liebe. Im anschließenden Treffen erkennt Karlos die Hoffnungslosigkeit seiner Liebe. Elisabeth weist ihn auf die Liebe zu seinen Ländern hin. Das Treffen wird durch die Ankunft des Königs gestört, der die Marquisin von Mondekar empfindlich bestraft, weil sie die Königin allein gelassen habe. – Karlos entschließt sich, bei seinem Vater um das Kommando für Flandern zu bitten.

2. Akt

Nur mit Mühe gelingt es Karlos, um das Kommando in Flandern zu bitten. Philipp lehnt brüsk ab. Später überlegt er, unter dem Einfluss Albas Karlos falsch behandelt zu haben. – Karlos erhält einen Liebesbrief und einen Schlüssel zu einem verschwiegenen Kabinett und meint, sie kämen von der Königin. – In einem Gespräch zwischen Karlos und Alba stehen sich schließlich beide mit gezogenem Schwert gegenüber; als die Königin erscheint, entschuldigt sich Karlos bei Alba. – Im 2. Akt, 7. Auftritt beginnt die weitgehend selbstständige Eboli-Handlung: Prinzessin Eboli, die den Brief an Karlos geschrieben hat, erwartet den Infanten. Sie glaubt, Karlos wisse um ihr Verhältnis zum König. – Als Karlos in dem Kabinett die Eboli trifft, glaubt er an eine Verwechslung. Den eindeutigen Angeboten der Eboli begegnet Karlos ablehnend, lenkt aber ab, indem er sie für eine Bittschrift beim König zu gewinnen trachtet, dass sie „den schnellen Einfall nach Brabant zu gehn" (V. 1659) unterstütze. Die Eboli muss einsehen, dass Karlos' Liebe einer anderen Frau gehört. Sie versucht, Karlos als Retter ihrer Tugend zu gewinnen, es werde, wie sich später herausstellt, vom König, „diesem Heiligen", im *Thalia-Fragment* steht sogar „des großen, großen Wollüstlings" (NA 6, 462), ihre Unschuld bedroht. Als Beweis gibt sie Karlos einen Brief, der sich als Brief des Königs herausstellt und den Karlos als Pfand im Kampf gegen Philipp behält. Karlos ernüchtert die fast in Ekstase geratene Eboli. Deren Liebe schlägt in Hass um, als sie erkennt, dass Karlos die Königin liebt. Dieses Wissen will sie an den König weitergeben. – Auch Alba hat Verdacht geschöpft und sucht bei Domingo Erklärung. Beide haben Politik gegen Karlos und Philipp betrieben. Käme Karlos auf den Thron, befürchtet Domingo eine „neue Tugend" (V. 2020): Karlos brauche keinen Glauben, er denke und er verehre den Menschen; das alles ist nicht im Interesse der Inquisition. Domingo will das sexuelle Verlangen des Königs nach der Eboli nutzen, um sie zum Werkzeug seiner Politik zu machen. Die Eboli ist dazu bereit. – Alba und Domingo verhehlen ihren Hass auf Karlos nicht. Sie gehen jedoch irrtümlich davon aus, Karlos habe keine Vertrauten. – Karlos trifft sich zwei Tage später mit Posa in einem Kartäuserkloster. Erst jetzt erfährt Posa, dass es keine Versöhnung zwischen Philipp und Karlos gegeben hat, Alba – nicht Karlos – nach Flandern geht und die Eboli Karlos' Geheimnis der Liebe zur Stiefmutter kennt. Posa muss erkennen, dass Karlos' Liebe zur Königin seinen politischen Weitblick verstellt und er keinen Sinn mehr für den Freiheitskampf, das „Schicksal der Provinzen" (V. 2420), hat. Deshalb plant Posa ein Treffen zwischen Karlos und der Königin, um durch sie Karlos wieder für den Kampf in Flandern zu gewinnen. Karlos warnt Posa, der König lasse die Post öffnen und kontrollieren. Es handelt sich in der scheinbar beiläufigen Mitteilung um einen der wichtigsten dramaturgischen Hinweise.

3. Akt

Philipp weiß, dass er der Königin keine Liebe gegeben hat. Dem Grafen Lerma entwickelt er hypothetisch, dass dessen Sohn den Vater mit der Mutter betrüge (V. 2525), überträgt das auf die Königin, verpflichtet Lerma jedoch zum Schweigen. – Alba entdeckt dem König, dass der Infant bei der Königin gewesen sei. – Domingo teilt dem König ohne Rücksicht auf das Beichtgeheimnis mit, dass er durch die Eboli von der Untreue der Königin erfahren habe. Außerdem gäbe es ein Gerücht, dass Elisabeths Tochter nicht vom König stamme. Philipp bezichtigt Domingo des Betrugs und fordert Alba auf, vor Gericht die Anschuldigungen vorzutragen, die entweder den Tod des Infanten oder Albas bedeuteten. Als Alba zustimmt, zieht Philipp seinen Vorschlag zurück. – Allein geblieben bittet Philipp in einer Art Gebet, das allerdings weniger christlich als mehr säkular rousseauistisch ist, um einen Freund. Er findet zweimal den Namen Posas angestrichen. Der aber hat sich bisher vom Hofe ferngehalten. – Im Audienzsaal meldet Medina Sidonia den Verlust der Armada. (Während die Ereignisse des Stücks 1568 spielen, ging die Armada erst 1588 unter.) Der König erkundigt sich nach Posa und bestellt ihn zum Hof. In einem Monolog beschließt Posa, „eine Feuerflocke Wahrheit" (V. 2969) über den Zustand des Landes und seine Erlebnisse in Flandern „in des Despoten Seele" (V. 2970) zu werfen.
Die Aussprache zwischen Posa und Philipp II. (3. Akt, 10. Auftritt) ist die zentrale Szene des Stückes. Posa beschreibt sein utopisches Ideal eines Staates, in dem das Individuum Zentrum des politischen Wirkens ist; er kann das nur als „Bürger dieser Welt", der den „Untertan" des Königs aufgegeben habe (V. 3007 ff., 3080): „Ich kann nicht Fürstendiener sein." (V. 3022, 3064) Posa entwickelt für den König die Vorstellung vom „aufgeklärten Fürsten" und erhebt die Forderung: „Geben Sie / Gedankenfreiheit." (V. 3215 f.). Philipp II. erkennt die Größe, aber auch die Gefährlichkeit der Ideen Posas und warnt ihn vor der Inquisition. Er nimmt ihn in seine Dienste.

4. Akt

Die Königin empfängt im Kreis ihrer Hofdamen, von denen sich die Eboli scheinbar wegen Unwohlseins entfernt hat, Posa. Der möchte sie allein sprechen. Posa will neben dem königlichen Auftrag Karlos „tätiger ... und entschlossner" (V. 3452 f.) machen und ihn illegal an die Spitze der Rebellion in den Niederlanden führen. Die Königin willigt ein, Karlos entsprechend zu beeinflussen und sich an der Vorbereitung der Rebellion auch mit Geld zu beteiligen. – Graf Lerma warnt Karlos vor Posa; durch dessen Übereinkunft mit dem König sieht er den Infanten bedroht. Karlos ist daraufhin Posa gegenüber zurückhaltend, händigt ihm aber seine Brieftasche auf dessen Wunsch hin aus. Posas Schweigen führt zum Verhängnis. – Der König schwankt zwischen Anerkennung und Verneinung, Vater der Infantin zu sein. Die Königin teilt ihm mit, dass ihre Schatulle aufgebrochen worden sei. Die gestohlenen Briefe und das Medaillon stammen aus der Verlobungszeit der Königin mit Karlos. Als der König die Infantin „unsanft" (bei V. 3794) stößt, droht die Königin mit französischer Vergeltung, bricht aber danach zusammen. Der König beschuldigt Alba und Domingo, die „Teufel" (V. 3810), der Intrige und schickt sie zugunsten Posas davon. Der spinnt nun seinerseits eine Intrige: Er gibt dem König Karlos' Brieftasche, in der sich auch die Einladung der Eboli zum Liebestreffen befindet. Der König glaubt, von der Eboli und Domingo hintergangen worden zu sein und der Königin Unrecht getan zu haben. Auch sei, so Posa, Karlos' Wunsch nach Flandern ein Wunsch der Königin, die sich „von des

Thrones Anteil ausgeschlossen" (V. 3880) sähe und mehr Beteiligung wünsche. Posa fordert uneingeschränkte Befugnisse und einen Haftbefehl für Karlos. – Graf Lerma warnt Karlos erneut und berichtet, Posa habe des Infanten Brieftasche dem König ausgehändigt; er sei der mächtigste Minister geworden. In gleicher Weise warnen Alba und Domingo die Königin vor Posa. Posa verhaftet Karlos, um dessen Geheimnis, die Liebe zur Königin, zu bewahren, verwirrt aber den Freund endgültig. Posa droht der Eboli bei Strafe des Todes zu schweigen (4., 17.).
Die Eboli gesteht der Königin, sie sei gegenüber Karlos schuldig geworden, weil sie die Briefe der Königin gestohlen und wegen unerwiderter Liebe des Infanten beide angeklagt habe. Auch habe sie die Königin mit dem König betrogen. Eine Hofdame nimmt der Eboli die Insignien ihres Amtes als Hofdame ab (Kreuz, Schlüssel) und teilt ihr mit, sie sei ins Marienkloster entlassen. – Posa hat Karlos' Flucht vorbereitet, die Königin soll den Infanten informieren. Posa sieht seine Sache verloren. Er will sich für Karlos, die Königin und das „kühne Traumbild eines neuen Staates" (V. 4280) opfern. Raymond von Taxis hat – von Posa so geplant – Posas Brief an Wilhelm von Oranien nach Brüssel abgefangen und bringt ihn dem König; damit richtet sich nun doppelter Verdacht auf Posa und wird von Karlos genommen: Einmal ist Wilhelm der Führer der niederländischen Freiheitsbewegung, zum anderen steht im Brief – was man erst später erfährt (V. 4685 ff.) –, dass Posa die Königin geliebt und den Verdacht auf Karlos gelenkt habe. Die Granden des Reiches werden wegen der Verhaftung Karlos', die ohne Zustimmung der Cortes geschah, vorstellig.

5. Akt

Posa sucht Karlos in seiner Gefangenschaft auf. Alba überbringt die Nachricht, Karlos sei frei. Posa erfährt dadurch, dass die absichtliche Täuschung des Königs geglückt, Alba wieder einflussreich, er aber entmachtet ist. Das erklärt er Karlos auch nach Albas Abgang. – Karlos will seine Freiheit nur vom König selbst entgegennehmen. Noch während Karlos Hoffnungen auf die Menschlichkeit seines Vaters setzt, wird Posa erschossen.
Der König erscheint mit seinem Gefolge, um Karlos zu vergeben; der aber zieht das Schwert gegen ihn und fordert die Granden auf, nicht einzugreifen. Karlos enthüllt Posas Pläne – „die erste Lüge seines Lebens" (V. 4805) –, stürzt sich damit selbst ins Verderben, erniedrigt aber in dieser Szene Philipp, indem er Posas Überlegenheit zeigt, und verurteilt den Vater. Das Volk will Karlos retten; der König fühlt sich „von Rebellen" (V. 4871) verraten und will abdanken. Alba lässt ihn wegbringen und tritt den Rebellierenden entgegen. Es tritt in Madrid ein, was Posa durch Karlos in Flandern verhindern will: die Niedermetzelung der Aufständischen. – Die Königin bittet Karlos zu sich, um die Aufträge Posas entgegenzunehmen; damit Karlos unerkannt kommen kann, soll er als Gespenst Kaiser Karls V. in Mönchskutte erscheinen – deutlicher Verweis auf Shakespeares *Hamlet*, wo Hamlets Vater als Geist erscheint. Lerma bestürmt Karlos zu fliehen, sonst sei der von der Königin ausgelöste Volksaufstand sinnlos; er rüstet ihn mit Waffen aus und huldigt ihm als „Mensch auf König Philipps Thron" (V. 4948). – Philipp findet aber durch Alba wieder zu seiner Macht, die er zur Vernichtung nutzen will. Als er die Pläne Posas für Karlos erfährt, lässt er den Großinquisitor kommen. Alba weiß von Karlos' Reisevorbereitungen. – Das Gespenst Karls V. erscheint den Wachen. Der Großinquisitor trifft beim König ein und macht ihm Vorwürfe wegen seines Vertrauens zu Posa, aber auch wegen seines Todes. Posa war der Inquisition längst verdächtig und sein Blut sollte zu Ehren der Kirche geopfert werden. Der König erfährt, dass sie alle wie

Posa Marionetten am Seil der Inquisition sind. – Karlos tritt im Mönchsgewand vor die Königin und erklärt ihr, alle sinnlichen Begierden überwunden zu haben und sich seiner politischen Aufgabe, der Rettung der Niederlande, widmen zu wollen. Unbemerkt kommen König, Großinquisitor und Granden zu dieser Abschiedsszene hinzu. Als Karlos sich verabschiedet, tritt der König dazwischen und übergibt Karlos der Inquisition.

Interpretation

Der Dichter versuchte zu Beginn der Arbeit, den politischen Charakter des Stückes herunterzuspielen, um seinen Mannheimer Intendanten Dalberg nicht zu irritieren, und schränkte ein, es sei „nichts weniger ... als ein politisches Stück" (Brief vom 7. Juni 1784 an Dalberg, NA 23, 143 f.), um dann seinen *Bauerbacher Entwurf* eines „Familiengemälde(s) in einem fürstlichen Hause" (NA 7 II, 16) zu beschreiben. Eine der ersten Notizen benannte dagegen unter den Hauptfiguren eine politische, die „eines grausamen heuchlerischen Inquisitors" (Brief vom 27. März 1783 an Reinwald, NA 23, 74 ff.). Die Inquisition beschäftigte Schiller im Zusammenhang mit dem Stück von Anfang an und drängte sich in den Vordergrund, um schließlich eine Art Rahmen des Stückes (Domingo, Großinquisitor) zu bilden. Die **Inquisition** war für Schiller der **äußerste zu denkende Gegensatz zur Aufklärung**. Daraus bildeten sich die Konflikte des Stückes. Deshalb ist die Frage müßig, ob *Don Karlos* ein politisches Drama oder eine Familientragödie sei. Für das aufklärerische Denken war die Familie das erste Zentrum der politischen Ereignisse; Schiller hatte es in den *Räubern* und *Kabale und Liebe* explizit vorgeführt – Leidenschaften wie Liebe, Eifersucht, Hass, Misstrauen und Freundschaft, religiöser menschenverachtender Fanatismus, brutale militärische „Henkersknecht(e)" (V. 162) und blutiger Terror der Inquisition wurden mit aktuellen Ideen der Freiheit, Gleichheit und souveränen Bürgerlichkeit verbunden. Personen des Stückes vertraten in ihrer privaten Existenz epochale Vorstellungen, wie sie die Aufklärung entwickelt hatte, allen voran der Marquis von Posa. Dabei führte Schiller die **Dominanz der politischen Handlung und Haltung** gegenüber den privaten Interessen vor: Nicht die Liebe Karlos' zu seiner Stiefmutter ist entscheidend, sondern seine Aufgabe im Volksaufstand. Die individuellen Gefühle werden schon zuvor gegenüber der politischen Verantwortung zurückgenommen, denn die vorgesehene Verbindung von Karlos und Elisabeth muss zugunsten der Staatsraison aufgegeben werden. „Weltgebräuche" (V. 276) verdrängten die Liebe. Damit dominiert frühzeitig im Stück das politische Geschehen über die Familien- und die Liebeshandlung. Beide tragen im Grunde nur die dominierende politische Handlung. In der Erziehung Karlos' wurde bereits im Alter von sechs Jahren das Gefühl zugunsten der politischen Handlung vernichtet: Als Karlos mit sechs Jahren seinen Vater ein erstes Mal erlebte, unterschrieb „der Fürchterliche" (V. 313) vier „Bluturteile" (V. 316).

Schiller hatte einen ausgeprägten Sinn für **Geheimnisse, Sensationen und kriminalistische Vorgänge**; das wird zu Beginn des *Don Karlos* deutlich: In der großen Rede Domingos wird von einem Geheimnis Karlos' gesprochen, das man erfahren möchte („rätselhaftes Schweigen", „Kummer", „Rätsel", „Angst" usw.). Damit wird ein Wortfeld geschaffen, das Spannung erzeugt und sich durchgehend findet. Auf den Zusammenhang von Intrige und Kriminalität weisen die zahlreichen Briefeinsätze, Fälschungen und Verwechslungen hin, bis hin zum Brechen des Beichtgeheimnisses. Wenn Karlos unmittelbar darauf auf das Wort „Mutter" erregt reagiert (V. 27)

und deutlich ist, dass es nicht seine wirkliche Mutter ist, wird der Spannungsbogen gestrafft und sofort zum Konflikt gesteigert: Die „schönste Frau auf dieser Welt" (V. 45), die jetzt seine Mutter ist, war zuvor seine „Braut" (V. 46). Das Familienproblem wird zur Sensation; Schiller hatte einen Sinn für Sensationen.
Dazu gehörte auch **Schillers Neigung zum Begriff „Verbrechen"**: Er setzte ihn im Vorwort zu den *Thalia-Fragmenten* ein und bezeichnete damit „eine Leidenschaft, wie die Liebe des Prinzen, deren leiseste Äußerung Verbrechen ist" (NA 6, 344). Karlos beschreibt seine Leidenschaft als „frevelhaften Durst", den „nur das abscheulichste Verbrechen löschte" (NA 6, 351): Liebe als Durst, ihre Erfüllung als Verbrechen. Die Verse hat Schiller später getilgt. Als er dann die Vergehen des Mönchs Domingo aufzählt, die vom Verrat des Beichtgeheimnisses über Diebstahl, Mord bis zur Frauenschändung reichen, fällt der Begriff „Verbrechen" nicht, sondern das ist das „Böse". Der Unterschied zwischen „Verbrechen" und „Bösem" entsteht aus der unterschiedlichen ethischen Herkunft. Er wird am deutlichsten darin, dass ein Verbrechen bestraft werden kann, das Böse aber nicht. Das Verbrechen verletzte gesellschaftliche Normen und verabschiedete Gesetze, die als Konsens Grundlage der Gesellschaft waren. Das Böse war irrational und hatte seinen Platz vor allem in religiösen Hierarchien; es wurde allenfalls noch philosophisch beschrieben und moralisch verurteilt, ohne eine juristische Würdigung zu erfahren.

„Verbrechen" war ein Thema, das Schiller mehrfach beschäftigte. Es ist bei Schiller das gegen die Norm, gegen das Gesetz gerichtete Verhalten. Es hatte, wie er in seiner Erzählung ***Der Verbrecher aus verlorener Ehre*** (1786) begründete, immer eine soziale und historische konkret beschreibbare Herkunft. Schiller maß in seiner Erzählung das geschilderte Verbrechen nicht am Tugendbegriff der Aufklärung, der nur gebändigte Leidenschaften umfasste. Für Schiller waren die Vergehen und die daraus entstehenden Verbrechen seines Verbrechers Wolf die Folge einer ungebändigten Leidenschaft unter widrigen Umständen. Das war der Übergang von der Aufklärung zum Sturm und Drang. Die französischen Aufklärer beeinflussten die deutschen Schriftsteller der Aufklärung und des Sturm und Drang, da sie es zur wesentlichen Aufgabe der Kunst und Literatur bestimmten, die Tugend zu ehren und die Verbrechen und Laster zu enthüllen. Die von Diderot und d'Alembert herausgegebene *Enzyklopädie* (1751–72, 28 Bände) förderte die Verbreitung dieser Ansichten. Im ersten Abschnitt von Schillers Erzählung klingen Passagen aus dem Abschnitt „Naturrecht – Droit naturel" der *Enzyklopädie* an, ehe Schiller seinen Christian Wolf sich zum „natürlichen Recht" bekennen lässt. Mit Erzählungen wie dem *Verbrecher aus verlorener Ehre* wollte Schiller ein sensationshungriges Publikum befriedigen, wie es heute Boulevardzeitungen tun. Doch sollte seine Erzählung im Sinne der Aufklärung dabei auch eine „Schule der Bildung" sein.
Schillers Neigung gehörte dem Verbrecher, nicht dem Tugendhelden; es gehörte Wallenstein und nicht Gustav II. Adolf. Wielands Schwiegersohn Karl Leonhard Reinhold, den Schiller nicht sonderlich mochte, sprach er die Fähigkeit ab, sich „zu kühnen Tugenden oder Verbrechen, weder im Ideal noch in der Wirklichkeit erheben" zu können. Er, Schiller, könne „keines Menschen Freund sein, der nicht Fähigkeit zu einem von beiden oder beiden hat" (Brief an Körner vom 29. August 1787). Karlos' Verbrechen war Leidenschaft, war Rebellion gegen die regierende Macht und Aufbegehren gegen die mörderische Inquisition. –
Auf der Karlsschule las Schiller außer Werken Lessings und Herders auch die Rousseaus und Montesquieus, die für den *Don Karlos* die philosophische und staatspolitische Grundlage boten. Schiller, der auch Historiker war, sah sich zeitweise ganz in

der Tradition der Geschichtsschreiber, nicht in der des Dichters. Es ging ihm um das Individuum, den Bürger, nicht den Untertan.
Den **Gegensatz Bürger – Untertan** verwendet Posa im Gespräch mit dem König (V. 3005 ff.) und stellt zwei Lebensmöglichkeiten gegenüber, die im Spannungsverhältnis von Autonomie und Heteronomie stehen. Der Bürger ist der moderne Mensch, der frei von sozialen Abhängigkeiten ist und in der Regel in der Stadt wohnt; so hatte Diderot den Bürger in der *Enzyklopädie* beschrieben. Er bewegt sich weltoffen und zukunftsorientiert; es ist weniger die klassenspezifische Bezeichnung des bürgerlichen Menschen gemeint, sondern der alle geistigen Beschränkungen aufhebende, sich aus sozialen Beschränkungen befreiende Mensch. Der Untertan ist in der absolutistischen Abhängigkeit befangen und wird selbst in seinen sprachlichen Äußerungen von diesem Herrschaftssystem bestimmt: Posa müsste seine Worte als Weltbürger „in Worte Ihres Untertans" kleiden, wenn er dem König seine Meinung sagen sollte.

Nach dem Vorbild Montesquieus konfrontiert Posa Gesetze und menschliche Tugend, hält beide nicht für vereinbar und polemisiert gegen Gesetze, weil sie das Wollen des Menschen einschränken würden. Posa erklärt es so: „Mir aber, / Mir hat die Tugend eignen Wert. Das Glück, / Das der Monarch mit meinen Händen pflanzte, / Erschüf ich selbst, und Freude wäre mir / Und eigne Wahl, was mir nur Pflicht sein sollte." (V. 3029 ff.) Schiller stimmte mit der Argumentation seines Posa überein; er hielt die bürgerliche Gesellschaft für eine Summe gleichberechtigter Individuen. Ein Brief an Karoline von Beulwitz vom 27. November 1788 bestätigte das nachdrücklich: „Der Staat ist ein Menschenwerk, der Mensch ist ein Werk der unerreichbaren großen Natur. Der Staat ist ein Geschöpf des Zufalls, aber der Mensch ist ein notwendiges Wesen, und durch was sonst ist ein Staat groß und ehrwürdig, als durch die Kräfte seiner Individuen?" (NA 25, 146 f.)
Schiller benutzte für die Analyse der absolutistischen Macht das Familiengemälde, dadurch fielen **Familiengemälde und Geschichtsdrama** ebenso zusammen wie **Ideendrama und politisches Stück**: Politische Handlungen waren mit individuellen Entscheidungen bei entsprechenden geistigen Voraussetzungen verbunden. Daraus erklärt sich auch die Zwischenstellung des Stückes im Gesamtwerk, die es in mehrfacher Hinsicht einnimmt:
Als **Liebesdrama** weist es nur wenige sinnliche Elemente auf und verliert diese allmählich. Das wird besonders an der Gestalt Elisabeths deutlich. **Elisabeth von Valois** wurde 1545 zu Fontainebleau als Tochter König Heinrichs II. von Frankreich und der Katharina von Medici geboren. Zuerst mit dem gleichaltrigen Don Karlos verlobt, wurde sie am 30. Juni 1559 mit Philipp II. vermählt – wegen ihrer Jugend anfangs nur formell, wobei Alba Philipp II. vertrat (V. 2634 ff.). Philipp gebar sie zwei Töchter, eine – Infantin Klara Eugenia, ein Kind von drei Jahren – wird im Personenverzeichnis aufgeführt. Während Philipp den Staat als Familienbesitz betrachtete, sah er Elisabeth als sein privates Eigentum an („Das ist mein eigen.", V. 865). Elisabeth starb 1568 bei der Geburt der zweiten Tochter. Sie ist bei Schiller eine makellose Frau, die alle Forderungen der weiblichen Tugend ihrer Zeit erfüllt und eine „schöne Seele" ist. Schiller hatte eine Vorliebe für „schöne Seelen", die von Rousseau und anderen als Sinnbild der Harmonie von Schönheit und Vernunft betrachtet wurden. In seiner Schrift *Über Anmut und Würde* (1793) hat Schiller den Typ beschrieben: „In einer schönen Seele ist es also, wo Sinnlichkeit und Vernunft, Pflicht und Neigung harmonisieren, und Grazie ist ihr Ausdruck in der Erscheinung." Gegen Ende des Stücks entsteht aus Elisabeths Leiden und Verzichten

zusätzliche Spannung; Elisabeth bekommt dadurch, wenn auch spät in Schillers Stück, ein ausgeprägteres Profil. Von Beginn an hat sie politische Interessen, die sie als sozial interessiert kennzeichnen: Sie ist gegen die Inquisition, gegen fürstlichen Prunk, für eine tolerante Herrschaft und freie Niederlande. Sie ist konstruktiv und mit finanziellen Mitteln an der Vorbereitung der Rebellion in den Niederlanden beteiligt (V. 3495 ff.), verspricht die Unterstützung der Aufständischen durch Frankreich und Savoyen, löst einen Volksaufstand in Madrid zur Rettung Karlos' aus (4926 ff.) und begibt sich damit in die große Politik. Sie erkennt zuerst Posas Selbstsucht, mit der er seinen Stolz zu befriedigen sucht und dabei keine Rücksicht nimmt („Mögen tausend Herzen brechen, / Was kümmert Sie's", 4385 f.). – In den Charakter ist auch die geistvolle und vielseitige Bildung ausweisende Charlotte von Kalb eingegangen, die Schiller Beraterin – gerade beim *Don Karlos* –, Freundin, Kritikerin und Geliebte war.

Das Werk steht als **Ideendrama** zwischen Sturm und Drang und Klassik, indem es den Selbsthelfer des Sturm und Drang (Posa) mit dem geistigen Rüstzeug des einen menschlichen Fürsten erziehenden Weltbürgers der Klassik ausstattet. Es gehörte zu Schillers Denkprinzipien, den realen politischen Vorgängen mit einer großen abstrakten Idee zu begegnen. Die im *Karlos* entwickelte Staatsidee stammte aus der Aufklärung und ging vom vernünftigen Menschen aus, der zur Durchsetzung der Vernunft den revolutionären Umschlag benötigt. Schiller entwickelte dieses Menschheitsprogramm, das zwei Jahre später in der Französischen Revolution umgesetzt wurde, in einer einzigen Szene, die ausschließlich im Zeichen von politischem Drama und Ideendrama steht: Es ist die Begegnung zwischen Philipp und Posa im 3. Akt, 10. Auftritt, der von seinem Umfang her überdimensioniert ist (Verse 2975–3354 bei insges. 5370 Versen). Hier stoßen Macht und Menschheitsutopie aufeinander. Dieser Vorgang beschäftigte den jungen Wilhelm von Humboldt so sehr, dass er 1830, als er seinen Briefwechsel mit Schiller herausgab, Weltbürgertum und beschränkten Staat seiner Gegenwart zum Drehpunkt seiner berühmten Darstellung *Über Schiller und den Gang seiner Geistesentwicklung*, die zu den schönsten deutschen Würdigungen Friedrich Schillers gehört, machte. Humboldt, dessen Geist auf Freiheit und Individualität orientiert war, sah im *Don Karlos* den Inbegriff dieser Freiheit. Von dem Stück aus datierte er den Übergang zur Vollkommenheit beim Dichter Schiller, den Humboldt für eine einzigartige Erscheinung des 18. Jahrhunderts hielt.

Don Karlos steht als **Familiendrama** zwischen aufklärerischer bürgerlicher Familiendramatik und weltbürgerlichem Politikverständnis (politischem Drama); deshalb treten die familiären Beziehungen mehr und mehr zurück.

Es steht als **Geschichtsdrama** zwischen der Beschreibung absolutistischer Zustände und dem zum politischen Drama tendierenden Entwurf einer befreiten Menschheit, die im berechtigten Abfall der niederländischen Provinzen von Spanien ihr Beispiel bekam. Schiller verdichtete die politische Entwicklung zu einem Ideal der Freiheit, zu einem Reich der Ideen, in dem der Kampf der Niederländer nur Beispiel für Völker verbrüderndes Weltbürgertum war.

Die ursprüngliche Familientragödie trat vor dem Hintergrund der politischen Entwicklungen immer weiter zurück und reduzierte sich auf eine ideale, fast unerotisch beschriebene Liebe. In Goethes *Egmont* lief das Geschehen als geschichtlicher Vorgang – es ging um die sozialen und nationalen Interessen der Niederländer – ab, wenn auch nicht in historischer Treue.

Schillers *Don Karlos* ist in seiner ideellen Anlage ein Stück der Aufklärung, in seinen Konflikten und Handlungen ein Stück des Sturm und Drangs, in seiner Form ein Stück der Klassik. Die Fabel, die Zerstörung einer Familie im Machtkampf und politischem Streit, ist typisch für den Sturm und Drang. Insofern trägt das Stück alle Zeichen eines Übergangs. Aber es ist letztlich ein Stück des Scheiterns; Schillers ursprüngliche Absichten, mit der Inquisition abzurechnen, gingen nicht auf. Noch hatte Schiller nicht seine Kant-Studien betrieben, die ihm die Unabhängigkeit des menschlichen Geistes wiesen und wenigstens das Reich der Idee ermöglichten; insofern war sein *Don Karlos* ein Stück des Scheiterns aufklärerischer Ideen: Der geistige Führer der niederländischen Freiheitskämpfer Posa fällt ebenso, wie der gewünschte Vorkämpfer Karlos ausgeschaltet wird; Alba scheint der Sieger zu sein. In Goethes *Iphigenie auf Tauris* (1787), im gleichen Jahr wie Schillers *Don Karlos* erschienen, dominierte die menschliche Moral über göttliche Vernichtungsgebote und königliche Opferforderungen. Im *Don Karlos* siegten als Macht die Inquisition, als Methoden die Vernichtung des Menschen als Erfüllung königlicher Weisungen und die rituale Opferung des unbequemen Denkers.

Dem zeitgenössischen Leser oder Zuschauer boten sich kaum Möglichkeiten, Korrekturen aus dem geschichtlichen Verlauf entgegenzusetzen. Ihm blieb nur der Eintritt in Schillers Reich der Idee und der Ideale, um die Hoffnung zu erhalten. In der weltgeschichtlichen Ideentragödie siegten die Männer der Reaktion: Philipp, Alba und Domingo. Der Dichter schuf die Möglichkeit, sich mit den Repräsentanten der neuen Ideale moralisch in Übereinstimmung zu bringen. Das änderte indessen nichts an der vorhandenen politischen Wirklichkeit in Deutschland, in der es nie eine auch nur annähernd vollendete Revolution gab, die diese moralischen Werte hätte umsetzen können. Posa und Karlos stehen für das Neue gegenüber der absolutistischen Macht des Alleinherrschers. Beide scheitern bei der Umsetzung der Utopie, aber sie bleiben als geistige Erlebnisse im Bewusstsein und befördern das Neue immer wieder. Der geschichtserfahrene Zuschauer weiß, dass sich die Niederlande von Spanien befreiten und Schiller schrieb nach seinem *Don Karlos* die *Geschichte des Abfalls der Niederlande von der spanischen Regierung*. So blieben der warnende Charakter des Dramas und die geschichtlichen Realitäten.

Aber in der Personenkonstellation trat Karlos zugunsten Posas zurück, das „Familiengemälde" mit der unglücklichen Liebe Karlos' zur ehemaligen Verlobten und Stiefmutter verblasste; selbst die Übergabe des Thronfolgers an die Inquisition, gleichbedeutend mit dem Tod, geschieht, verglichen mit dem Tod Posas, fast beiläufig. Das Stück war zur **Tragödie Posas** geworden. Diese Tragödie war auch die der politischen Neuordnung geworden; mit Posa starb, vorerst, das „kühne Traumbild eines neuen Staates" (V. 4280). Die Tragödie war eine vollkommene: Die Familie des Königs geht unter; der alte König, der über Sohn und Frau siegt, ist damit am Ende und überlässt die Macht der menschenfeindlichen fanatischen Inquisition; die absolutistische Erbfolge bricht ab. Das ist das Ende der einen Jahrhunderthandlung, von der Schiller im Vorwort zum *Thalia-Fragment* (1785) gesprochen hatte. Das Ende der anderen ist ebenso tragisch: Posas staatsrechtliche Entwürfe und Ideale waren damals noch nicht realisierbar und mussten auf eine ferne, unbestimmte Zukunft vertagt werden. Das lag auch daran, dass Posa keine Partner hatte, denn auch Karlos hat seine politische Mission wegen seiner Liebesleidenschaft aufgegeben und die Königin, die noch das Profil dazu hätte, ist in den Konventionen des Hofes gefangen. Posa hatte das im Angesicht seiner politischen Gegenwart geahnt: „Das Jahrhundert / Ist meinem Ideal nicht reif. Ich lebe / Ein Bürger derer, welche kommen werden." (V. 3078 ff.) Das ist das Ende der anderen Jahrhunderthandlung. Schillers langes Schweigen als Dramatiker danach hat auch hier eine Ursache. Für den heutigen Leser entsteht daraus die Frage, wann und unter welchen Umstän-

den Posas Ideal des gleichen Menschen vor dem gleichen Gesetz Wirklichkeit werden wird und wie weit heutige Politik auf diesem Wege schon gekommen ist.
Damit schafft Posa eine Voraussetzung für das **Gespräch (3.10.),** die aus den beteiligten Personen gleichberechtigte Menschen macht: Posa ist in diesem Augenblick kein Untertan des Königs, damit ist Philipp kein König über Posa. Dadurch hebt sich die Szene von der übrigen Handlung ab, die vom Hofzeremoniell bestimmt wird. Posa nimmt eine fundamentale kritische Analyse der absolutistischen Staatsform vor. Er sei „Schöpfer" und „Künstler", der „die Menschheit" liebe, was in Monarchien nicht möglich wäre (V. 3035 ff.). Die Zeit sei für seine Ideen nicht reif, deshalb lebe er als „Bürger derer, welche kommen werden." (V. 3080) Gegenwärtig sei die Menschheit gefesselt und als „Tugend" gelte, diese Fesseln „mit Anstand (zu) tragen" (V. 3103): Untertanengeist und geistige Verstümmelung würden die Welt prägen und als Tugend verstanden werden. Posa berichtet von Vernichtungsfeldzügen gegen das niederländische Volk und der Hoffnung, dass menschlichere Zeiten kommen. Vorerst aber fliehe aus Philipps Ländern Volk nach England und stärke den Gegner.
Die Veränderungen, die sich vom Sturm und Drang zur Klassik bei Schiller vollzogen, waren gewaltig und werden beim Vergleich zwischen *Don Karlos* und den *Briefen über Don Karlos* deutlich, in denen die Entwicklung des Posa verfolgt wurde. Ausgelöst wurden sie durch das Scheitern der Sturm-und-Drang-Bewegung und ihrer politischen Erwartungen: Der Volksaufstand blieb aus. Es gehört zu Schillers Genie, dass er einerseits die Entwicklung des Sturm und Drang nicht nur erwartungsvoll verfolgte, sondern literarisch mitbestimmte, und andererseits in der Gestalt Posas den politisch-utopischen Gehalt dieser Entwicklung auch über ihr Ende hinaus bewahrte.
Eine besondere Rolle im Stück nimmt die **Eboli-Handlung** ein. Sie ist den französischen Vorbildern verpflichtet und befriedigt in erster Linie das Sensationsbedürfnis des Zuschauers. Sie wird im 1. Akt, 3. Auftritt eröffnet. Die Eboli-Intrige verläuft einmal selbstständig neben den beiden anderen Handlungen (Karlos/Elisabeth, Posa/König) her; andererseits schneidet sie mehrfach die Beziehungskreise, die sich bilden: Philipp hat ein Verhältnis mit der Eboli, diese liebt Karlos, Karlos liebt Elisabeth, Elisabeth ist mit Philipp verheiratet und verehrt Posa. Die Eboli-Handlung lebt von Verwechslungen, Täuschungen und Betrug. Während Karlos sich am falschen Orte wähnt und zu entkommen versucht, aber am richtigen Orte ist, soll er der Eboli eine Liebe gestehen, von der er keine Ahnung hat. Daraus entwickelt sich ein Gespräch, in dem beide aneinander vorbeireden und dadurch falsche Schlüsse ziehen; solche Gespräche – „In schauerlicher Einsamkeit, in letzten Missverstehen reden die Menschen aneinander vorbei"[13] – werden gemeinhin „windschiefe Gespräche" (nach Hans Mayer) oder „zerfallenes Gespräch" (nach Paul Watzlawik) genannt. Die Eboli-Handlung ist ein relativ selbstständiges Intrigenspiel; es lebt aus gefährlichen, teils drastischen Situationen voller Verwicklungen und Verwechslungen, verzichtet auf seelische Konflikte und setzt dafür Ränke und Komplotte ein. Als besonders sinnfälliges Beispiel des Intrigenspiels galt Beaumarchais' *Der tolle Tag oder Figaros Hochzeit* (Mozarts *Die Hochzeit des Figaro*). Schiller war sich dieser Anlage bewusst, beförderte sie und hatte mit *Kabale und Liebe* ein Muster dafür geschaffen. Mit handfesten, fast kriminellen Vorgängen nutzt diese Struktur große, wenn auch kaum dauernde Spannung, deren Träger immer wieder Frauen sind. Ausgelöst werden Intrigenspiele bevorzugt durch Briefe, – im *Karlos* sind es

13 Hans Mayer: *Georg Büchner und seine Zeit*. Berlin: Aufbau-Verlag, 1960, S. 333

gleich zwei –, verwechselte Zimmer, auch Personen und zufällig auftauchende Requisiten wie das Taschentuch in Shakespeares *Othello* oder in Schillers *Don Karlos* der Schlüssel. Schlüssel bekommen im *Don Karlos* eine leitmotivische Funktion: Zuerst schafft der Schlüssel zum Kabinett der Eboli die Verwirrung und setzt den Konflikt in Bewegung (V. 1258); dann steigert der fehlende Schlüssel zur Schatulle der Königin die Spannung (V. 3355) und schließlich bringt der Schlüssel „zum Gemach der Königin" (V. 4909) die Katastrophe. Planmäßiger kann ein Motiv nicht für die dramatische Entwicklung eingesetzt werden.
Die lange Entstehungszeit veränderte das **Gewicht der Personen** nachdrücklich. Stand anfangs Karlos im Mittelpunkt und galt das Interesse seiner Liebe zu Elisabeth, so war schließlich Posa die Zentralgestalt. Schiller erklärte das mit der Entstehungsgeschichte und damit, dass Karlos in seiner „Gunst gefallen" sei und Posa „seinen Platz eingenommen" habe (*Briefe über ‚Don Karlos',* 1. Brief). Trotzdem blieb es beim Titel *Don Karlos*. Ein Blick auf die Gestalt zeigt die Berechtigung: Don Karlos wurde am 8. Juli 1545 geboren. Seine Mutter Maria von Portugal starb vier Tage nach der Geburt. Der schwächliche Knabe hatte ein eigensinniges Temperament, das der Vater zu zügeln versuchte. Daraus entstand eine unerbittliche Feindschaft zwischen Vater und Sohn. 1560 huldigten Karlos die Stände als Thronfolger (V. 12). Nach einem Unfall 1564, bei dem er sich schwere Kopfverletzungen zuzog, zeigte er Zeichen der Verwirrung. – Dass zwischen ihm und seiner Stiefmutter Isabella (Elisabeth) von Valois, die zuerst seine Braut werden sollte, eine Liebesbeziehung bestand, ist nicht belegt, wohl aber verstanden sich beide sehr gut. 1561 begann er an der Universität Alcala seine Studien. Er misstraute nicht nur dem Vater, sondern auch dessen Vertrauten. Da Karlos auch dem absolutistisch regierenden König mit eigenen Vorstellungen zur Hebung des Einflusses von Adel und Städten entgegentrat, plante dieser, Karlos zu enterben. Karlos forderte das Kommando in Flandern, das aber Alba erhielt. Die von Karlos geplante Flucht wurde verraten, der Prinz von seinem Vater verhaftet und eingesperrt. 1568 starb er in der Haft. – Karlos war ein empfindsamer, sensibler und erregbarer Mensch, dessen Leidenschaften die Grenzen zur Krankheit streiften.
Karlos' literarische Verwandtschaft ist groß; Schiller hat sie exakt benannt: „Karlos hat ... von Shakespeares Hamlet die Seele – Blut und Nerven von Leisewitz' Julius (*Julius von Tarent*, R. B.), und den Puls von mir." (Brief an Reinwald vom 14. April 1783, NA 7 II, 15) Diese Selbstaussage erklärt den Titel: Karlos ist zuerst wie Hamlet der Familiengeschichte verpflichtet, aber er eignet sich durchaus für den Freiheitskampf (Schiller), der auch unabhängig von Posa und Karlos im Sturm und Drang auf der Tagesordnung stand.

4.2 Einführung in das Drama *Woyzeck* von Georg Büchner

Zeitgeschichtlicher und historischer Hintergrund

Bei den Arbeiten Georg Büchners ist zu beachten, dass ein naturwissenschaftlich, politisch und literarisch interessierter und entsprechend gebildeter Mensch das Thema gewählt, abgegrenzt und geschrieben hat. Weiterhin darf nicht übersehen werden, dass die Zeit für das Nebeneinander von Wissenschaft und Kunst zunehmend aufnahmebereiter wurde und sich allmählich jene Entwicklung in der zweiten Hälfte des 19. Jahrhunderts vorbereitete – unter dem Begriff „Naturalismus" bekannt –, die beide ineinander aufgehen lassen und sie gleichermaßen gesetzmäßigen Abläufen unterwerfen wollte. Der **ethische Grundgedanke** des *Woyzeck* steht in einem Brief vom Februar 1834 an die Eltern: „Ich verachte niemanden, am wenigsten wegen seines Verstandes oder seiner Bildung, weil es in niemands Gewalt liegt, kein Dummkopf oder kein Verbrecher zu werden – weil wir durch gleiche Umstände wohl alle gleich würden und weil die Umstände außer uns liegen." Parallel zu *Leonce und Lena* arbeitete Büchner vom Juni bis zum Herbst 1836 am *Woyzeck*. Er berichtete Karl Gutzkow von seinen Arbeiten; dieser bat, ihm alle Texte zu schicken: „Von Ihren ‚Ferkeldramen' erwarte ich mehr als Ferkelhaftes."(Gutzkow am 10. Juni 1836 an Büchner). Damit waren vermutlich *Leonce und Lena* sowie *Woyzeck* gemeint. Mit „Ferkelhaftem" (so dürfte Büchner an Gutzkow geschrieben haben), könnte er das Obszöne im *Woyzeck*, einmalig in der Literatur um 1836, gemeint haben. Die 27 Szenen wurden von dem österreichischen Schriftsteller Karl Emil Franzos (1848–1904) 1875 mit chemischen Mitteln lesbar gemacht, 1875 auszugsweise und 1878 erstmals in der Zeitschrift *Mehr Licht!* vollständig veröffentlicht. Das Fragment hatte keinen Titel, und so wurde es, nachdem die Hauptgestalt falsch entziffert wurde, zuerst und bis 1920 *Wozzeck* genannt.

Büchners Quellen

Büchner stützte sich auf vorhandene Quellen. Sie betreffen das Schicksal des in Leipzig hingerichteten Mörders Johann Christian Woyzeck. Die dazu vorhandenen Gutachten des Hofrats Dr. Johann Christian August Clarus in Leipzig hat Büchner bis zu wörtlichen Entsprechungen in seinem Stück als Material genutzt und mit dem Fragment eine Polemik gegen diese Gutachten geschrieben, die Woyzeck als normal, nur als Ergebnis seiner eigenen Unzulänglichkeiten, seiner Haltlosigkeit, seiner Unrast und damit voll zurechnungsfähig einschätzten. Büchner dagegen machte die sozialen Verhältnisse für Woyzecks Zustand verantwortlich. Es war eine Zeit, in der merkwürdige Verbrechen das Interesse der Öffentlichkeit fanden: E. T. A. Hoffmann wurde mit seinen Schauergeschichten diesem Bedürfnis gerecht, aber auch Anselm von Feuerbach, der 1828 die *Aktenmäßige Darstellung merkwürdiger Verbrechen* veröffentlichte. Es war das gleiche Jahr, in dem der seltsame Kaspar Hauser, der gleichaltrig mit Georg Büchner war, eine gesamte Generation erregte.

Am 21. Juni 1821 erstach der 41-jährige **Perückenmachergeselle Johann Christian Woyzeck** (1780–1824) in Leipzig seine 46-jährige Geliebte Johanna Christiane Woost, geborene Otto, Witwe des Chirurgen Woost. Woyzeck war seit langem ohne Arbeit und obdachlos. Er wurde sofort nach der Tat verhaftet und es begann ein langwieriger Rechtsstreit um die Zurechnungsfähigkeit Woyzecks. Erstmals wurde er 1821 zum Tode durch das Schwert verurteilt, 1822 ein zweites Mal und die Hinrichtung wurde auf den 13. November 1822 angesetzt. Neue Zeugenaussagen, die auf eine Geisteskrankheit Woyzecks schließen ließen, führten zur Aussetzung der Hinrichtung. Eine weitere Begutachtung befand Woyzeck wiederum voll verantwortlich für seine Tat; die Einwendungen der Verteidigung wurden wie auch ein Gnadengesuch abgelehnt und nach einem dreijährigen Prozess richtete man Woyzeck am 27. August 1824 öffentlich auf dem Leipziger Marktplatz hin. In den nächsten beiden Jahren führten die Gutachter ihre Auseinandersetzung weiter und veröffentlichten ihre Untersuchungen und Ergebnisse in Broschüren und einer Zeitschrift. Büchners Vater, ein Arzt, hatte diese Zeitschrift abonniert und in seiner Bibliothek stehen, wo sie der Sohn vermutlich kennengelernt hat. Auch hatte der Vater darin zwei medizinische Abhandlungen veröffentlicht; auch dadurch war die Zeitschrift dem Sohn wahrscheinlich bekannt.

Büchners Fragment macht deutlich, dass der Dichter um die Vorgänge und Unterlagen wusste. Der Fall wurde so bekannt, weil in dieser Zeit zwei **wissenschaftlich gegensätzliche Betrachtungen der menschlichen Seele** aufeinandertrafen: Einerseits wurde die Seele als ein Geheimnis betrachtet, das nicht enthüllt werden könne, dem man beschreibend folgen müsse, das okkultisch verstanden werden solle und der Ort idealistischer Träume sei. Das Vorbild war Justinus Kerners *Die Seherin von Prevost. Eröffnungen über das innere Leben des Menschen und über das Hereinragen einer Geisterwelt in die unsere* (Leipzig: Reclam, 1830), eine außergewöhnlich erfolgreiche Schrift, die 1846 bereits ihre 4. Auflage erlebte. Andererseits führte man die Seele auf Stoffwechsel und Blutkreislauf, Woyzecks Gesichte auf Sinnestäuschungen durch Trunksucht usw. zurück. – In einem Brief an den Bruder Wilhelm vom 2. September 1836 berichtet Büchner von seinen philosophischen Vorhaben und schließt den Hinweis an, der auf Woyzecks Mord wie auf Leonce und Lenas Ehe bezogen werden kann: „Dabei bin ich gerade daran, sich einige Menschen auf dem Papier totschlagen oder verheiraten zu lassen, und bitte den lieben Gott um einen einfältigen Buchhändler und ein groß Publikum mit so wenig Geschmack als möglich." Andere Briefe lassen sich ähnlich verstehen. Als Büchner am 18. Oktober 1836 nach Zürich reiste, war das Stück weit gediehen. Zu den Ereignissen, die der Mörder Woyzeck auslöste, und dem Spannungsverhältnis zwischen Wissenschaft und Kunst, das die Zeit zu bestimmen begann, kamen **ständig erweiterte soziale Erkenntnisse und literarische Beispiele**, an denen sich Büchner orientierte. Dazu gehörten Jakob Michael Reinhold Lenz' *Die Soldaten*. Büchner hat sich mit Lenz beschäftigt und in der **Novelle *Lenz*** das Schicksal des Dichters psychologisch überzeugend gestaltet. Er fühlte sich dem Dichter des Sturm und Drang wesensverwandt. Büchner benutzte die von Ludwig Tieck 1828 herausgegebenen Werke Lenz' nachweislich und auch literarische Versatzstücke, zitierte in Briefen Gedichte Lenz'. An die Familie schrieb er 1835: „Ich habe mir hier allerhand interessante Notizen über einen Freund Goethes, einen unglücklichen Poeten namens Lenz, verschafft, der sich gleichzeitig mit Goethe hier aufhielt und halb verrückt wurde. Ich denke darüber einen Aufsatz in der *Deutschen Revue* erscheinen zu lassen." Mit Gutzkow besprach er Lenz' Rolle als Liebhaber Friederike Brions und die eigene Novelle *Lenz*. Die Marie in Büchners *Woyzeck* hat ähnliche Erlebnisse und macht ähnliche Erfahrungen wie Mariane, in Lenz' *Soldaten* die Tochter des „Galanteriehändlers" Wesener, die am Ende zur Hure und im tiefsten Elend von ihrem Vater gefunden wird. Ihr Schicksal wird erklärt mit der Ehelosigkeit der Soldaten, das Beispiel Woyzecks ist ähnlich. Vorbild war Büchner auch William Shakespeare: Die Gebildeten kannten seit dem Sturm und Drang die Dramen Shakespeares, nochmals gepriesen durch die Romantik. Da auch Lenz ein genauer Kenner Shakespeares war und sich theoretisch mit ihm beschäftigte, trafen sich Büchner und Lenz auch hier, wie die Novelle *Lenz* zeigt. Den Freunden und Bekannten war Büchners Leidenschaft für Shakespeare bekannt. Zitate aus Shakespeares *Hamlet, Othello, Viel Lärm um nichts* und *Wie es euch gefällt* wurden von Büchner in die eigenen Werke eingebaut. Vieles davon ist unbewusst geschehen, es war als Zitat oder Konstellation abrufbar.

Lieder und Märchen bekamen eine leitmotivische Funktion; das war zuerst ein Erbe der Romantik. Aber auch hier fand Büchners soziales Gewissen weitere Beispiele wie das anzügliche Lied *Das Wirtshaus an der Lahn* auf. Büchner muss es geschätzt haben wie er überhaupt Freude an Obszönitäten hatte, denn er verwandte es auch in Entwürfen zu *Leonce und Lena*. Märchenelemente wurden umfunktioniert: Aus den glücklichen Lösungen wurden die unglücklichsten und schaurigsten Möglichkeiten: Das arme und elternlose Kind (*Die Sterntaler*) hat am Ende kein neues Hemd, das sich mit Talern füllt, sondern „gerrt (weint laut, R. B.) und da sitzt es noch und ist ganz allein" (35, 22). Es entstand ein Anti-Märchen. Derartige Umwertungen galten auch für die Schaubude: Sie wird zum Gegentheater, zum Belustigungsort des einfachen Volkes, wo dessen niedrigste Bedürfnisse befriedigt werden: Nicht zufällig geraten Marie und der Tambour-Major dort zueinander, wo nicht Liebe, sondern Sex gehandelt wird. Schließlich finden sich im *Woyzeck* auch direkte Entsprechungen zu Jean Pauls *Titan*. Die Entsprechungen gehen jedoch tiefer und betreffen die Psychologie der Personen: Die zwischen Wahn, Skurrilität und Schauder liegende Veranlagung Woyzecks ist auch Jean Pauls Personen eigen.

Inhaltsangabe

Die Szenen in den verschiedenen Handschriften sind unterschiedlich geordnet. Die Inhaltsangabe folgt der Studienausgabe, die meistens verwendet und nach der zitiert wird.

Übersicht über die Szenenfolge
der Lese- und Bühnenfassung
(Schwerpunkt/Akzent:
sozialkritische Handlung)

1. Freies Feld. Die Stadt in der Ferne
2. Marie mit ihrem Kind. Margreth
3. Buden. Lichter. Volk
4. Marie sitzt, Kind, Spiegel
5. Der Hauptmann. Woyzeck
6. Marie. Tambour-Major
7. Marie. Woyzeck
8. Woyzeck. Doktor
9. Hauptmann. Doktor
10. Die Wachtstube
11. Wirtshaus
12. Freies Feld
13. Nacht
14. Wirtshaus
15. Woyzeck. Der Jude
16. Marie. Der Narr
17. Kaserne
18. Marie, Kinder
19. Marie und Woyzeck
20. Es kommen Leute
21. Das Wirtshaus
22. Kinder
23. Woyzeck, allein
24. Woyzeck an einem Teich
25. Gerichtsdiener usw.

Die weitgehend auf authentisches Material aus Leipzig zurückgehende, nur teils erfundene Handlung spielt zu Beginn des 19. Jahrhunderts in einer hessischen Garnisonsstadt, die von der bürgerlichen Entwicklung weit entfernt ist. Aber durch das

Militär ist eine eigenartige Mischung verschiedener Menschentypen entstanden. Die Stadt hat neben einer Kaserne auch eine Universität und ein Gericht: Gießen ist erkennbar, manches deutet auf Darmstadt. In der Stadt herrschen feudale und militärische Strukturen, die kapitalistisch-bürgerliche Entwicklung hat die Stadt noch nicht erreicht. Die Handlung umfasst drei Tage.

***1. Freies Feld, die Stadt in der Ferne*:**
Woyzeck und Andres schneiden Stöcke. Woyzeck glaubt eine himmlische Vision aus Feuer und Posaunen zu sehen und zu hören, die an den Untergang Sodom und Gomorrhas sowie an das Jüngste Gericht erinnert: Der hohle Boden, auf den er stampft, lässt an sich öffnende Gräber denken (Matthäus 24, 31, Offenbarung 20, 1–14). Bestrafung und Sühne sind Merkmale dieser Vision. – Trommeln rufen zum Zapfenstreich und weisen Woyzeck und Andres als Soldaten aus.

2. Marie (mit ihrem Kind am Fenster) Margreth:
Marie sitzt mit ihrem Kind, dessen Vater Woyzeck ist, am Fenster. Sie beobachtet den vorbeiziehenden Zapfenstreich und den Tambour-Major, den sie wohl erstmals sieht. Wahrscheinlich ist er mit dem Musikzug wegen der Messe in die Stadt versetzt worden. Er grüßt sie. Marie streitet mit der Nachbarin, die ihr leichtfertigen Lebenswandel vorwirft. Allein singt Marie Verse, die wie ein Schlaflied erscheinen, tatsächlich ein lockeres Leben beschreiben. Woyzeck hetzt auf einen Sprung vorbei und erzählt von dem ihn verfolgenden „Es". Marie fürchtet, Woyzeck könnte wahnsinnig werden; die Situation „schauert" sie. Die Atmosphäre wird immer drohender.

***3. Buden. Lichter. Volk*:**
Auf der Messe singt ein Leierkastenmann vom Sterben. Fatalismus ist spürbar. In einer Schaubude wird neben anderen Belustigungen ein Affe als Soldat vorgeführt, der Soldat sei die „unterst Stuf von menschliche Geschlecht" (13, 5). Damit wird an Woyzecks Stellung erinnert. Marie und Woyzeck besuchen die Vorführung. Der Tambour-Major und ein Unteroffizier folgen ihnen, durch Marie erregt. – In der Bude zeigt das „astronomische Pferd" seine „viehische Vernünftigkeit", aber auch seine „unverdorbene (unideale) Natur". Es zeigt sich in „Viehsionomik" (14, 13) bewandert. Das Pferd pisst, es ist ein „verwandelter Mensch" (14, 24 f.). Die Umkehrung folgt Szenen später, als der Doktor bei den Vorführungen vor den Studenten Woyzeck als „Bestie" bezeichnen (81, 18) wird. Animalische und menschliche Existenz berühren sich in Woyzeck (Er hat „gepisst wie ein Hund", 21, 9). Marie und der Verführer nähern sich einander.

***4. Marie sitzt, ihr Kind auf dem Schoß* (in ihrer Kammer):**
Marie betrachtet das Geschenk des Tambour-Majors. Woyzeck ist über den Schmuck verwundert, forscht aber nicht nach, als sie vorgibt, ihn gefunden zu haben. Er gibt ihr und dem Kind, um das er sich bemüht, sein schwer verdientes Geld. Marie fühlt sich als schlechter Mensch, weil sie von dem einen das Geld nimmt, von dem anderen den Schmuck. Mit ihrer Einsicht „Ich könnt' mich erstechen" (16, 14) wird die Motivkette des Todes fortgesetzt.

***5. Der Hauptmann. Woyzeck*:**
Während der Hauptmann simpel philosophiert, wird er von Woyzeck rasiert. Den Vorwurf, er habe ein uneheliches Kind gezeugt, meistert Woyzeck, indem er dem Hauptmann den Zusammenhang zwischen Wohlstand und Tugend einerseits, Armut und Natur andererseits erklärt. Tugend sei eine Sache des Geldes, die Liebe

dagegen sei Natur und von „Fleisch und Blut" (18, 15). Woyzeck erklärt dem Hauptmann, dass man sich Tugend leisten können müsse, sonst bleibe nur die Natur. Der Hauptmann bricht das Gespräch, das ihn „ganz angegriffen" (19, 9) habe, ab.

***6. Marie. Tambour-Major*:**
Marie und der Tambour-Major gestehen sich ihr gegenseitiges sinnliches Begehren, ihren Stolz auf den „Kerl" und das „Weibsbild". Marie reizt den Tambour-Major durch Widerstand.

***7. Marie. Woyzeck*:**
Woyzeck ahnt Maries Untreue, findet aber keinen Beweis. Dadurch fühlt sich die verschüchterte Marie wieder sicherer, streitet alles ab und wird „keck" (21, 2).

***8. Woyzeck. Der Doktor*:**
Woyzeck ist für den stumpfsinnig-dümmlichen Doktor ein Versuchskaninchen: Er muss seinen Urin beim Doktor abliefern, damit dieser die Harnfunktion beobachten kann, hat aber dagegen verstoßen und „auf die Straß gepisst" (21, 9). Woyzeck erzählt von der „doppelten Natur" (22, 21), er meint wahrscheinlich damit den Trieb, dem er nichts entgegenzusetzen hat, und die Vision, die aus dem Trieb entsteht und die Stimmen hören lässt. In der Natur findet Woyzeck Geheimnisse des Lebens und Sterbens, wie sie sich zum Beispiel in Pilzen (Schwämmen) und deren „Figuren", im Pilzgeflecht (Myzel) (22, 28), kundgeben. Sie gelten als Vorboten von Schicksalsschlägen. Der Doktor sieht in Woyzeck, der seit längerer Zeit nur von Erbsen lebt, durch diese Visionen und Deutungen einen besonders ergiebigen Fall geistiger Verwirrung, erhöht die Zulage und beginnt seine Studien. Hinter dem Doktor stecken Erfahrungen mit Justus Liebig (1803–1873), der in Gießen lehrte und sich mit Untersuchungen zum Urin der Fleisch- und Pflanzenfresser beschäftigte.[14]

***9. Hauptmann. Doktor*:**
Die ranghöchsten Gestalten des Stückes treffen sich auf der Straße und begrüßen sich vertraut ironisch. Während es der Doktor eilig hat, hält ihn der Hauptmann auf und erzählt von Schwermutsanfällen. Der Doktor sagt einen Schlaganfall voraus. Woyzeck hetzt an ihnen vorbei. Der Hauptmann setzt mit Blick auf Woyzeck die Todessymbolik fort, wenn er sagt: „Er läuft ja wie ein offnes Rasirmesser durch die Welt; man schneidet sich an ihm" (24, 29 f.). Er erzählt Woyzeck von der Untreue Maries mit dem Tambour-Major. Woyzeck hat außer Marie „sonst nichts auf der Welt" (25, 25) und denkt an Selbstmord. Der Doktor nutzt Woyzecks Verwirrung wiederum für Untersuchungen und Messungen.

***10. Die Wachtstube*:**
Andres singt anzüglich und Woyzeck damit reizend eine Strophe vom *Wirtshaus an der Lahn*; die Szene wird dadurch sexuell aufgeladen, zumal die Strophe von einer Magd und den Soldaten spricht. Woyzeck will Marie in den Gasthäusern suchen.

***11. Wirtshaus*:**
Handwerksburschen trinken und singen. Woyzeck sieht durch das Fenster Marie mit dem Tambour-Major und weiß, dass er Marie verloren hat. Ein betrunkener Handwerksbursche beschreibt in einer Predigtparodie menschliche Bedürfnisse, darunter das des Soldaten, das „Bedürfniß sich todtzuschlagen" (29, 25) (Todesmotiv).

14 Vgl. bei Jan-Christoph Hauschild: *Georg Büchner*. Biographie. Stuttgart und Weimar: Verlag J. B. Metzler, 1993, S. 256

***12. Freies Feld*:**
Die Musik wirkt bei Woyzeck weiter und schlägt in den Rhythmus des Tötens um, der ihn von dämonischen unterirdischen Kräften eingegeben wird: „Stich, stich die Zickwolfin todt ... stich todt, todt" (30, 6 ff.).

***13. Nacht*:**
Vor seinem geistigen Auge sieht Woyzeck „ein Messer" (30, 21). Andres versucht ihn zu beruhigen und rät zu Medikamenten.

***14. Wirtshaus*:**
Woyzeck widersetzt sich dem Ansinnen des Tambour-Majors, mit ihm zu saufen, wird in einem Ringkampf besiegt und blutet. Sein Vorhaben bekommt Konturen: „Eins nach dem andern." (31, 25).

***15. Woyzeck. Der Jude*:**
Bei einem Juden kauft Woyzeck ein Messer, das „mehr als Brod schneiden" kann (32, 11).

***16. Marie. Das Kind. Der Narr*:**
Marie sucht Ruhe in der Bibel. Im Johannes-Evangelium 8, 2 ff. findet sie, dass Jesus einer Ehebrecherin vergibt. Sie aber kann nicht vom Tambour-Major lassen. Der Narr Karl erzählt sich Bruchstücke aus Märchen (Rumpelstilzchen). Er kümmert sich um Maries Kind. Woyzeck ist bereits den zweiten Tag nicht gekommen. Marie wird es „heiß" vor Angst und Erregung. Sie sucht (im Lukas-Evangelium 7, 37 ff.) Hilfe, wo Jesus der Sünderin Maria Magdalena, die ihm die Füße salbt und mit ihren Haaren trocknet, vergibt.

***17. Kaserne*:**
Woyzeck ordnet seinen Nachlass und studiert seinen Militärpass. Andres glaubt, Woyzeck sei erkrankt. Aber Woyzeck deutet mit „Hobelspän" (34, 12) auf einen Tod hin.

***18. Marie mit Mädchen vor der Haustür*:**
Marie spielt mit den Kindern der Nachbarschaft vor der Haustür. Die Situation schlägt durch ein von der Großmutter erzähltes Anti-Märchen um: Ein armes elternloses Kind erkennt, dass alles nur Irrtümer sind und bleibt allein. Woyzeck kommt und führt Marie hinweg, ohne ein Ziel zu nennen. Das Märchen von der Einsamkeit wird für Maries Kind Wirklichkeit.

***19. Marie und Woyzeck*:**
Woyzeck hat Marie vor die Stadt geführt und ersticht sie.

***20. Es kommen Leute*:**
Zwei unbeteiligte Menschen haben Geräusche gehört und suchen nach der Ursache.

***21. Das Wirtshaus*:**
Woyzeck singt im Wirtshaus den Vers von der Magd aus dem Lied vom *Wirtshaus an der Lahn*. Käthe ist seine neue Eroberung. Sie sieht Blut an seinem Arm. In der Verwirrung, die eintritt, zitiert der Narr ein Märchen: Ein Riese rieche „Menschenfleisch" (38, 25). Woyzeck entflieht.

***22. Kinder*:**
Kinder sind unterwegs zur Mordstelle und berichten anderen Kindern, dass dort „am rothen Kreuz" (39, 9) eine Frau liege. Sie sind begierig, sie zu sehen.

***23. Woyzeck*:**
Woyzeck sucht nach dem Messer. Er glaubt die tote Marie zu sehen und sieht an ihr eine rote Schnur um den Hals, Zeichen einer Erhängten. Nachdem er das Messer gefunden hat, flieht er.

***24. Woyzeck an einem Teich*:**
Woyzeck wirft das Messer in das Wasser. Während er einerseits das Messer immer weiter ins Wasser wirft, damit es keiner findet, geht er andererseits immer tiefer hinein um sich vom Blut sauber zu waschen.

***25. Gerichtsdiener. Barbier. Arzt. Richter*:**
Es scheint, als habe man Woyzeck gefunden, verurteilt und richte ihn nun, wie den historischen Woyzeck, hin.

Interpretation **(einschließlich der sprachlichen Gestaltung)**

Vom Titel ausgehend wird deutlich, dass sich die Szenenfolge um das Schicksal Woyzecks dreht. Im Unterschied zu Schillers Karlos ist dieser Name unbekannt und es knüpft sich an ihn keine absolutistische Herrschaft, nicht der Hinweis auf die Hausmacht der Habsburger und nicht die Herrschaftsstruktur eines Reiches, in dem die Sonne nicht untergeht. Büchners Hauptgestalt Franz Woyzeck weist auf den **historischen** Johann Christian **Woyzeck** hin, der am 3. 1. 1780 in Leipzig als Sohn eines Perückenmachers geboren wurde. 1818 bekam er aus preußischen Diensten seinen Abschied und ging nach Leipzig zurück. Dort hatte er ein Verhältnis mit der Witwe Johanna Christiane Woost. Da diese ihn betrog, kam es zum Streit. Woyzeck sank sozial auf die unterste Stufe, war obdachlos und lebte von Bettelei.
Er ist bei Büchner Plebejer und ansatzweise Proletarier, er hat eine militärische Vergangenheit. Abhängigkeiten prägen seinen Charakter und seine Handlungen. Vom Vorgesetzten, dem Hauptmann, wird er moralisch disqualifiziert, vom Doktor im Menschenversuch missbraucht, von der Geliebten Marie betrogen, von ihrem Freier, dem Tambour-Major, lächerlich gemacht. Mit Woyzeck rückt der sozial am tiefsten Stehende ins Zentrum des Geschehens; das ist eine **Revolutionierung der künstlerischen Traditionen**. Woyzeck will den göttlichen Auftrag der ihn erscheinenden Stimmen erfüllen, die Sünde aus der Welt zu vertreiben. Woyzeck, der kaum Bildung genossen hat, kennt sich in der Bibel aus, beruft sich darauf und zitiert daraus. Aber es sind Todesahnungen und geheimnisvolle Strafandrohungen, es ist die Vorstellung vor dem unmittelbar bevorstehenden Jüngsten Gericht, die seine geistige Welt bestimmen.
Der **Gegensatz von Tugend und Natur** ist ein bestimmendes Element der Szenenfolge. Der Gegensatz macht dann den grundsätzlichen Unterschied zwischen Dramen der Klassik und Dramen des Realismus aus. „Tugend" ist ein zentraler Wert von der Aufklärung bis zur Klassik, „Natur" ist die begriffliche Fixierung der Determination des Menschen durch die Naturwissenschaften. Die Szenen werden durch die Veranlagungen der Figuren geprägt. Bei Woyzeck fällt die „Natur" auf. Er setzt sie gegen die Tugend; in der Schaubude begegnet ihm das Tier als „noch Natur, unideale Natur" und die ärztlichen Experimente kann er nicht durchhalten, weil ihm die „Natur" kommt. Die Natur ist die Prägung, die Woyzeck einerseits entsozialisiert, andererseits liebesfähig macht, denn Liebe ist Natur im Gegensatz zu käuflicher Lust, Sex, Voyeurismus und Erotik, die sich mit der herrschenden Tugend gut vereinbaren lassen. Das macht den Gegensatz von Woyzeck und dem Tambour-Major aus. Liebe/Erotik ist neben den sozialen Beziehungen ein wichtiges und präsentes

Thema des Stücks und wird sprachlich umfangreich realisiert (etwa in den Wortfeldern „Fortpflanzen", „Zucht" und „Stier"). Aus der Natur kommen die Stimmen, die Woyzeck handeln lassen, auch töten. Woyzeck ist, da er der Natur verfallen ist, weil er nicht sozial eingebunden wurde, schicksalhaften Mächten ausgeliefert und wird von ihnen bestimmt. Insofern sind Woyzecks Monologe oder Reden von Stimmen überlagert, von Visionen bedrängt und vom Wahnsinn nicht weit entfernt, niemals ist er zu analytischer Betrachtung fähig.

Woyzeck hatte in allen Bereichen des Lebens, auch bei der wirtschaftlichen Sicherung der Familie, große Mühe. Sie drückt sich auch in seinen Reden aus, die keiner sprachlichen Logik unterliegen und sogar Gesetzmäßigkeiten aufheben, Zeichen für eine zunehmende Agrammatik und Sprachlosigkeit. Sein **Ende**, soweit es erkennbar ist, wird **metaphorisch in allen Szenen vorbereitet** (metaphorische Antizipation). Sie sind von Todesbildern, – Metaphern oder Reflexionen über den Tod –, durchzogen. In der 1. Szene (Freies Feld) rollt ein Kopf (Hinrichtungsmetapher), der drei Tage auf Hobelspänen (Todessymbol) gelegen hat, und unter Woyzeck ist es „hohl" (Grabsymbol). Die Vision von den Posaunen des Himmels und dem Feuer erinnert an die Apokalypse (Offenbarung Johannis 8, 7–10) und das Jüngste Gericht mit den aufbrechenden Gräbern („Alles hohl da unten" 9,19 f.); schließlich erscheint Woyzeck die Welt als „tot". Selbst das einmontierte Volkslied (9, 12 f.) handelt vom Tod, wenn man die anderen Verse erinnert: „Als sie sich nun sattgefressen hatten, setzten sie sich nieder, bis dass der Jäger, Jäger kam: und schoss sie nieder."

Woyzeck hat eine private Sphäre, die aus Marie und dem Kind besteht, und eine gesellschaftliche, in der er Soldat und von Vorgesetzten abhängig ist. Diese beiden **Sphären** trennt er strikt, Marie dagegen nicht. Durch sie überschneiden sie sich: Der Tambour-Major aus der gesellschaftlichen Sphäre bricht in die private Sphäre ein und zerstört sie. Woyzeck verliert seine mühsam aufrechterhaltene Orientierung und versucht, diese Ordnung und Orientierung wieder herzustellen. Als Andres ihm („Kasernenhof") die Beschreibungen Maries durch den Tambour-Major mitteilt, erklärt Woyzeck „ganz kalt: ... Von was hat mir doch heut Nacht geträumt? War 's nicht von einem Messer?" (113, 16 f., H 1, 8) Das deutet auf den Tambour-Major als Opfer hin; tatsächlich wird aber Marie das Opfer.

Büchners Auffassung vom „grässlichen Fatalismus der Geschichte"

Von besonderer Bedeutung für die Gestalt und den *Woyzeck* insgesamt ist Büchners Auffassung vom „grässlichen Fatalismus der Geschichte" (**Brief an die Braut** Wilhelmine Jaeglé vom **März 1834**). Büchners Fatalismus wird aus dem Fatalismus der Geschichte und aus der anthropologischen Erkenntnis gespeist, dass alles, was lebt, auch sterben muss. So lässt er es den Leierkastenmann in der 3. Szene singen. In der doppelten Unterdrückung der Willensfreiheit bleibt nur die vollständige, pessimistische, sogar nihilistisch anmutende Resignation, eine Haltung, die mit philosophischen Entwicklungen des 19. Jahrhunderts (Schopenhauer) übereinstimmte, sie teils vorwegnahm (Kierkegaard). Die Zwanghaftigkeit des Todes, wenn Leben einmal da ist, zwingt den Menschen zur säkularen Lebensplanung, will er dem Tod durch ein sinnvoll verbrachtes Leben etwas entgegensetzen. Andere über den Tod hinausweisende Auferstehungsversprechungen vertrösten nur (Jenseits, Erlösung usw.). Damit verbindet Büchner die Frage, wie weit der Mensch von Umständen abhängig ist, die außer seiner Körperlichkeit und Veranlagung liegen. Der sogenannte „Fatalismusbrief" wurde im Zusammenhang mit Büchners Studien zur Französi-

schen Revolution von 1789 geschrieben.[15] Die „entsetzliche Gleichheit", die Büchner in der Menschennatur erkannte, bedeutete die Wiederholbarkeit der historischen Konfliktsituationen, die sich wie in Kreisen aufsteigend entwickelten. Auch habe der Mensch keinen Einfluss auf seine Geburt; sei er aber einmal am Leben, ist der Tod unausweichlich. Das sind fatalistische Konstellationen von „entsetzlicher Gleichheit". Aber zwischen Geburt und Tod gebe es eine Gestaltung des Lebens. Schon die Zeitgenossen und Freunde Büchners wie Wilhelm Schulz wiesen darauf hin, dass der „grässliche Fatalismus der Geschichte" die Situation des Einzelnen beschreibe, nicht aber die Macht der Geschichte und der Volksmassen betreffe.
Die Formulierung aus diesem Brief ***„Was ist das, was in uns lügt, mordet, stiehlt?"*** verwendete Büchner wortwörtlich mehrfach, unter anderem erweitert in *Dantons Tod*: „Was ist das, was in uns hurt, lügt, stiehlt und mordet?" Zu diesem Fatalismus, den man auch vereinfachend als Schicksal und Schicksalsergebenheit bezeichnen kann, gehören auch die Anleihen Büchners bei der Schicksalsdramatik. Das trifft etwa für den Platz zu, an dem Woyzeck Marie tötete: Es ist ein Platz, der mit allen Attributen des Furchtbaren und des Todes ausgestattet ist, der schaurige Platz der Schauerliteratur, wie er in der Romantik verwendet wurde und besonders die schicksalhaften Romane und Dramen bestimmte. Dort vollzieht sich zwanghaft, was Woyzeck von den ihn bestimmenden Mächten auferlegt bekommt: Der Ort unterstreicht den Vorgang, bedingt ihn aber nicht.

Sprachliche Gestaltung

Büchner setzte die **Determination des Menschen** sprachlich um. Wenn er im deutschen Naturalismus nach 1880 eine bedeutende Rolle spielte, lag es in der psychologisch begründeten Figurenzeichnung und der Ausdrucksfähigkeit der Figuren. Es finden sich zahlreiche Möglichkeiten des gesprochenen Alltagswortes. Nirgends im Stück ist die hohe Sprache der Tragödie zu hören, vom Vers ganz abgesehen. Die Dialoge sind nicht dramatisch organisiert, sondern erscheinen zufällig, wobei Beginn und Ende geradezu willkürlich wirken. Es sind dramaturgisch und sprachlich Momentaufnahmen aus einem größeren Geschehen. Auch deshalb konnten sich die Naturalisten, die das zur Theorie ausweiteten und Jargon sowie Dialekt breiten Raum gaben, auf Büchner berufen.
Der **Begriff des windschiefen Dialogs** ist für die Gespräche der Personen treffend. Die Dialoge sind in Wirklichkeit Monologe; die das Drama organisierende Wechselrede gibt es nicht. Dialogansätze werden durch Formen wie Lieder, Märchen, Predigten und Reden zerstört. Die Gestalten bemühen sich um Gespräche, werden aber immer auf sich selbst zurückgeworfen bzw. können einander nicht verstehen, da sie unterschiedlichen sozialen oder geistigen Gruppen angehören.
Die Sprache ist vielschichtig: Es dominiert die dialektal („nit") geprägte Umgangssprache. Sie wird von den meisten Gestalten im alltäglichen Verkehr miteinander gesprochen, dabei werden unvollständige Sätze (Ellipsen wie „Schön Wetter" 27, 10 usw.), Prolepsen, Rückfragen („Weiß ich 's?" 35, 27) und echte eingliedrige Sätze („Still!" 9, 14) verwendet. Diese sprachlichen Erscheinungen werden in der Literatur nur zu besonderen Zwecken benutzt; hier dominieren sie und werden so funktional der vorherrschenden sozialen Schicht gerecht (Woyzeck, Marie, Tambour-Major usw.). Daneben wird die Fachsprache des Arztes verwendet – musculus constrictor vesicae, apoplexia cerebralis usw.: Für den Arzt sind die Menschen seiner Umgebung nur Fälle wie für den Hauptmann nur Uniformierte („Kerl, will er erschoßen

15 Eine genaue und überzeugende Darstellung der Ideen dieses Briefes liefert Jan-Christoph Hauschild: *Georg Büchner.* Biographie. Stuttgart und Weimar: Verlag J. B. Metzler, 1993, S. 270 ff.

werden ...?" 26, 1). Auch grammatisch werden hier summierende Reihen gebaut („starr, gespannt, zuweilen hüpfend" 26, 5 f.). Die Hoch- und Literatursprache wird verwendet, wenn die Intellektuellen des Stücks zivil sein wollen und ihre Bildung ausstellen. Dann wird ein sinnentleertes philosophisches und ethisches Vokabular eingesetzt, das mit seiner grammatischen Sicherheit den Abstand zu den sozial tiefer Stehenden ausweist. – Es werden sprachliche Mittel verwendet wie Jargon („Weibsbild, Sapperment" u. a.), Oxymora (scheinbar widersinnige Wortverbindungen wie „viehische Vernunft" 12, 21 f., „ein thierischer Mensch" 14, 14 f.), Tautologie („Anfang von Anfang ... commencement von commencement" 13, 7 ff., „Moral das ist wenn man moralisch ist" 17, 30 f.) und Zeugmata (Verbindung nicht zusammengehörender Wörter wie „Was der Mensch Quasten hat", 13,12: der Mensch hat keine Quasten, nur seine Kleidung). Der **Anteil nichtsprachlicher Bestandteile** ist groß. Da die meisten Gestalten nur bedingt Fähigkeiten des sprachlichen Ausdrucks haben, setzen sie andere Verständigungsmittel ein. Sie stampfen (9, 18), starren (9, 25; 20, 10; 34, 3), demonstrieren Besitz (14, 27 f.), zeigen heftige Erregungen wortlos (29, 1 ff.) und beschränken sich auf Ausrufe und Laute (10, 11 f.)
Das sprachliche Wertesystem der sozial Schwachen wird über Zitate eingebracht: Die Gruppe der Armen, zu der Woyzeck und Marie gehören, ist sprachlich unbeholfen und oft nicht in der Lage, sich problemlos zu artikulieren. Aber sie drängen zur **bildhaften Sprache** (Bibel), zur Volkspoesie, zum Volkslied und Märchen. Dabei können sie auf vorgefertigte Versatzstücke zurückgreifen, die sie nicht zu bilden, sondern nur den Situationen aufzulegen brauchen. Deshalb spielen diese sprachlichen Elemente eine so große Rolle, angemessen der sozialen Quantität der Gestalten. Das Zitat aus volkstümlicher oder besonders bildhafter Literatur ist bei Büchner das adäquate Ausdrucksmittel der einfachen Menschen. In der sprachlichen bzw. zeichenhaften Ausgestaltung der Szenen liegt neben der dramaturgischen Ablösung des aristotelischen Dramas der entscheidende ästhetische Neuansatz in der Folge der politischen, gesellschaftlichen und sozialen Umbrüche.

4.3 Einführung in Heinrich von Kleists *Prinz Friedrich von Homburg* (nur LK)

Zeitgeschichtlicher und historischer Hintergrund

Das Schauspiel *Prinz Friedrich von Homburg* ist das letzte dramatische Werk Heinrich von Kleists. Entstanden ist es **zwischen 1809 und 1810/11** – der Zeitpunkt des endgültigen Abschlusses ist unsicher – auf der Grundlage von historischen Materialien, die Kleist sich im Januar 1809 in Dresden aus der Bibliothek auslieh, von persönlichen Erfahrungen des Dichters mit dem Militär und aus der Erwartung an einen allgemein aufflammenden Befreiungskampf heraus, der 1809 von vielen Einzelaktionen vorbereitet worden war. Kein anderes Stück des Dichters Heinrich von Kleist erlebte so gegensätzliche Beurteilungen wie *Prinz Friedrich von Homburg*. Königin Luise, der es gewidmet werden sollte, starb, ohne es zur Kenntnis genommen zu haben. Ihr Mann Friedrich Wilhelm III. begegnete dem Stück ungnädig, fand er doch darin ein patriotisches Verhalten demonstriert, das Kleist von ihm gewünscht hätte, das er aber nicht einzunehmen bereit war, und eine Anerkennung individueller Entscheidungen darin vorgeführt, die ihm fremd war. Dagegen erinnerte der jugendlich verliebte und zum Helden geeignete Prinz von Homburg an den preußischen Prinzen Louis Ferdinand, der bei Hofe nicht beliebt war.

Wie Kleist seiner Schwester 1810 mitteilte, sollte das Stück im Privattheater des Prinzen Radziwill, der mit Louis Ferdinands Lieblingsschwester verheiratet war, aufgeführt werden; die Aufführung fand nicht statt. Erst **1821** wurde das Stück unter dem Titel *Die Schlacht bei Fehrbellin* in Wien uraufgeführt; das Publikum zischte es aus und die Premiere wurde ein Misserfolg. Dem Stück war keine glückliche Laufbahn auf der Bühne vergönnt. Rigoros lehnte man in Preußen eine Aufführung ab und Heinrich Heine konnte in seinem zweiten der *Briefe aus Berlin* vom 16. März 1822 schreiben: „Es ist jetzt bestimmt, dass das Kleist'sche Schauspiel: ‚Der Prinz von Homburg, oder die Schlacht bei Fehrbellin' nicht auf unserer Bühne erscheinen wird, und zwar, wie ich höre, weil eine edle Dame glaubt, dass ihr Ahnherr in einer unedeln Gestalt darin erscheine. Dieses Stück ist noch immer ein Erisapfel (Zankapfel, R. B.) in unsern ästhetischen Gesellschaften. Was mich betrifft, so stimme ich dafür, dass es gleichsam vom Genius der Poesie selbst geschrieben ist, und dass es mehr Wert hat, als all jene Farcen und Spektakelstücke und houwaldsche Rühreier (Ernst Christoph von Houwald, 1778–1845, Verfasser von Schicksalstragödien, R. B.), die man uns täglich auftischt." Erst **1828** wurde das Stück auch in Berlin aufgeführt, wenn auch in einer unzulänglich gekürzten Fassung, und der König verbot weitere Aufführungen. Im 19. Jahrhundert schwankte das Stück im Bewusstsein der Öffentlichkeit zwischen fast fanatischer Bewunderung und entschiedener Kritik.
Für den letzten deutschen Kaiser Wilhelm II., Urenkel der von Kleist verehrten Königin Luise, war es dagegen das Lieblingsstück, nur die „Feigheitsszene" (3. Akt, 5. Auftritt) wollte er streichen lassen. Nicht nur die Hohenzollern reagierten unterschiedlich bis gegensätzlich, sondern auch die politischen Lager waren sehr verschiedener Meinung: Der linke Literaturkritiker Franz Mehring hielt das Stück für „einzig ... in unserer dramatischen Literatur", konservative Kritiker und Schriftsteller wie Paul Ernst betrachteten das Stück als Lustspiel oder Komödie (Heinrich Joseph von Collin), „die überdies mit den ehrwürdigsten Gefühlen Scherz" treibe.[16] Theodor Fontane war 1872 prinzipiell gegen das Schauspiel, weil das Stück und sein Held so völlig unpreußisch seien, ein anderes Mal lobte er 1876 das Stück über alle Maßen. Seine Kritik konzentrierte sich auf zwei Punkte, die immer wieder Anlass für Diskussionen oder die Bewertung als Komödie waren: „Es ist zweierlei, was mich daran verdrießt: 1. Die willkürliche Behandlung des Historischen; das Unechte des Kostüms, der Personen und Situationen. 2. Die Charakterzeichnung des Prinzen, der ein Haselant ist, aber kein Held und brandenburgischer Kriegsmann."[17]

Individuum zwischen Freiheit und gesellschaftlichen Normen

In seinem letzten Drama stellt sich Kleist nochmals einem seiner Grundthemen: das sich selbst bestimmende Individuum in seiner Entscheidungsfreiheit und sein Konflikt mit den gesellschaftlichen Normen, abgeleitet aus staatlicher Notwendigkeit. Aufgelegt wird dem Konflikt der Gegensatz von Pflicht und Neigung, als Gegensatz wie bei Schiller gesehen, aber nicht mit dessen Harmoniestreben durch Erziehung ausgeglichen. Vielmehr ging es um die **historisch spezielle Situation**, wie sich ein preußischer Offizier im Befreiungskrieg zu verhalten habe und wie weit er dabei private Interessen zulassen dürfe. Kleist, der seinen Offiziersberuf aufgegeben hatte, empfand den Gegensatz darüber hinaus auch als unvereinbaren Gegensatz von

16 Zur Wirkung des Stückes vgl. Helmut Sembdner (Hrsg.): *Heinrich von Kleists Nachruhm.* Eine Wirkungsgeschichte in Dokumenten. München: dtv, 1977 (Wiss. Reihe 4289), die ausgewählten Zitate stammen aus S. 567 (Wilhelm II.), 571 (Mehring), 573 (Ernst) und 518 (Collin).

17 Theodor Fontane: *Der Prinz von Hessen-Homburg.* In: Peter Goldammer (Hrsg.): Schriftsteller über Kleist. Eine Dokumentation. Berlin und Weimar: Aufbau-Verlag, 1976, S. 522

Amt und Freiheit, weshalb er Anstellungen aller Art distanziert gegenüberstand, um sich seinen Gefühlen und Interessen zu widmen; der Prinz von Homburg als praktizierender Offizier ist diesem Gegensatz vollständig ausgesetzt. Doch trug die Gleichgültigkeit, die angesprochene Zeitgenossen gegenüber dem Stück zeigten, zu Kleists Meinung bei, er sei ein Gescheiterter, dem trotz vielfältiger Bemühungen keine königliche Erhöhung zuteil wurde, auch nicht zuteil werden konnte, stand er doch nur lose in preußischen Diensten.
Durch seine Neigung zu Natalie vernachlässigt Homburg seine Pflicht gegenüber seinem Herrscher, seinem Lande und seinen Soldaten. Das ist, sehr vereinfacht, ein typischer Gegensatz nach der **Philosophie Kants**, nach der ein Mensch so handeln müsse, dass sein Verhalten einer allgemeinen Gesetzgebung diene. Das ist bei Homburgs Verhalten nicht der Fall; deshalb kann der Kurfürst ihn auch auffordern: „Ins Nichts mit dir zurück, Herr Prinz von Homburg, / Ins Nichts, ins Nichts! In dem Gefild der Schlacht, / Sehn wir, wenn's dir gefällig ist, uns wieder! / Im Traum erringt man solche Dinge nicht!" (1.1., S. 8) Kleist beschäftigte sich, wie Briefe belegen, seit 1801 mit moderner Philosophie und mit der Kants; möglicherweise hat er diese nicht in ihrem Umfang begriffen, aber die Grundpositionen hatte er erfasst und sie wahrscheinlich zusätzlich aus Schillers ästhetischen Ansichten und künstlerischen Werken abgeleitet. In der Folge dieser Beschäftigung kam Kleist zu der Auffassung, die menschliche Erkenntnis sei nicht in der Lage, Wahrheiten zu erfassen, und so sei auch die Entwicklung des Menschen, besonders die seiner Seele, nicht vom Menschen aus zu leisten. Das bedeutete, die Handlungen des Prinzen von Homburg durch andere Kräfte als die der eigenen Persönlichkeit beurteilen zu lassen. Dabei hatte Kleist das Ideal des freien Bürgers im Hinterkopf, wie es Rousseau entwickelt hatte. An diesen aufklärerischen Positionen hielt Kleist, nachdem er sich nach der Kant-Erschütterung Rousseau zugewendet hatte, fest und wollte sogar seine private Deutung Rousseaus als Bauer in einem naturverbundenen Leben in der Schweiz verwirklichen.

Anlass für das Stück

Der Anlass für das Stück waren aktuelle Auseinandersetzungen nach der Niederlage Preußens 1806. Während der König Friedrich Wilhelm III. trotz der katastrophalen Situation die alte Politik fortsetzen wollte, verbunden mit Widerstand gegen Napoleon, suchte Kleist nach geistigen Verbündeten, die einen nationalen Befreiungskampf beförderten. Verbündete im antinapoleonischen Kampf waren ihm die sogenannten Reformer um den Reichsfreiherrn vom und zum Stein, Gneisenau und andere, denen er sonst zurückhaltend gegenüberstand. Sie drängten darauf, die politischen Verhältnisse Preußens denen Frankreichs vergleichbar zu machen, die Armee in ein Volksheer zu verwandeln und in einer großen Volksbewegung den Kampf gegen Frankreich wieder aufzunehmen. Auf diese Ideen gründeten sich zahlreiche Aktionen von Offizieren wie Ferdinand von Schill, die ohne Befehl des Königs Widerstand organisierten. Ähnlich verhielten sich 1809 Blücher und Gneisenau, die mit England Absprachen ohne den König zu treffen versuchten.
Nachdem der Konflikt zwischen Pflicht und Neigung bisher in unterschiedlichen historischen Kostümen behandelt wurde – von der Antike bis zum Mittelalter –, rückte Kleist mit diesem Stück nicht nur näher an seine preußische Gegenwart heran – zwischen dem Ereignis (siehe dazu S. 64 dieses Bandes) und der Entstehung des Schauspiels waren 135 Jahre vergangen –, sondern legte ihr auch die unmittelbare Gegenwart thematisch deutlich auf. Kleist, der die Geschichte von

der Willkür des Prinzen von Homburg schon aus seiner Jugend kannte, wollte sein Drama der Königin Luise von Preußen widmen, die aber 1810 verstarb. Als Kleist Ende Januar 1810 nach Berlin kam – ohne Geld und sichere Verbindungen –, bedeutete ihm eine Einladung an den Hof zu Luises Geburtstag am 10. März, wo er ein Gedicht überreichen durfte, neue Hoffnung. Auch galt Luise als Verbündete im Kampf gegen die Fremdherrschaft. Nach ihrem Tod änderte er die Adressatin, die nun die Schwägerin des preußischen Königs Friedrich Wilhelm III. Amalie Marie Anne von Preußen, geborene Prinzessin von Hessen-Homburg, war. Der Vorgang lässt den zeitlichen Hintergrund erkennen: Es ging um **Preußens Befreiungskampf** von der napoleonischen Fremdherrschaft; es ging um vaterländisches Denken und die antinapoleonischen Bemühungen deutscher Patrioten, die sowohl im Verwaltungsapparat als auch im Militärwesen zu finden waren. Darauf wies auch Kleists Selbsteinschätzung als „Barde" in der Widmung hin. Barden, ursprünglich keltische höfische Sänger, hatten durch Klopstocks sog. Bardieten, die nationale Stoffe verwendeten, und Goethes *Die Leiden des jungen Werther* wieder an Bedeutung gewonnen. Insofern griff Kleist zu einem Ereignis, das lange zurücklag, mit dem aber Preußens große Zeit begann: Es war die Zeit des Großen Kurfürsten Friedrich Wilhelm vom Brandenburg (1620–1688). Dass beide Zeiten aufeinander bezogen wurden, ist an mehreren Auffälligkeiten, unter anderem an der Namensgebung erkennbar: Während einige der Offiziersnamen aus der Zeit des Großen Kurfürsten stammen – Feldmarschall Derfflinger (Dörfling) und Oberst Kottwitz – , stammten andere aus der Zeit von 1806, dem Jahr der größten Niederlage Preußens bei Jena und Auerstedt: von der Golz usw.

Kleist veröffentlichte 1810 die *Berliner Abendblätter*, die Ausdruck für Kleists Anliegen waren, dem Vaterland zur Befreiung von fremder Herrschaft, zur Einheit und zur Neugestaltung im Sinne der preußischen Reformer zu verhelfen. Es hatte dazu seit 1808 Hoffnungen gegeben: In Spanien – der Begriff „Guerilla" entstand in dieser Zeit – erlitten die Franzosen Niederlagen, in Tirol hatten sich die Bauern unter der Führung Andreas Hofers erhoben. Auch in Deutschland wurde Kritik an der Passivität des Volkes, besonders aber an der Schwäche des preußischen Königs Friedrich Wilhelm III. erhoben. Je bedrohter die eigene Existenz erschien, desto schärfer wurden die Kritik am König und das patriotische Aufbegehren einzelner Offiziere. Im Sommer 1809 kam es zu lokalen Kämpfen in Norddeutschland (Freikorps des Majors Schill) und von Böhmen bis an die Nordseeküste (die „Schwarze Schar" des Herzogs Friedrich Wilhelm von Braunschweig-Wolfenbüttel-Oels). Vor allem das Schicksal des Prinzen Louis Ferdinand von Preußen (1772–1806) erschütterte die Zeitgenossen, war doch der musische und vielgeliebte Prinz eine Lichtgestalt der Berliner Salons, aber er war auch ein Teil der nationalen Bewegung gegen Napoleon. Das Schicksal des Hitzkopfs hatte verblüffende Ähnlichkeit mit dem Homburgs: Am Abend vor seinem Tode bekannte er, dass er eine Niederlage nicht überleben würde. Als am 10. Oktober 1806 die preußische Avantgarde (Vorhut) unter des Prinzen Kommando geschlagen wurde, fiel der Prinz in einem unsinnigen Zweikampf mit einem französischen Wachtmeister. Es waren Reformer wie Clausewitz und von der Marwitz, die den Tod des Prinzen bedauerten. Die Reformbemühungen erlitten indessen einen Rückschlag, als 1808 auf französischen Druck der Reformer Heinrich Friedrich Karl Reichsfreiherr vom und zum Stein (1757–1831) ins Exil gehen musste.

Durch die nationalen Bewegungen wurden auch Kleists nationale Vorstellungen auf den Befreiungskampf konzentriert und überhöht; wie in wilder Wut dichtete Kleist gegen die Franzosen, den „Erzfeind". Die Vorstellungen eines nationalen Aufbruchs waren Robespierres radikalem Terror durchaus vergleichbar. Seine „wilden, maßlos nationalistischen Hassgesänge" waren „– in letzter Instanz – Ausdruck ohnmächtiger Verzweiflung; hinter ihnen stand die entsetzliche Furcht vor der fortschreitenden Expansion jenes ungezügelt Dämonischen, zu dem sich Kleist das in Paris Erfahrene mystifiziert hatte und als dessen personelles Medium er Napoleon betrachtete"[18].

Der historische Friedrich

Der historische Friedrich II., Landgraf von Homburg-Hessen (1633–1708) war zum Zeitpunkt der Schlacht von Fehrbellin 1675 zweiundvierzig Jahre und trug den Beinamen „Landgraf mit dem silbernen Bein", weil er seit 1659 eine Prothese aus Holz mit silbernen Gelenken trug. Zuerst in schwedischen Diensten, kaufte er mit dem Vermögen der sehr viel älteren reichen Gräfin Brahe den Sitz Neustadt an der Dosse, wo er sich landkolonisatorisch und agrarökonomisch betätigte. Seit 1670 war er mit der baltischen Nichte des Kurfürsten von Brandenburg, Prinzessin Luise Elisabeth von Kurland, verheiratet; die Ehe war kinderreich. Das von den Historikern vermittelte Bild des Landgrafen zeigt einen tapferen, klugen und mutigen Heerführer und Landesvater. Kleist verarbeitete den historischen Stoff sehr frei; vor allem war der historische Prinz von Homburg nicht zum Tode verurteilt worden. Der Große Kurfürst habe ihm zwar erklärt, nach der Strenge der Kriegsgesetze habe er den Tod verdient, aber da er ein wichtiges Werkzeug des Sieges gewesen sei, komme die Anwendung der Gesetze nicht in Frage.

Inhaltsangabe

1. Akt

In der Nacht vor der Schlacht bei Fehrbellin (28. Juni 1675) windet sich der Prinz von Homburg, ein erfolgreicher Kommandeur der Reiterei, im Halbschlaf oder Traum, in einer Art Trance einen Lorbeerkranz. Das kurfürstliche Paar und Prinzessin Natalie von Oranien, Nichte des Kurfürsten, beobachten ihn, geleitet vom Grafen von Hohenzollern, dabei. Natalie und die Kurfürstin halten ihn für krank; aber der Kurfürst will der „Unart seines Geistes" auf den Grund gehen und erfährt vom träumenden Prinzen, dass er Natalie liebt und ihretwegen siegen will. Homburg erwacht mit dem Handschuh Natalies in seiner Hand, verbindet ihn aber nicht mit der Prinzessin. Seine Reiterei ist bereits ohne ihn in den Aufmarsch zur Schlacht gezogen. Die Befehlsausgabe beim Kurfürsten stellt einen Schlachtplan vor, in dem durch eine komplizierte Umgehung der Schweden ihre völlige Vernichtung erreicht werden soll, denn sie sollen in einen Sumpf getrieben werden. Homburg erkennt, als Natalie ihren Handschuh vermisst, dass er diesen Handschuh bei sich trägt, und gerät in noch größere Verwirrung. Es kommt hinzu, dass ihm der Kurfürst zwei verschenkte Siege am Rhein nicht verzeiht. Von alledem, Natalies Abschied, dem Geheimnis des Handschuhs und der eigenen Traumerinnerung, ist er so abgelenkt, dass er den ihm erteilten Befehl überhört, mit seiner Reiterei nicht eher in die Schlacht einzugreifen, als sich der linke Flügel des Feindes auflöst. Der Zeitpunkt sei gekommen, wenn eine Fanfare ertöne und ein Offizier die Order überbracht habe. Homburg hat nur begriffen, dass er Kriegsglück braucht, um zu dem Pfand – dem Handschuh – auch die Person zu erlangen. Er beschwört Fortuna, die Göttin auf der „Kugel", um seine Liebe zu gewinnen.

18 Bernd Leistner: *Dissonante Utopie. Zu Heinrich von Kleists ‚Prinz Friedrich von Homburg'.* In: Bernd Leistner: Spielraum des Poetischen. Berlin und Weimar: Aufbau-Verlag, 1985, S. 144

2. Akt

Die Reiterei unter Oberst Kottwitz bezieht ihre Stellung auf dem Schlachtfeld. Homburg verspätet sich, da er in einer Kapelle Andacht hielt. Nochmals lässt er sich den Schlachtplan von Hohenzollern erklären, ohne ihn zu begreifen, da er schon wieder „vor sich niederträumt". Als die Schweden weichen, stürmt Homburg mit seinen Reitern in die Schlacht, ohne auf die Warnungen seiner Offiziere zu hören und ohne sich entwaffnen zu lassen, und erkämpft einen Sieg. Die Kurfürstin, deren Wagen einen Achsbruch hatte, sucht Zuflucht bei Bauern, erfährt dort vom Sieg der Brandenburger, aber auch vom Tod ihres Mannes. Sie hält den Sieg für zu teuer erkauft. Homburg, der über die Schweden gesiegt hat, erklärt Natalie seine Liebe und die Bereitschaft, die Ziele des Kurfürsten zu erfüllen. Ein Bote bringt die Nachricht, dass der Kurfürst lebe. – Der Kurfürst, inzwischen in Berlin, verlangt unbedingte Unterwerfung unter das Gesetz und den Befehl und droht dem Kommandeur der Reiterei, der gegen seinen Befehl gehandelt habe, mit dem Todesurteil und dem Kriegsgericht. Als der Kurfürst erfährt, dass Homburg den Angriff führte, lässt er ihn entwaffnen und nach Fehrbellin ins Hauptquartier bringen, wo er gerichtet werden soll.

3. Akt

Homburg ist im Gefängnis, erwartet aber seine Freilassung. Während sein Name einerseits während der Siegesfeier von der Kanzel als des Siegers Name genannt wird, wurde er vom Kriegsgericht andererseits zum Tode verurteilt. Nun hofft er auf Begnadigung vom Kurfürsten. Doch Hohenzollern enttäuscht ihn, der Kurfürst habe das Todesurteil zur Unterschrift kommen lassen. Außerdem sei der Gesandte Schwedens erschienen, um einen schwedischen Heiratsantrag für Natalie zu überbringen. Homburg verzweifelt, denn nun steht er durch seine Bindung an Natalie auch strategisch im Wege. Er darf auf Ehrenwort das Gefängnis verlassen, um die Kurfürstin aufzusuchen. Dort trifft er auch Natalie, mit der er sich nach der Schlacht heimlich verlobt hat. Panische Todesangst hat ihn gepackt und er fleht, das Pflichtprinzip des Staates zurückstellend, die Kurfürstin möge sich für ihn einsetzen. Homburg hat auf dem Weg sein Grab gesehen und will nun „nichts, als leben, / Und frage nichts mehr, ob es rühmlich sei!" (S. 56) Doch die Kurfürstin hat schon um Gnade gefleht und wurde abgewiesen. Nun will Natalie, die Kommandeur eines Dragoner-Regiments ist, beim Kurfürsten für Homburg bitten.

4. Akt

Der Kurfürst würde als Mensch, selbst als Tyrann Gnade walten lassen, aber er sei dem „Vaterland" (S. 60) verpflichtet. Natalie berichtet ihm, wie Homburg um jeden Preis leben möchte, sein „Heldenherz" geknickt sei und er um Gnade bitte; der Prinz sei „verstört und schüchtern, heimlich, ganz unwürdig, / Ein unerfreulich, jammerswürdiger Anblick!" (S. 62). Selbst sie als „Weib" würde nicht „so zermalmt, so fassungslos, so ganz / Unheldenmütig" auf den Tod reagieren. Der Kurfürst begnadigt Homburg scheinbar, denn den Staatsinteressen und ihrem gültigen Recht stehe Homburgs Sicht, eines „solchen Kriegers Meinung", „den Spruch für ungerecht zu halten" (S. 62), gegenüber. Tatsächlich legt er die Entscheidung über das Leben in des Verurteilten Hände.

Inzwischen hat das Regiment der Prinzessin Natalie unter Kottwitz' Leitung eine Bittschrift für Homburg aufgesetzt. Doch Homburg lehnt jede Gnade ab: Er will nicht erklären, dass es sich bei seiner Verurteilung um ein Unrecht handele, wie es der Kurfürst ihm anheim stellt. Er entscheidet sich für den Tod, weil er nun das höhere Gesetz des Vaterlandes anerkennt, nicht mehr die abstrakte Pflichterfüllung, und es durch seinen Tod bestätigen will. Er will unter dieser Voraussetzung mit dem Kurfürsten um seine Schuld nicht streiten, sondern sieht sie ein: „So mag ich nichts von seiner Gnade wissen." (S. 72) Natalie ist darüber glücklich („... du gefällst mir!" S. 72), denn nun ist Homburgs Heldenhaftigkeit wieder hergestellt. Ihrem Regiment gibt sie den Befehl, nach Berlin zu marschieren.

5. Akt

Das Regiment der Prinzessin Natalie steht vor Mitternacht vor dem kurfürstlichen Schloss. Kottwitz sammelt unter den Offizieren weitere Unterschriften für die Bittschrift. Falls das Gesuch scheitere, wolle man Homburg mit Gewalt befreien. Die Rebellion der preußischen Militärs vollzieht sich allerdings sehr diszipliniert und hat nichts von einem zerstörerischen Aufstand an sich. Doch der Kurfürst befiehlt dem Regiment, Homburg bei seiner Erschießung „die letzten Ehren" (S. 78) zu erweisen. Kottwitz erklärt Homburg für unschuldig und fordert, die Interessen des Vaterlandes über die Buchstaben des Gesetzes zu stellen. Zur Schlichtung des Streites beordert der Kurfürst den Prinzen von Homburg her. Graf Hohenzollern gibt dem Kurfürsten an der Insubordination Homburgs die Schuld, da er des Prinzen Wachtraum genutzt habe, ihn zu verwirren, und so seine Unaufmerksamkeit bei der Befehlsausgabe verursacht habe. Homburg, inzwischen eingetroffen, bestätigt sein Todesurteil aus eigener und freier Entscheidung; es sei der Sieg über „den Trotz, den Übermut" (S. 87). Homburg wird ins Gefängnis zurückgeführt in der Annahme, hingerichtet zu werden. Doch der Kurfürst zerreißt das Todesurteil und fingiert die Hinrichtung nur: Homburg wird mit verbundenen Augen scheinbar zur Erschießung geführt, aber als man ihm die Augenbinde abnimmt, überreicht ihm Natalie einen Lorbeerkranz, was er – wie zu Beginn – wieder für einen Traum hält und in Ohnmacht fällt. Erst Kanonenschüsse bringen ihn wieder zu Bewusstsein. Alle brechen begeistert in den berühmten Spruch aus: „In Staub mit allen Feinden Brandenburgs!" (S. 93)

Interpretation

Heinrich von Kleist hat in der Literaturgeschichtsschreibung widersprüchliche und gegensätzliche Beurteilungen erfahren. Im Falle des *Prinzen von Homburg* ist die Sicht zuerst einfacher, weil dieses Werk im Zeichen der nationalen Verantwortung und patriotischen Pflicht des Aristokraten und Offiziers Kleist steht. Bezieht man Kleists Lebensdaten ein, wird deutlich, dass er die Französische Revolution zur Kenntnis nahm, als die französischen Revolutionsheere, gegen die er kämpfte, die neue Ordnung in Frankreich sicherten und über den Rhein vordrangen. Das entscheidende Datum dafür war die Kanonade bei Valmy am 20. September 1792, an der auch Goethe teilnahm und von der er, wenn auch erst später bezeugt (*Die Campagne in Frankreich*, 1822), ein neues Kapitel der Weltgeschichte ausgehen sah. Kleists Leben endete, als die napoleonische Macht in Europa auf ihrem Höhepunkt war und einzelne Widerstandszentren mögliche Veränderungen und den Ausbruch von Befreiungskämpfen der unterdrückten Völker andeuteten. Damit stand das Stück im Zeichen eines besiegten, besetzten und in seiner politischen Existenz gefährdeten Vaterlandes Preußen. Die politischen und ökonomischen Probleme, die technisch-industriellen Veränderungen und die Entwicklung des Proletariats, die allesamt für Georg Büchner bedeutsam wurden, spielten bei Kleist noch keine Rolle.

Nach dieser Feststellung über den Zusammenhang mit dem antinapoleonischen Befreiungskampf beginnen die spezifischen Probleme Kleists mit der eigenen Lebensgestaltung, die sich immer im Umkreis der monarchischen Macht vollziehen sollte, aber ebenso oft mit ihr in Widerspruch geriet. Kleists wiederkehrendes Thema ist der **Widerspruch zwischen gesellschaftlicher Rolle und Aufgabe und individuellem Bedürfnis**. 1799 verließ Kleist die Armee und begründete das in einem umfangreichen Brief an Christian Ernst Martini, seinen ehemaligen Hauslehrer, am 19. März 1799: „Die größten Wunder militärischer Disziplin, die der Gegenstand des Erstaunens aller Kenner waren, wurden der Gegenstand meiner herzlichsten Verachtung; die Offiziere hielt ich für so viele Exerziermeister, die Soldaten für so viele Sklaven, und wenn das ganze Regiment seine Künste machte, schien es mir als ein lebendiges Monument der Tyrannei. ... In solchen Augenblicken musste natürlich der Wunsch in mir entstehen, einen Stand zu verlassen, in welchem ich von zwei durchaus entgegengesetzten Prinzipien unaufhörlich gemartert wurde, immer zweifelhaft war, ob ich als Mensch oder als Offizier handeln musste." Es war das preußische Heer, aus dem Kleist ausschied, das 1806 völlig vernichtet wurde. Insofern waren Kleists militärische Vorstellungen vom Befreiungskampf anderer Art, als er sie bei seinem Eintritt in die Armee vorgefunden hatte. So erklärt sich auch, dass er seinen Homburg in der Schlacht eher nach der modernen französischen als nach der überholten preußischen Strategie kämpfen lässt. Kleists Patriotismus war militärstrategisch und gemeinschaftsorientiert, war **der moderne Patriotismus der preußischen Reformer**, nicht der erstarrte und überholte Patriotismus des Hofes. Der Patriotismus Kleists verband sich mit einem geistigen Anspruch und sittlichen Modellen, die der preußische König nicht erfüllen wollte. In seinem *Katechismus der Deutschen, abgefasst nach dem Spanischen zum Gebrauch für Kinder und Alte* (1809) fasste Kleist seine Vorstellungen zusammen: Ein König hat nur dann Anspruch auf Respekt, wenn „er zu seiner Pflicht, die ihm befiehlt, sich dem Vaterlande zu weihen", zurückkehrt; die „Pflicht des Einzelnen" sei es, „zu den Waffen zu greifen, den anderen, wie die hochherzigen Tiroler, ein Beispiel zu geben". Da Kleist seit 1809, dem Aufstand der Tiroler unter Andreas Hofer, auf die Österreicher setzte, entwarf er als Vaterland auch nicht Preußen, sondern das „Reich" – er meinte das Heilige Römische Reich Deutscher Nation – und als Aufgabe, dieses, „das zertrümmert ward, wiederherzustellen".

Zu den **sittlichen Modellen** gehörte auch, dass Kleist einem preußischen Offizier menschliche Leidensfähigkeit zubilligte. In der wichtigen Szene 3. Akt, 5. Auftritt bricht Homburgs bisheriger Lebensplan völlig zusammen: An die Stelle des Strebens nach kriegerischem Ruhm und Liebesglück tritt nicht überbietbare Todesfurcht, die aber eines preußischen Offiziers nach traditionellem Verständnis nicht angemessen oder gar würdig ist. Kleist hatte dagegen solche Todesfurcht selbst erlebt, als er 1807 in Berlin von den Franzosen verhaftet und wochenlang eingesperrt worden war. Im Nachhinein schrieb Kleist unter Berufung auf Shakespeares *Macbeth* (IV, 3) an den Gönner Karl Freiherrn von Stein zum Altenstein am 22. Dezember 1807, „beim Klang der Sterbeglocke" frage man nicht mehr, „wen es gilt". Homburgs Todesfurcht beeinträchtigte allerdings die Wirkung des Stückes bei Hofe und in aristokratischen Kreisen: Ein Offizier dieser Haltung war nicht würdig, ein preußischer Offizier zu sein. Bei Kleist wurde er aber dadurch zum Menschen und zu großer Entscheidungsfreude fähig, die Homburg zur Einsicht der wahrhaft richtigen Entscheidung für Vaterland und Gesellschaft leitete.

Den **Stoff** entnahm Kleist historischen Abrissen über die Hohenzollern, unter anderem den *Mémoires pour servir à l'histoire de la Maison de Brandebourg* (1751) von Friedrich II. von Preußen und aus ähnlich verlaufenen Beispielen. Auch gab es Bilder über den Vorfall, unter anderem einen Kupferstich von Daniel Chodowiecki. Friedrich Wilhelm III. veranlasste ein Preisausschreiben zu einem Bild, das der Braunschweiger Maler Karl Heinrich Kretschmar gewann. Den **Akzent** setzte Kleist jedoch nicht auf Handlungen, die ohne einen entsprechenden Befehl vollzogen wurden, sondern bei ihm handelte Homburg gegen den erlassenen Befehl. Das Stück will ein **Beispiel für preußische Ehre, patriotische Pflicht und individuelle Verantwortung** geben; es ist ein nationales, ein „vaterländisches" Drama. Es sind deutlich hervortretend zwei Ebenen, die miteinander in Beziehung treten: Brandesburgs Großem Kurfürsten wird ein Denkmal gesetzt; es ist die Voraussetzung des preußischen Königtums. Erinnert wird an die glorreiche Frühzeit dieses preußischen Staates, um daraus Motivationen für den Kampf gegen die aktuelle Fremdherrschaft zu beziehen. Die zweite Ebene ist diese Gegenwart; was für das Stück die Schweden sind, sind für diese Gegenwart die Franzosen, der „Erzfeind" (*Katechismus der Deutschen*).

Der **Beispielcharakter** wird in der ausgeprägten Theatralisierung des Geschehens deutlich: Das Stück beginnt unter einer „Rampe" an einem Schloss, die nicht nur „Auf- und Abfahrt" assoziiert, sondern auch Bühne und Zuschauer. Eine ausgesprochen „theatralische" Szene schließt sich an, wenn Homburg sich einen Lorbeerkranz windet. Der Eindruck verstärkt sich, wenn Hohenzollern von Homburg als dem „Held" spricht und kaum den militärischen Helden meint; umgeben wird der „Held" von Fragen „wer?" und „wo?" (1.1., S. 6), die an die Eröffnung von Shakespeares *Hamlet* erinnern, wie auch der Prinz von Homburg an Hamlet erinnert. Die Fragen werden später wieder aufgenommen (1.5., S. 21) und begleiten Homburgs Fehlentscheidung. Das Stück endet an der erwähnten „Rampe" wiederum in der Nacht; ein Rahmen schließt sich fast symmetrisch. Der Rahmen besteht aus Requisiten, nicht aus dem gesprochenen Wort: Aus dem erträumten Siegeskranz wird nun der tatsächliche Siegeskranz. Der Spielcharakter wird zusätzlich dadurch unterstrichen, dass Homburgs Hinrichtung fingiert, „gespielt" wird. Seine Krönung mit dem Lorbeer erscheint ebenfalls als Inszenierung, seine Ohnmacht und seine Erweckung durch Kanonenschüsse erreichen die Grenze der Trivialität und entbehren jedes realen Bezugs. Das veranlasste manche Kritiker, das Stück als Komödie zu betrachten. Durch das nicht nur versöhnliche, sondern in jeder Hinsicht zum Guten übersteigerte Ende entsteht Irritation: In der Bühnenhandlung werden die Konflikte zwischen Homburgs privatem und politisch-militärischem Interesse gelöst und aufgehoben, in der Realität war solches unmöglich.

Es ist ungewiss, ob Kleist damit **Kritik am preußischen System oder Stilisierung dieses Systems** erreichen wollte. Damit wird zwischen dem Zuschauer und der Handlung durch das Spiel eine deutliche Distanz hergestellt, die der Bühnenhandlung eine fast parabolische Bedeutung verleiht. Sie wird auch in anderer Weise entwickelt: Das von Kleist auf die Bühne gebrachte Preußen ist nicht das Preußen seiner Zeit, aber auch nicht das zurückliegende Preußen des Großen Kurfürsten, sondern ein **ideales Preußen**, das nie existiert hat. Das fiktive Preußen im *Prinzen Friedrich von Homburg* geht auf Kleists Entwürfe zurück, die er aus dem Studium Rousseaus abgeleitet hatte und selbst in einer natürlichen Idylle in der Schweiz zu leben versuchte; darin sollte die Beziehung des Individuums zu Gesellschaft und Welt widerspruchsfrei und patriarchalisch sein. Insofern war das Preußen Kleists im *Prinzen Friedrich von Homburg* ein idealer Staat, in dem der Kurfürst mehr Patriarch und Vater als Herrscher ist: Homburg spricht ihn auch als „Friedrich! Mein Fürst! Mein Vater!" (1.1., S. 8) an. In diesem Staat werden absolutistische Zwänge durch die Möglichkeit der eigenen Beurteilung, wie sie Homburg für seine Taten vornehmen darf, abgeschafft und Offiziere können ohne jegliche Androhung von Strafe dem Alleinherrscher eine kritische Analyse des Systems vortragen, die dann auch noch vom Herrscher angenommen wird. Sie selbst werden zu eigenem Urteil, nicht zur Einhaltung eines Befehls des Kurfürsten aufgerufen: „Ja, urteilt selbst, ihr Herrn!" (5.9., S. 90) Als die Offiziere sich entschließen, es trotz aller Leichtfertigkeit nochmals mit Homburg als ihrem Heerführer zu versuchen – das grenzt an eine demokratische Abstimmung über Vorgesetzte, und das in Preußen –, zerrreißt der Kurfürst das schon unterschriebene Todesurteil.

Das **Spiel im Spiele**, das durchschimmert, bezieht sich auf Kleists Vorstoß in dem Stück. Bezogen auf den Kampf gegen die Fremdherrschaft sieht Kleist die Spitze des Staates, den König, durch Taten legitimiert. Deshalb erinnert er an den Großen Kurfürsten und gibt ihm eine durchaus väterliche, geradezu patriarchalische Ausstrahlung. Aber Kleist ist weit entfernt, deshalb dem König zuzujubeln, sondern sieht ihn in kritischer Distanz, aus der heraus es vor dem Hintergrund der nationalen Aufgabe zur abgestimmten Beziehung zwischen dem Individuum und der Staatsräson kommen muss. Das wird in einem Spiel im Spiele vorgeführt. Der Große Kurfürst ist entscheidungsfreudig, auch Homburg ist es. Ihre Gründe sind unterschiedlich: Sieht der Kurfürst sich als Inkarnation der Macht, als Verkörperung seines Land und als Personifizierung der patriotischen Pflicht, so geht es Homburg um Glück und Ehre. Die „Order" des Militärs, des Kurfürsten, steht der Order „vom Herzen" Homburgs gegenüber. Sind die Gründe des Kurfürsten für sein Verhalten aus staatspolitischer Verantwortung entstanden, so die Homburgs aus individuellen Ansprüchen. Dass schließlich die drohende Katastrophe ausbleibt, was schon frühzeitig angedeutet wird, folgte aus der weitgehenden Übereinstimmung der Ergebnisse der beiden Handlungen: Der Feind ist vernichtet. – Die **Entscheidung Homburgs** ist **zweischneidig**. Sein Sieg zeigt ihn patriotisch und edel, wenn er sich auch zufällig ereignet. Bestätigt wird dadurch allerdings der Anspruch des Individuums, im Falle Homburgs zugespitzt, denn er will für sein privates Glück, nicht für die nationale Ehre siegen. Zur Gefahr wird ein solcher Sieg, wenn er das Individuum bestätigt, aber die Gesellschaft, deren Teil es ist und in deren Auftrag es handelt, stört oder zerstört, weil der Sieg nicht den gemeinsamen Zielen entspricht. In der Bewertung der Entscheidung Homburgs hat einer der Biografen Kleists auf die interessante Tatsache aufmerksam gemacht, dass Homburg im Gegensatz zur alten preußischen Kriegsführung moderne napoleonische Strategie vertritt: „Kleist nähert sich damit bestimmten Forderungen der preußischen Militärreformer. Scharnhorst zum Beispiel vertrat die Ansicht, dass entgegen den Gepflogenheiten der bisherigen feudalen Kriegführung komplizierte Schlachtpläne und Umgehungsmanöver zu meiden wären. Stattdessen wollte man sich der Kampftechnik der Napoleonischen Heere annähern: In dichter und konzentrierter überfallartiger Abfolge von Infanterie- und Kavallerieangriff sollte der Gegner zerbrochen werden."[19] Dass diese Lesart dem Text gerecht wird, macht Kottwitz gegenüber dem Kurfürsten deutlich, wenn er erklärt: Wäre Homburg nicht vorzeitig zum Angriff entschlossen gewesen, hätten die Schweden ihre Posten wieder fassen können, „in den Schluchten, / Und nimmermehr hättst du den Sieg erkämpft" (5.5., S. 79).

Wie eng der von Kleist erwünschte Befreiungskrieg und sein Schauspiel miteinander korrespondierten, wurde in **Kleists Schrift *Was gilt es in diesem Kriege?***

19 Rudolf Loch: *Heinrich von Kleist. Leben und Werk.* Leipzig: Verlag Philipp Reclam jun., 1978, S. 226

(politischer Aufsatz für die politische Zeitschrift *Phöbus*, 1809) erkennbar. Er fragt ganz im Sinne seines Prinzen von Homburg: „Gilt es (in diesem Kriege, R. B.) den Ruhm eines jungen und unternehmenden Fürsten, der in dem Duft einer lieblichen Sommernacht von Lorbeern geträumt hat?" Seine Antwort ist sehr patriotisch, manchmal aus historischem Abstand auch problematisch national. Es wird ein Deutschtum beschrieben, bei dem das erstarkende Nationalbewusstsein Grundlage der neuen Menschheitsordnung werden könnte: „Eine Gemeinschaft mithin gilt es, die dem ganzen Menschengeschlechte angehört; die die Wilden der Südsee noch, wenn sie sie kennten, zu beschützen herbeiströmen würden. Eine Gemeinschaft, deren Dasein keine deutsche Brust überleben und die nur mit dem Blut, vor dem die Sonne erdunkelt, zu Grabe gebracht werden soll." Ziel war die Unterordnung aller individuell-privaten Interessen unter die Anliegen des Nationalen. Von hier aus dürfte auch der Zugang zu Kleists Schauspiel leichter sein: Wichtig war nicht die Art der Entscheidung, sondern das erreichte Ziel, in diesem Fall der Sieg über die fremden, schwedischen Truppen, stellvertretend für den ersehnten Sieg über die Franzosen. Dem Ziel der nationalen Erhebung und des Sieges über die fremden Truppen sollten sich nach Kleists Verständnis alle unterordnen, besonders aber die noch nach absolutistischen Gesetzen regierenden Fürsten und Könige. Insofern war sein Entwurf einer nationalen Befreiung zwar einerseits den monarchischen Gedanken stützend, andererseits aber zukunftsorientiert, weil der absolutistischen Herrschaft ihr Selbstzweck genommen wurde. Als Form wählte Kleist das klassische Drama mit dem jambischen reimlosen Fünfheber (Blankvers); in diesen Versen sprechen alle Personen, auch die Bediensteten. Manchmal wird der Rhythmus des Textes variiert; es sind immer Ausnahmesituation, so die Anrufung Homburgs durch den Grafen Hohenzollern: „Arthur" (1.4., S. 10), die Homburg wieder in die Wirklichkeit zurückbringt, und ähnliche Anlässe. Ähnlich werden Ansprachen verändert rhythmisiert, in diesem Falle trochäisch: „Guten Morgen, Kottwitz! – Guten Morgen, Freunde!" (2.2., S. 27)

4.4 Verknüpfungspunkte zwischen den Dramen

Im dargestellten geschichtlichen, politischen, ökonomischen und philosophischem Umfeld von 1780 bis 1848 **entstanden** Friedrich Schillers ***Don Karlos*** (ab 1782; UA u. Erstdruck der Buchfassung 1787), Heinrich von Kleists ***Prinz Friedrich von Homburg*** (ab 1809, UA u. Erstdruck 1821) und Georg Büchners ***Woyzeck*** (ab 1836, Erstdruck 1878, UA 1913). Die historischen Titelpersonen Karlos, der Prinz von Homburg und Woyzeck weisen auf prinzipielle Veränderungen in den Geschichtsabläufen hin: Don Karlos stammte aus einem der berühmtesten europäischen Herrscherhäuser und stand für eine fast uneingeschränkte Macht, der Prinz von Homburg fiel durch Insubordination gegenüber preußischer Pflichtauffassung auf und forderte, als Vorbild für den Befreiungskampf Preußens gegen Napoleon um 1810, das Recht des Individuums in einem solchen Befreiungskrieg ein, Woyzeck war ein bettelarmer Perückenmachergeselle ohne Einfluss und Bedeutung, von vielen gedemütigt und verlacht. Gilt Schillers *Don Karlos* als Sinnbild des Freiheitsstrebens, Kleists *Prinz Friedrich von Homburg* als Beispiel für einen national verstandenen Patriotismus, so Büchners *Woyzeck* als Ausdruck vollständiger Ohnmacht des sozial entrechteten Individuums. Zeigt Schillers Stück die Vereinigung von aufklärerischem Denken, politischem Aufbegehren des Sturm und Drang und ideal-klassischem

Menschenbild, Kleists Stück den Übergang vom Naturrecht Rousseaus zum vaterländischen Denken bei Überwindung klassischer und romantischer Positionen, so erweist sich Georg Büchners Stück als Umsetzung der biologisch-sozialen Determination des Menschen, die zum Fatalismus führt. Fatalismus, also Schicksalsglaube, ist einer der wichtigen Begriffe in Georg Büchners Denken, aber er setzt keineswegs die revolutionären Ambitionen des Dichters außer Kraft. Ist Schillers Stück ein Beispiel einer vollkommenen klassischen (aristotelischen) Dramenstruktur, die in ihrem Vollzug mehrfach variiert wird – ähnlich aristotelisch läuft Kleists Stück ab –, so ist Büchners Stück eine Szenenfolge, die pränaturalistische Züge des Stationenstücks aufweist. Die Stücke Schillers und Kleists einerseits und Büchners andererseits stehen sich schließlich inhaltlich und formal gegensätzlich gegenüber, einerseits aristokratisches Umfeld in klassischer Szene, andererseits plebejische, sozial gestörte Verhältnisse in scheinbar zufälliger Szenenfolge. Georg Büchners entschiedene Abneigung Schillers ist bekannt, nachdem er als Jugendlicher von der Mutter durchaus im Geiste Schillers erzogen worden war: „Ich halte ... sehr wenig auf Schiller", weil er ein „Idealdichter" sei (Brief an die Familie vom 28. Juli 1835). Büchners *Dantons Tod. Ein Drama* kann als Gegenstück zu Schillers *Wallensteins Tod. Ein Trauerspiel in fünf Aufzügen*, Büchners *Woyzeck* unter dem Aspekt der selbstbestimmten Individualität als Gegenstück zu Schillers *Don Karlos* gelesen werden. Kleists naives Vertrauen in ländliche Ordnungen und Bauerntum – er plante 1801, nicht zuletzt unter dem Einfluss Rousseaus, als Bauer in der Schweiz ein idyllisches Landleben zu führen – stand diametral Büchners politischer Analyse des Bauerntums im *Hessischen Landboten* gegenüber.
Der Blick auf die drei Stücke macht deutlich, dass die Strömungen und literarischen Epochen, die in der tabellarischen Übersicht ausgewiesenen werden, nicht einander folgten, sondern sich gegenseitig bedingten, durchdrangen und beeinflussten. Georg Büchners Dichtung ist mit ihrer verzweifelten Auflehnung gegen alle Fremdbestimmungen des Menschen ein letzter Versuch, das aufklärerische Menschenbild zu erhalten oder mindestens zu erinnern. Schiller und Büchner vereinte der Wunsch nach der aus den revolutionären Bewegungen abgeleiteten Freiheit. Kleist versuchte, die von Rousseau beschriebene Beziehung zwischen gesellschaftlichem Zusammenleben und individueller Gefühlsfähigkeit in eine Synthese unter patriotischem Anspruch zu bringen; das gelang ihm im *Prinzen von Homburg*, es misslang ihm in seinem Leben.

Auf die möglichen Vergleiche und Beziehungen wurde in der Darstellung der Dramen bereits hingewiesen; sie sollen hier der Übersicht halber nochmals zusammengestellt und ergänzt werden:

Schiller und Büchner

Die beiden Dramen – Schillers *Don Karlos* und Georg Büchner *Woyzeck* – verdeutlichen den Epochenumbruch vom 18. zum 19. Jahrhundert einprägsam:

- Der junge Georg Büchner war, bedingt durch die Erziehung der Mutter, ein begeisterter Anhänger Schillers, weil er dort die von ihm in der Wirklichkeit vermissten Ideale fand. Mit der zunehmenden Erfahrung, dass es für diese Ideale keine Verwirklichung geben kann, distanzierte sich Büchner immer entschiedener von Schiller. Das geschieht unter der Wirkung des mechanischen Materialismus, bei dem der Mensch ein determiniertes Wesen wird, das sich in keiner idealistischen ethischen Position behaupten kann, sondern bei der Sicherung der materiellen Bedürfnisse, des „Natürlichen“, verharrt. Das „Natürliche“ Georg Büchners, von Woyzeck als „Natur“ beschworen und zur eigenen Legitimation benutzt, ist der Gegensatz zu den „Idealen“ Schillers, die von Posa verkündet werden. Schiller verwahrt sich dagegen, dass man den „Charakter des Marquis Posa ... fast durchgängig für zu idealisch gehalten“ (*Briefe über ‚Don Karlos‘,* 2. Brief) habe.

- Büchner und Schiller waren nicht nur dramaturgisch, sondern auch geistig **Gegensätze**. Büchners Kampf gegen Schillers Gedankenwelt richtete sich „gegen die politische Oppositionsbewegung, der er selbst angehört hatte, ohne sich ihrem Programm und ihrer Taktik je gleichzusetzen. Politischer Liberalismus und ethisch-politische Forderungen, Taktik des Überzeugens und Politik der Erziehung sind gemeint, wenn Büchner den Kampf gegen den ‚Idealismus‘ aufnimmt.“[20]
- Die Schöpfer beider Dramen sind nicht nur Dichter, sondern auch Mediziner (Naturwissenschaftler). Beide waren grundsätzlich materialistisch eingestellt. Schiller nutzte seine medizinischen Kenntnisse zur Beobachtung des menschlichen Körpers in seiner Mechanik, um zur Kenntnis der menschlichen Seele und ihrer Mechanik vorzustoßen. Büchner hatte für die Seele kaum einen Platz, sondern sah den Menschen vollständig determiniert durch die Geschichte und seine soziale Stellung.
- Schiller: „Mir hat das Schicksal nur die Anlage und den Willen gegeben, edel zu handeln, Dir gab es auch noch die Macht, es zu können.“ (An Christian Gottfried Körner, 11. Juli 1785)
  Büchner: „Ich fühlte mich wie zernichtet unter dem grässlichen Fatalismus der Geschichte.“ (An die Braut, März 1834)
- Schiller machte für das menschliche Leben das Schicksal und die Willensfreiheit des Menschen verantwortlich. Büchner sah den Menschen fatalistisch bestimmt; für Willensfreiheit blieb dabei bedingt Raum zwischen Geburt und Tod.
- Schiller war, höchst vereinfacht, ein materialistischer Idealist, Büchner ein mechanischer Materialist, der naturwissenschaftliche Kenntnisse und soziale Erfahrungen systematisch mit neuen Forschungen zu einem materialistischen Weltbild verband. Dabei ist an Georg Büchners Bruder Ludwig Büchner zu erinnern, der mit *Kraft und Stoff* (1855) ein Hauptwerk des mechanischen Materialismus, allerdings in kleinbürgerlicher Beschränkung gegenüber Georg Büchners sozialer Orientierung, geschrieben hatte und damit sehr erfolgreich war.
- Die beiden Stücke stellen eine Art literarischen Rahmen für die revolutionären Entwicklungen von 1789 bis 1830 dar: *Don Karlos* entstand vor der Französischen Revolution von 1789, *Woyzeck* nach der Julirevolution 1830 in Frankreich.
- Die historischen Titelpersonen Karlos und Woyzeck weisen auf die prinzipiellen gesellschaftlichen Veränderungen in dieser Zeit hin: Don Karlos stammte aus einem der berühmtesten europäischen Herrscherhäuser und stand für eine fast uneingeschränkte Macht, Woyzeck war ein bettelarmer Perückenmachergeselle ohne Einfluss und Bedeutung, von vielen gedemütigt und verlacht. Der gleiche Gegensatz gilt für die weiblichen Hauptgestalten Elisabeth und Marie.

20 Hans Mayer: *Georg Büchner und seine Zeit*. Berlin: Aufbau-Verlag, 1960, S. 282

- Gilt Schillers *Don Karlos* als Sinnbild des Freiheitsstrebens, so Büchners *Woyzeck* als Ausdruck der Ohnmacht des sozial entrechteten Individuums. Im Zeitraum zwischen 1789 und 1830 hatten sich die politischen Zielstellungen deutlich durch soziale Aufgaben erweitert.
- Zeigt Schillers Stück die Vereinigung von aufklärerischem Denken, politischem Aufbegehren des Sturm und Drang und ideal-klassischem Menschenbild, so erweist sich Georg Büchners Stück als Umsetzung der biologisch-sozialen Determination des Menschen, die zum Fatalismus führt.
- Ist Schillers Stück ein Beispiel einer vollkommenen klassischen (aristotelischen) Dramenstruktur, die zudem mehrfach variiert wird, so ist Büchners Stück eine Szenenfolge, die pränaturalistische Züge des Stationenstücks aufweist. Die Stationen werden weniger durch eine durchgehende Handlung, mehr durch eine Symbolkette des Todes bestimmt.
- Ist Schiller ein idealischer Dichter, weshalb er von Büchner auch abgelehnt wird, so ist Büchner ein ausgesprochen sozialer Dichter.
- Beide sind auch Dichter historischer Dramen. Während Schiller dabei die große geschichtliche Persönlichkeit wählt, widmet sich Büchner dem Gesamtvorgang und den sozialen Widersprüchen.
- Die Stücke stehen sich schließlich polar gegenüber. Büchners *Dantons Tod. Ein Drama* kann als Gegenstück zu Schillers *Wallensteins Tod. Ein Trauerspiel in fünf Aufzügen*, Büchners *Woyzeck* unter dem Aspekt der selbstbestimmten Individualität als Gegenstück zu Schillers *Don Karlos* gelesen werden.
- Im *Don Karlos* erreichte Schiller den Höhepunkt der Freiheitsvorstellungen und wandte den Freiheitsbegriff auf eine berechtigte Unabhängigkeitsbewegung an. Posas „Geben Sie Gedankenfreiheit" ist zu *dem* Sinnspruch Schillers bis in die Gegenwart geworden. Auch für Georg Büchner war Freiheit ein nicht zu verhandelnder Wert. Aber sein Begriff von Freiheit war im *Woyzeck* in einem weit höheren Maße determiniert von Fremdbestimmungen, die Georg Büchner als Naturwissenschaftler kennengelernt hatte. Zwar verwendete er die Begrifflichkeit der klassischen deutschen idealistischen Philosophie, die mit der freien Selbstbestimmung und dem bewusst eingesetzten Willen den Unterschied des Menschen zum Tier zu beschreiben versuchte. Aber Büchner erweiterte diese idealistische Ansicht durch seinen materialistischen Natur-Begriff, der den Menschen als mindestens teilweise abhängig von seinen Trieben erklärte, lud ihn sozial auf und schränkte seine ursprüngliche Bedeutung dadurch entschieden ein.
- Gegensätzlich beschrieben sind auch die zentralen Gestalten. Posa in Schillers *Don Karlos* fühlt sich trotz einer überirdischen Schicksalsmacht in seinen Entscheidungen frei und handelt entsprechend. Büchners Woyzeck hat keinen eigenen Willen und wird von verschiedenen Mächten völlig determiniert. Selbst der Mord Maries ist von zahlreichen Faktoren so ins Denken Woyzecks gerückt worden, dass er ihn begehen musste.
- Beide bzw. die drei Hauptfiguren sterben: Karlos, Posa, Woyzeck. Ihr Tod wird unterschiedlich begründet: Posa opfert sich, Karlos wird dem politischen Gegner zu sicherem Tod übergeben, Woyzeck hat eine einzige freie Entscheidung: Er kann sich zu einem von ihm bestimmten Zeitpunkt töten oder durch einen Mord

seine Hinrichtung einleiten. Diese einzige Freiheit in einem determinierten Leben nahm vergleichbare Entscheidungen im 20. Jahrhundert (André Gide) und des Existenzialismus vorweg.

Verknüpfungen mit Kleists *Prinz Friedrich von Homburg*

Zeitlich ist Kleists Schauspiel zwischen zwischen *Don Karlos* und *Woyzeck*. Es ist von 1809 bis 1810/11 entstanden und wurde gleichzeitig Kleists letztes Stück. 1821 wurde es in Wien uraufgeführt, 1828 hatte es in Berlin Premiere. Stoff und Thema gehörten ins **Umfeld der romantischen Literatur**. Die Romantiker hatten immer wieder auf nationale Stoffe hingewiesen, um an die Nationalgeschichte zu erinnern und mit nationalen Themen auch die Befreiungskriege gegen Napoleon zu legitimieren. Die Absicht ging bei einigen, so bei Adam Müller, weiter, denn sie wollten mit der Besinnung auf die ruhmreiche Vergangenheit an die Tradition feudaler Herrschaft erinnern. Das allerdings galt nicht für Kleist. Er gehörte keiner der romantischen Gruppen an, obwohl er sie kannte; es waren Romantiker wie Clemens Brentano, die ihm eine ausgeprägte Begabung absprachen („... seine poetische Decke war ihm zu kurz") und ihn nicht zu ihren Kreisen rechneten. Andererseits stand er auch dem aufklärerischen Denken mit seinen idealen Entwürfen der menschlichen Vollkommenheit und ihre Verwirklichung durch Erziehung und Kunst, wie sie Schiller entworfen hatte, fern. Büchners naturwissenschaftliche Determination konnte er noch nicht kennen, aber solches Denken war ihm auch fremd. So steht sein Stück im wahrsten Sinne des Wortes zwischen diesen Werken, zwischen den literarischen Strömungen und zwischen den Weltanschauungen. Die Vergleichbarkeit mit den beiden anderen Dramen ist deshalb zuerst äußerlich-stofflicher Art.

Für Kleists *Prinz Friedrich von Homburg* standen **Gestalten Schillers Pate**. *Don Karlos* und *Wallenstein* waren ihm gleichermaßen wichtig; in Briefen empfahl er die Stücke Schillers der Verlobten und der Stiefschwester. Seiner Verlobten Wilhelmine von Zenge, die er auch auf eigenwillig pedantische Weise zu erziehen und zu bilden suchte, stellte er vorbildhafte Menschen vor: „Würde wohl etwas Großes auf Erden geschehen, wenn es nicht Menschen gäbe, denen ein hohes Bild vor der Seele steht, das sie sich anzueignen bestreben? Posa würde seinen Freund nicht gerettet, und Max nicht in die schwedischen Haufen geritten sein" (Brief vom 11./12. Januar 1801 an Wilhelmine von Zenge). Er verglich sich und Wilhelmine mit dem Paar Max und Thekla aus *Wallenstein*. Max Piccolomini hat Ähnlichkeiten mit Homburg, Kottwitz und die Dragoner der Prinzessin, die Homburg retten wollen, erinnern an die Pappenheimer aus Schillers *Wallenstein*, die ihren Max befreien wollen. Diese Ähnlichkeiten sind jedoch weitgehend formaler Natur. Der **entscheidende Unterschied** zwischen Kleist und Schiller besteht in der Sicht auf die harmonische Entwicklung des Menschen. Sie stand bei Schiller im Mittelpunkt und sollte mit Hilfe der Kunst betrieben werden. Aus der Erziehung des Individuums zur harmonischen Persönlichkeit sollte die größere Harmonie eines Staates entstehen. Bei Kleist gab es weder das Ziel einer solchen harmonischen Persönlichkeit noch das Medium Kunst als Erziehungsfaktor; im *Prinzen Friedrich von Homburg* ordnete er die individuellen Züge seiner Gestalten dem Vaterland, also patriotischen Begründungen unter.

Mit den beiden anderen Dramen gemein hat Kleists Schauspiel einen historischen Stoff, lässt sich also als historisches Drama fassen. Kleist verwendete wie Schiller

und Büchner **historische Quellen** und formte sie so, dass sie seinen Intentionen entsprachen.
Für die sehr unterschiedlichen Stücke trifft zu, dass sowohl Karlos wie Friedrich von Homburg, auf Woyzeck trifft das ohnehin zu, nicht durch Historiker zum lebendigen Inhalt des gesellschaftlichen Bewusstseins wurden, sondern durch die Kunst. Diese historisch nachweisbaren Gestalten leben in ihrer literarischen Umsetzung im Bewusstsein des Publikums und halten somit auch weitgehend die historische Position besetzt. Damit erreichten die künstlerischen Freiheiten historische Qualität und es fällt schwer, das korrekte historische Bild der jeweiligen Gestalt zu ermitteln und zu vermitteln.

Über den konkreten geschichtlichen Anlass hinaus standen **Fragen des Rechts** des Individuums gegenüber der staatlichen Gesetzgebung im Zentrum, begleitet von politischen und staatspolitischen, im engeren Sinne sogar militärrechtlichen Fragestellungen.

Bei konsequenter Abstraktion auf die **Stellung der Hauptgestalten** – Karlos, Posa, Woyzeck und Friedrich von Homburg – lässt sich die Frage nach Befehl und Befehlsverweigerung, nach Subordination und Insubordination herauskristallisieren, auf die es unterschiedliche bis gegensätzliche Antworten gibt, die im Zusammenhang mit den Menschenbildern der jeweiligen Perioden stehen. Das bedeutet auch, die dramatischen Helden in ihrer jeweiligen Einbindung in Erziehungsentwürfe zu prüfen: als klassischer Held mit dem Versuch der Selbstbestimmung, als romantischer Schwärmer beim Ausleben seiner Gemütslage, als realistische Verkörperung eines Menschen unter dem Einfluss von Fremdbestimmungen.

Kleists Schauspiel steht zwar zeitlich zwischen der Klassik und Romantik, stellt aber als Stück keine Übergangsform dar, da es ein spezifisch romantisches Drama kaum gab, sieht man vom Schicksalsdrama ab. Eine besondere Stellung nimmt das Stück, das sein Schöpfer als „Schauspiel" bezeichnete, gattungsgeschichtlich ein, indem es als eine mustergültige Tragödie gilt, aber dabei nicht auf komödiantische Elemente verzichtet. Auch die Struktur gibt wenig von der aristotelischen Anlage preis und hat deshalb zwar Ähnlichkeiten mit Schillers *Don Karlos*, nicht aber mit Büchners *Woyzeck*. Allerdings steht die klassisch anmutende Form im Widerspruch zur inneren Struktur der Handlung, „die äußere Gestalt des Stückes .... steht vielmehr – als ‚schöne', auf Geschlossenheit zielende Form – zum Inhalt des Stückes in adversativer (gegensätzlicher, R. B.) Beziehung. Wie sich im *Homburg* die Kleist'sche Erfahrungswirklichkeit gegen die Utopie durchsetzt und diese von innen her desavouiert, so bäumt sich gleichermaßen der Inhalt gegen die Form auf."[21]

21 Bernd Leistner: *Dissonante Utopie. Zu Heinrich von Kleists ‚Prinz Friedrich von Homburg'.* In: Bernd Leistner: Spielraum des Poetischen. Berlin und Weimar: Aufbau-Verlag, 1985, S. 186

Teil II: Übungsaufgaben – Hinweise, Tipps und Lösungsmöglichkeiten

Aufgabenstellungen im Abitur

- Aufgabenart I A: Analyse eines Sachtextes mit weiterführendem Schreibauftrag
- Aufgabenart I B: Vergleichende Analyse von Sachtexten
- Aufgabenart I C: Vergleichende Analyse eines Sachtextes und eines literarischen Textes
- Aufgabenart II A: Analyse eines literarischen Textes mit weiterführendem Schreibauftrag
- Aufgabenart II B: Analyse eines literarischen Textes mit weiterführendem, produktionsorientiertem Schreibauftrag
- Aufgabenart II C: Vergleichende Analyse von literarischen Texten
- Aufgabenart III A: Argumentative Entfaltung eines fachspezifischen Sachverhaltes bzw. Problems oder eines Problems, dessen fachlicher Hintergrund aus dem Unterricht bekannt ist, im Anschluss an eine Textvorlage/an die eingeschränkte Analyse einer Textvorlage

Die Aufgabenstellungen bieten für den Grund- und Leistungskurs unterschiedliche Dramen an; daraus entstehen unterschiedliche Aufgaben, von denen drei in den folgenden Lösungsvorschlägen ausführlich dargestellt, vier in Stichpunkten angeboten werden. Die Erwartungen an die Lösung der Aufgaben im Leistungskursbereich setzen wegen einer schwierigen Textvorlage ein höheres Maß an Wissen, Eigenständigkeit und Reflexion voraus. Dafür sind dann die Bearbeitungszeiten länger. Die Verwendung der Operatoren ist identisch, ebenso die Anlage des Erwartungshorizontes.
Der Umfang der Lösungsvorschläge geht über den Erwartungshorizont hinaus, da hier mehrere mögliche Ansatzpunkte und zu nennende bzw. zu bearbeitende Aspekte einbezogen werden.
Jede Aufgabe besteht aus zwei Teilaufgaben, die sich im Umfang etwa $^{2}/_{3}$ zu $^{1}/_{3}$ verhalten sollten. Dabei wird die umfangreichere erste Teilaufgabe in der Regel analysiert, interpretiert oder erörtert. Von diesen Operatoren ausgehend wird das Vorgehen bestimmt.

Aufgabenart I A

Analyse eines Sachtextes mit weiterführendem Schreibauftrag

Aufgabenstellung

Aufgabe

1. Analysieren Sie den vorliegenden Auszug aus Friedrich Schillers *Geschichte des Abfalls der Niederlande von der spanischen Regierung (Das Inquisitionsgericht)*.
2. Entwerfen Sie anschließend ein Feuilleton, in dem Sie persönlich Stellung zu diesem Auszug nehmen. Verwenden Sie Interpretationsansätze des Dramas *Don Karlos* von Friedrich Schiller.

Text

Text

Friedrich Schiller
Das Inquisitionsgericht (1788)

Philipp der Zweite sah sich nicht so bald durch den Frieden von Chateau-Cambresis im ruhigen Besitz seiner Reiche, als er sich ganz dem großen Werke der Glaubensreinigung hingab und die Furcht seiner niederländischen Untertanen wahr machte. Die Verordnungen, welche sein Vater gegen die Ketzer hatte ergehen lassen, wurden in ihrer ganzen Strenge erneuert, und schreckliche Gerichtshöfe, denen nichts als der Name der Inquisition fehlte, wachten über ihre Befolgung. Aber sein Werk schien ihm kaum zur Hälfte vollendet, solange er die spanische Inquisition nicht in ihrer ganzen Form in diese Länder verpflanzen konnte – ein Entwurf, woran schon der Kaiser gescheitert hatte.

Eine Stiftung neuer Art und eigener Gattung ist die spanische Inquisition, die im ganzen Laufe der Zeiten kein Vorbild findet und mit keinem geistlichen, keinem weltlichen Tribunal zu vergleichen steht. Inquisition hat es gegeben, seitdem die Vernunft sich an das Heilige wagte, seitdem es Zweifler und Neuerer gab; aber erst um die Mitte des dreizehnten Jahrhunderts, nachdem einige Beispiele der Abtrünnigkeit die Hierarchie aufgeschreckt hatten, baute ihr Innocentius der Dritte einen eigenen Richterstuhl und trennte auf eine unnatürliche Weise die geistliche Aufsicht und Unterweisung von der strafenden Gewalt. Um desto sicherer zu sein, dass kein Menschengefühl und keine Bestechung der Natur die starre Strenge ihrer Statuten auflöse, entzog er sie den Bischöfen und der säkularischen Geistlichkeit, die durch die Bande des bürgerlichen Lebens noch zu sehr an der Menschheit hing, um sie Mönchen zu übertragen, einer Abart des menschlichen Namens, die die heiligen Triebe der Natur abgeschworen, dienstbaren Kreaturen des römischen Stuhls. Deutschland, Italien, Spanien, Portugal und Frankreich empfingen sie; ein Franziskanermönch saß bei dem fürchterlichen Urteil über die Tempelherren zu Gerichte; einigen wenigen Staaten gelang es, sie auszuschließen oder der weltlichen Hoheit zu unterwerfen. Die Niederlande waren bis zur Regierung Karls des Fünften damit verschont geblieben; ihre Bischöfe übten die geistliche Zensur, und in außerordentlichen Fällen pflegte man sich an fremde Inquisitionsgerichte, die französischen Provinzen nach Paris, die deutschen nach Köln zu wenden.

Aber die Inquisition, welche jetzt gemeint ist, kam aus dem Westen von Europa, anders in ihrem Ursprung und anders an Gestalt. Der letzte maurische Thron war im fünfzehnten Jahrhundert in Grenada gefallen und der sarazenische Gottesdienst endlich dem überlegenen Glück der Christen gewichen. Aber neu und noch wenig befestigt war das Evangelium in diesem jüngsten christlichen Königreich, und in der trüben Mischung ungleichartiger Gesetze und Sitten hatten sich die Religionen noch nicht geschieden. Zwar hatte das Schwert der Verfolgung viele tausend Familien nach Afrika getrieben, aber ein weit größerer Teil, von dem geliebten Himmelsstriche der Heimat gehalten, kaufte sich mit dem Gaukelspiel verstellter Bekehrung von dieser schrecklichen Notwendigkeit los und fuhr an christlichen Altären fort, seinem Mahomed und Moses zu dienen. So lange es seine Gebete nach Mekka richtete, war Grenada nicht unterworfen; solange der neue Christ im Innersten seines Hauses wieder zum Juden und Muselmann wurde, war er dem Thron nicht gewisser als dem römischen Stuhl. Jetzt war es nicht damit getan, dieses widerstrebende Volk in die äußerliche Form eines neuen Glaubens zu zwingen, oder es der siegenden Kirche durch die schwachen Bande der Zeremonie anzutrauen; es kam darauf an, die Wurzeln einer alten Religion auszureuten und einen hartnäckigen Hang zu besiegen, der durch die langsam wirkende Kraft von Jahrhunderten in seine Sitten, seine Sprache, seine Gesetze gepflanzt worden und bei dem fortdauernden Einfluss des vaterländischen Bodens und Himmels in ewiger Übung blieb. Wollte die Kirche einen vollständigen Sieg über den feindlichen Gottesdienst feiern und ihre neue Eroberung vor jedem Rückfalle sicherstellen, so musste sie den Grund selbst unterwühlen, auf welchem der alte Glaube gebaut war; sie musste die ganze Form des sittlichen Charakters zerschlagen, an die er aufs innigste geheftet schien. In den verborgensten Tiefen der Seele musste sie seine geheimen Wurzeln ablösen, alle seine Spuren im Kreise des häuslichen Lebens und in der Bürgerwelt auslöschen, jede Erinnerung an ihn absterben lassen und wo möglich selbst die Empfänglichkeit für seine Eindrücke töten. Vaterland und Familie, Gewissen und Ehre, die heiligen Gefühle der Gesellschaft und der Natur sind immer die ersten und nächsten, mit denen Religionen sich mischen, von denen sie Stärke empfangen und denen sie sie geben. Diese Verbindung musste jetzt aufgelöst, von den heiligen Gefühlen der Natur musste die alte Religion gewaltsam gerissen werden – und sollte es selbst die Heiligkeit dieser Empfindungen kosten. So wurde die Inquisition, die wir zum Unterschiede von den menschlicheren Gerichten, die ihren Namen führen, die spanische nennen. Sie hat den Kardinal Ximenes zum Stifter; ein Dominikanermönch, Torquemada, stieg zuerst auf ihren blutigen Thron, gründete ihre Statuten und verfluchte mit diesem Vermächtnis seinen Orden auf ewig. Schändung der Vernunft und Mord der Geister heißt ihr Gelübde; ihre Werkzeuge sind Schrecken und Schande.

(Aus: Friedrich Schiller: *Geschichte des Abfalls der vereinigten Niederlande von der spanischen Regierung* (1788). In: Friedrich Schiller. Sämtliche Werke, hrsg. von Gustav Karpeles. Leipzig: Max Hesses Verlag, o. J., Bd. 8, S. 46–48)

Informationen zum Text

Chateau-Cambresis (auch: Château-Cambrésis): 1559 Frieden zwischen Frankreich auf der einen, Spanien, Savoyen und England auf der anderen Seite. Philipp II. hatte 1556 von seinem Vater Karl V. die Krone Spaniens übernommen.

auszureuten: von „reuten" = urbar machen, roden; bedeutet: ausreißen

Ximenes, Francesco, spanischer Staatsmann, Kardinal und Großinquisitor (1436–1517), Franziskanermönch, kirchlich und politisch die einflussreichste Persönlichkeit in den vereinigten Königreichen, besiegte die Mauren.

Torquemada, Tomás de (1420–1498): 1483–1498 erster Generalinquisitor, der traurige Berühmtheit erhielt, ließ ca.8.800 Menschen verbrennen und belegte 90.000 mit Vermögensstrafen, oft unter Verletzung gängiger Rechtspraktiken.

Erläuterung der Aufgabenstellung

Erläuterung

Bei der Lösung der Aufgabe weisen Sie nach, dass Sie Methoden der Analyse kennen und die entsprechenden Begriffe beherrschen. Sie haben die Aufgabe, diesen Sachtext Friedrich Schillers zu analysieren. „Analysieren" wird synonym mit „interpretieren" verwendet und gehört wie „erörtern" zu den übergeordneten Operatoren in allen drei Anforderungsbereichen und bedeutet, angewendet auf diesen Text:
Texterfassung, Textbeschreibung, Textuntersuchung. Der Zusammenhang zwischen Textstruktur und Textintention muss deutlich werden: Satzbau, Wortwahl, stilistische Mittel, Erfassung der pragmatischen Struktur des Textes unter besonderer Berücksichtigung der Argumentationsweise und Unterscheidung von der poetischen Struktur im Falle von künstlerischen Texten. Wichtig ist, dass Sie Ihre historischen Kenntnisse einsetzen, um den Kontext zu dem Ausschnitt zu schaffen, und so ein umfassenderes Verständnis für den ausgewählten Text nachweisen. Am Ende stehen reflektierte Schlussfolgerungen. Sollte eine Bewertung oder Beurteilung gewünscht sein, wird das ausdrücklich in der Aufgabenstellung formuliert.

Der weiterführende Schreibauftrag verschafft Ihnen die Möglichkeit, freizügiger als beim Analysieren Ihre Fähigkeiten zur Vereinigung unterschiedlicher Betrachtungsweisen und in stilistischer Hinsicht nachzuweisen. Das Feuilleton legt Ihnen dabei kaum Beschränkungen auf; die inhaltliche Orientierung beziehen Sie aus dem ausgewählten Sachtext Schillers.
Anmerkung zum Feuilleton: Das Feuilleton entstand in Frankreich in der Zeit der Französischen Revolution von 1789. Es hat keine feste Form, gehört aber zur Berichterstattung über kulturelle Vorgänge, wobei „kulturell" so breit wie möglich gedacht werden muss. Auch Sport, Politik, Wirtschaft usw. gehören zur Kultur eines Landes. Der Genrebegriff ist also kein Qualitätsmerkmal. Das Feuilleton ist ein journalistisches Genre und kann in allen nur denkbaren Formen (Essay, Reportage, Glosse, Kommentar usw.), auch als Leserbrief, erscheinen.

Schreibplan

Schreibplan

zu Aufgabe 1

Teilaufgabe 1: Analyse des Ausgangstextes

Baustein	Erläuterung	Mögliche Operatoren
Einleitung	Schiller, historischer Text und Textform, Entstehungszeit und Umstände der Entstehung	**formuliert** eine aufgabenbezogene Einleitung und weist auf die Methode hin
Text-/ Themenverständnis	Historischer Text über wesentliche geschichtliche Ereignisse, Suche nach den entscheidenden politischen Vorgängen und Bezug zu zeitgenössischen Ereignissen	**analysiert** die grundsätzlichen Bestandteile des Textes; die Kerngedanken werden **dargestellt,** die methodische Entscheidung wird angewendet

Textaufbau	Wesentliche Elemente der Textform (Leitbegriffe, Wortfelder)	**gibt** den argumentativen Aufbau des Textes und die Hauptthemen des Verfassers im ausgewählten Text **wieder**
Textform	Wortwahl und Stilmittel; Gegensätze von Attribut und Substantiv, Fachtermini und Wissenschaftssprache, Alliteration, Metaphern	**erschließt** den Charakter des Textes **beschreibt** feuilletonistischen/ essayistischen, journalistischen Charakter des Textes
Herstellen des Kontextes	Umstände der Entstehung, zeitgenössische Reaktionen, Würdigung des Historikers	**prüft** die Aktualität eines Textes **beurteilt** die Relevanz des Themas heute – bei der Textentstehung
reflektierte Schlussbetrachtung	Eigene Meinung über den Text, Zusammenhang von Struktur und Absicht, Wirkung bis in die Gegenwart	**beurteilt** die im Beispiel vertretenen Thesen unter dem Aspekt der gegenwärtigen Bedeutung

Lösung

Lösungsmöglichkeit

zu Aufgabe 1

Einleitung: Autor und Werk (Autor, Text und Textform, Entstehungszeit und Umstände der Entstehung)

Friedrich Schiller ist neben Goethe der bekannteste Dichter der deutschen klassischen Literatur. Er war jedoch nicht nur Dichter, sondern auch Wissenschaftler und hatte zwei unterschiedliche Disziplinen studiert, die sich förderlich auf seine dichterische Arbeit auswirkten: Als Karlsschüler hatte er sich der Medizin gewidmet, als Regimentsarzt gearbeitet und – in einem anderen Umfeld – schließlich 1789 durch Goethes Fürsprache in Jena eine Professur für Philosophie erhalten – die für Geschichte war besetzt –, auf der er als Historiker wirkte. Das war notwendig, weil sich Schiller mit Heiratsabsichten trug – er war mit den beiden Schwestern von Lengefeld befreundet und entschied sich für Charlotte – und eine Familie ernähren musste. Als Dichter war ihm das nicht möglich. Da für eine Professur bestimmte wissenschaftliche Nachweise erbracht werden mussten, hatte er 1788 in Weimar den wissenschaftlich-historischen Text *Geschichte des Abfalls der vereinigten Niederlande von der spanischen Regierung* geschrieben und intensive historische Studien getrieben. Schiller traf zu diesem Zeitpunkt Goethe, aber die erste Begegnung verlief distanziert. Nach seiner Berufung zum außerordentlichen Professor stattete er Goethe einen Dankbesuch ab, zur Freundschaft kam es erst später.

Zum Zeitpunkt der *Geschichte des Abfalls* hatte Schiller sich mit dem Gegenstand des Abfalls der Niederlande von Spanien bereits beschäftigt, denn 1787 lag sein *Don Karlos. Infant von Spanien. Ein dramatisches Gedicht* gedruckt vor. Im Zusammenhang mit dieser Dichtung entstanden zur Erklärung für das Publikum und zu einer verschärften Problemsicht andere Arbeiten des Dichters und Wissenschaftlers: Anekdoten, Briefe und historische Abrisse. Das Thema des Abfalls der Niederlande von Spanien, des Don Karlos und seines traurigen Schicksals ist eines der umfangreichsten Themen im Schaffen des Dichters und Wissenschaftlers Schiller und beschäftigte ihn in seinem Leben am längsten.

Text/Themenverständnis (historischer Text über wesentliche geschichtliche Ereignisse, Suche nach den entscheidenden politischen Vorgängen und Bezug zu zeitgenössischen Ereignissen)

Im Stück wird das entscheidende politische Thema des Dramas von Posa angesprochen: Er wurde von einem „unterdrückte(n) Heldenvolk" (V. 154) beauftragt, gemeint ist das niederländische Volk, Hilfe im Befreiungskampf gegen die Spanier zu holen. Das Thema des niederländischen Freiheitskampfes durchzieht die gesamte Dichtung und verdrängt streckenweise die Liebeshandlung zwischen Carlos und Elisabeth bzw. die Intrige zwischen Eboli und Carlos. Der Sachtext zielt eingangs auf die Ängste der meist protestantischen Niederländer, bei der „Glaubensreinigung" besonders betroffen zu sein.

Der erste Abschnitt weist auf Philipps II. Ziel – Vernichtung der Ketzer –, der zweite auf die Methode – ein besonders rigoroses Tribunal – und der dritte auf deren Inhalt – Ausrottung einer alten Religion, dem sarazenischen Gottesdienst – hin.

Der Befreiungskampf der Niederländer, der gegen Philipp II., den Vater von Don Karlos, begann, dauerte fast 100 Jahre und brachte eine große Veränderung in der europäischen Staatengeschichte. Schiller meint, die Gründung der niederländischen Freiheit habe das 16. Jahrhundert zu einem der bedeutendsten Jahrhunderte gemacht. Aber diese Selbstbefreiung der Niederlande wurde durch Philipps II. Unternehmen ausgelöst, mit Hilfe der Inquisition alle anderen Religionen oder andere Denkansätze zu vernichten. Die Niederländer waren Protestanten oder Calvinisten im Gegensatz zu den spanischen Katholiken.

In dem ausführlichen dritten Absatz macht Schiller deutlich, dass es zwar vordergründig gegen die überbliebenen Reste der maurischen Besetzung ging, tatsächlich aber alle Abweichungen, die sich in „Vaterland und Familie, Gewissen und Ehre" zeigten, vernichtet werden sollten.

Philipp II. wird in dem ausgewählten Text als ein Herrscher vorgestellt, der den katholischen Glauben in seinem Reich durchsetzen will und dem dazu alle Mittel recht sind, Verordnungen wurden „in ihrer ganze Strenge erneuert und schreckliche Gerichtshöfe ... wachten über ihre Befolgung" (Z. 5 f.). – Philipp II. war in dritter Ehe mit Elisabeth, der Tochter Heinrichs II. von Frankreich, verheiratet, die bereits 1568 starb; sie war zuerst Don Karlos als Braut zugedacht. Nur kurzzeitig milderte diese Ehe die Spannungen zwischen Spanien und Frankreich, die – obwohl beide katholisch – um die Herrschaft in Europa kämpften.

Schillers Haltung zu Philipps Vorhaben, andere Denkansätze durch die spanische Inquisition zu vernichten, wird deutlich, wenn er davon spricht, dass sich die Vernunft an die Religion gewagt habe und deshalb vernichtet werden müsse: Die Religion reagiert scharf ablehnend, unnatürlich und starr. Bereits in den ersten beiden Abschnitten wird das deutlich, ehe Schiller auf Einzelheiten zu sprechen kommt. Vernunft und katholischer Glaube schließen sich in Schillers Darstellung aus. Der Historiker Schiller setzt den bekanntesten Begriff der europäischen Aufklärung ein, den der Vernunft, die er in Gegensatz zum Katholizismus, im Grunde zur gesamten Religion bringt. Auch in einer zweiten Gegenüberstellung wird Schillers Position erkennbar: Die Inquisition vernichtet die gesicherten Werte des menschlichen Zusammenlebens; um dem katholischen Glauben Raum zu verschaffen, müssen die durch Natur gesicherten Verhältnisse zerstört werden. Mit dem Begriff der „Natur" weist Schiller auf die aufklärerische Position des Naturrechts, wie sie vor allem Rousseau propagierte, hin.

Aber es geht Schiller auch um die aktuellen politischen Entwicklungen, die er gedanklich den Ereignissen um Philipp II. und Don Karlos gegenüberstellt.
Die zeitgenössischen Verhältnisse vor der Französischen Revolution und der amerikanische Unabhängigkeitskrieg werden von Schiller von Beginn an mitgedacht. Die Ideen der Aufklärung und der französischen Enzyklopädisten waren Schiller vertraut.

Textaufbau, wesentliche Elemente der Textform (Leitbegriffe, Wortfelder)

Der zentrale Begriff des Textes ist „Inquisition". Er wird bereits im Titel als Zusammensetzung („Inquisitionsgericht") verwendet, wobei die Doppelung – die Inquisition *ist* ein Gericht – das Ausmaß andeutet. Dann beschreibt Schiller die Vorläufer im ersten Abschnitt, die Besonderheit der spanischen Inquisition im zweiten und ihr Ergebnis im dritten: „Schändung der Vernunft" (Z. 66). Mit dieser Formulierung bezieht Schiller auch die europäischen Traditionen der Aufklärung ein, die sich auf die Vernunft als Prinzip der Menschengemeinschaft verständigt hatte. „Inquisition" wird einerseits von Schiller immer wieder eingesetzt und auch so verwendet bzw. mit Attributen versehen, dass der Eindruck einer neuen Gewalt entsteht, die es auf Vernunft und die traditionellen Werte der menschlichen Gesellschaft abgesehen hat. Neben den Begriff „Inquisition" stellt Schiller den Begriff „Kirche" (Z. 43, 49); sie gehören für ihn zusammen. Dadurch wirft die Beschreibung der alles vernichtenden und zerstörenden Inquisition auch einen dunklen Schatten auf die Kirche. Inquisition und Kirche, mindestens in dieser Erscheinung, verbindet Schiller mit dem Begriff „unnatürlich" (Z. 16). Hier klingt wieder der aufklärerische Grundgedanke an, die Natürlichkeit des Menschen und seines Verhaltens von der religiösen Bestimmung zu lösen.
Schiller erklärt in dem Auszug aus seinem historischen Werk den Ruf der Unerbittlichkeit und Gnadenlosigkeit, der sich mit Philipp II. verband, mit der Macht, die er der Inquisition übertrug. Daraus machte Schiller in persönlichen Mitteilungen kein Hehl, wie wir wissen. Die Inquisition ist in dem Sachtext das Hauptthema. Die Analyse erreicht einen Höhepunkt, als mit den Namen Ximenes und Torquemada die Schuld – „Schändung der Vernunft und Mord der Geister" (Z. 66) – personalisiert werden. Schiller nutzt alle Möglichkeiten, um die Unerbittlichkeit der Inquisition darzustellen und zu kritisieren. Schiller weiß auch um die Aktualität der Inquisition, denn sie ist zu seiner Zeit noch aktiv und gegenwärtig: 1759 wird Diderots und d'Alemberts *Encyclopédie* verboten. 1781 kommt es bei Autodafés zu Verbrennungen auf dem Scheiterhaufen und erst die Französische Revolution verändert die Rolle der Inquisition, Napoleon verbietet sie schließlich, ohne sie völlig beseitigen zu können. Das geschieht offiziell erst 1829: Papst Pius VIII. beendet die Unabhängigkeit der spanischen Inquisition, ohne dass sie deshalb schon wirkungslos gewesen wäre. Einige Jahre später wird Torquemadas Grab ausgeraubt; die Knochen des einstigen Großinquisitors werden verbrannt, wie er es einst mit seinen Opfern getan hatte.

Wesentliche Stilmittel (Gegensätze von Attribut und Substantiv, Fachtermini und Wissenschaftssprache, Alliteration, Metaphern)

Schillers Text wird einem wissenschaftlichen historischen Text von Beginn an gerecht: Der Name eines Herrschers (Philipp II.) und eines Friedens (Chateau-Cambresis) fällt, das Ausmaß der Gegner wird angedeutet (Ketzer contra König/Kaiser), nächste Konfliktbereiche sind erkennbar (seine niederländischen Untertanen). Die Wortwahl des Historikers zeigt keine neutrale Haltung, wenn er die Inquisition ansetzt, seit „die Vernunft sich an das Heilige wagte" (Z. 13); der Autor steht als Wissenschaftler uneingeschränkt auf der Seite der Vernunft. Aber mit dieser Wortwahl bezieht Schiller ein heute kaum noch ohne Vorkenntnisse begreifbares Umfeld ein, denn die „Vernunft" war für die Aufklärung die entscheidende Voraussetzung zur Erkenntnis der Wahrheit. Immanuel Kants philosophisches Hauptwerk begann 1781 mit der *Kritik der reinen Vernunft*, ihr folgte 1788 die *Kritik der praktischen Vernunft*. Schillers Begriff ist also, obwohl seine tiefgehenden Kant-Studien noch vor ihm liegen, mehr eine moderne philosophische Kategorie als ein bloßes Wort.

Schiller setzt in der Sprache die von ihm gewählten Widersprüche bis in die Worte hinein um und trägt sie an den Leser heran: dem „Menschengefühl" (Z. 18) steht ausschließend die „starre Strenge der Statuten" (Z. 18) der Inquisition gegenüber, der Geistlichkeit, die an den „Bande(n) des bürgerlichen Lebens" (Z. 20) hingen, die „Mönche", „dienstbare Kreaturen" (Z. 22), die zudem von Schiller noch in einen entlarvenden sprachlichen Gegensatz, der allerdings etymologisch nicht nachweisbar ist, gestellt werden: Mensch – Mönch, „eine Abart des menschlichen Namens" (Z. 22). „Mönch" kommt vom griechischen monos (allein); bei Schiller sind sie „eine Abart des menschlichen Namens, die die heiligen Triebe der Natur abgeschworen" (Z. 21 f.) haben, deren Alleinsein durch den Verzicht auf den Partner bestimmt wird. Man spürt Schillers Abneigung, ja seinen Zorn gegen dieses Menschsein.

Die Leitbegriffe des ausgewählten Textes sind der Name des Königs, Philipp II., also des Trägers der Handlung, und die Bezeichnung des Ziels der Handlung, die Inquisition, die durch das Attribut „spanisch" ihre genaue Bestimmung bekommt, die sich auch als Qualitätsbezeichnung für eine besonders vernichtende Einrichtung durchsetzte. Schiller verwendet historische Begriffe sehr präzise und als Ausdruck seines Geschichtswissens, versieht sie aber mit Attributen, die sie bewerten und damit den Dichter durchscheinen lassen („schreckliche Gerichtshöfe", Z. 5, mit Alliteration arbeitende „starre Strenge", Z. 18, „dienstbaren Kreaturen des römischen Stuhls", Z. 22, u. a.). Er durchbricht dabei die trockene Wissenschaftssprache mit poetischen Mitteln. Auch bei den Verben sucht er jene aus, die keinen Zweifel am Vernichtungsstreben der Inquisition lassen: zwingen, ausreuten (im Sinne von: roden), unterwühlen, zerschlagen, auslöschen, absterben, töten (vgl. Z. 44–57). –

Die Inquisition war das Ketzergericht der römisch-katholischen Kirche. Sie vernichtete Andersdenkende oder der Macht der Kirche im Wege stehende Menschen, sie zwang Wissenschaftler, ihre Erkenntnisse zu unterschlagen. Dabei ging sie immer bis zu Angriffen auf das menschliche Leben. Sie war mächtiger als die gesamte Aristokratie und Schiller lässt in seinem Drama keinen Zweifel, als der König den Inquisitor zum Richter über seinen Sohn beruft und ihn in die Hände der Inquisition übergibt, dass das Todesurteil des Thronfolgers besiegelt ist. In der Macht hatte die Inquisition den Adel deutlich überflügelt und wurde so zu einer entscheidenden Kraft bei der Durchsetzung des Absolutismus. Verdächtigungen reichten ihr zur Anklage und Vernichtung andersdenkender Zeitgenossen aus. Zur Überführung der Beschuldigten benutzte man die Folter, die wie auch die Strafen unvorstellbar brutal und unmenschlich waren. Die Inquisitoren galten als verschlagen, grausam und fanatisch. Schiller macht aus seiner uneingeschränkten Ablehnung der unmenschlichen und oft unvorstellbar grausamen Inquisition keinen Hehl.

Herstellen des Kontextes (Umstände der Entstehung, zeitgenössische Reaktionen, Würdigung des Historikers)

Die Schrift *Geschichte des Abfalls der vereinigten Niederlande von der spanischen Regierung* (1788) begründete Schillers Ruhm als historischer Schriftsteller. Er hatte sich dem Material bereits während der Arbeit am *Don Karlos* gewidmet, denn die Interessen für historische Wahrheit und für psychologische Genauigkeit waren bei Schiller vorhanden und bedingten einander. In seiner *Einleitung* betont er sein Interesse an der niederländischen Freiheit und der damit verbundenen Revolution, weil „die bedrängte Menschheit um ihre edelsten Rechte" gerungen und dabei „über die furchtbaren Künste der Tyrannei" gesiegt habe. Aber auch andere Vorgänge waren den historischen Arbeiten dienlich. Aufklärung und Sturm und Drang hatten den Blick der deutschen Dichter auf die europäische Öffentlichkeit gelenkt und dadurch neue Kunst- und Kulturtraditionen aufgenommen. Das verband sich mit einem ausgesprochen historischen Interesse für diese Traditionen. Deshalb kam es schon bei Gottsched und Lessing zu ästhetischen Abhandlungen, die sehr stark historisch orientiert waren. Einen Höhepunkt stellten die Arbeiten Johann Joachim Winckelmanns (1717–1768), besonders seine *Geschichte der Kunst des Altertums* (1764), dar.

Reflektierte Schlussbetrachtung (eigene Meinung über den Text)

Bereits dieser Auszug aus der *Geschichte des Abfalls der Niederlande von der spanischen Regierung* (1788) lässt Schillers freiheitliche Grundhaltung und die Weltoffenheit seines Geistes erkennen; die spanische Inquisition als Unterdrückungseinrichtung ist ihm verdammungswürdig. Mit dem Gesamtwerk wurde er mit einem Schlag berühmt und trug sich zeitweise mit dem Gedanken, nur noch als historischer Schriftsteller zu arbeiten. Seine Hoffnung gehört der Aufklärung, die der menschlichen Vernunft vorrangig Aufmerksamkeit schenkte. Dies entsprach dem modernen und fortschrittlichen Denken in Europa, wie es besonders aus dem vorrevolutionären Frankreich nach Europa gebracht wurde. Das stimmte mit Schillers naturwissenschaftlichen Vorstellungen überein, die er seinen historischen Arbeiten zugrunde legte. Danach hatte alles einen vernünftigen Sinn zu erfüllen. Durch seine Begeisterung für einen selbstbestimmten Menschen, der sich so verhielt, dass er den Maßstab für eine allgemeine Gesetzgebung bildete, wie es später Kant entwickelte, blieb Schiller bis heute im Bewusstsein der Menschen der Dichter der Freiheit. Sich selbst bereitete er mit seinen historischen Arbeiten einen Fundus, aus dem er als Dramatiker immer wieder schöpfte.

S schreib-plan

Schreibplan

zu Aufgabe 2

Teilaufgabe 2: weiterführender Schreibauftrag

Baustein	Erläuterung	Mögliche Operatoren
Überleitung	Überleitung vom Sachtext und der Schlussbetrachtung zum Feuilleton	**formuliert/verfasst** einen aufgabenbezogenen Ansatz anlässlich eines Jubiläums

aspekt-orientierter Vergleich	Inhaltsbeschreibung von Stück bzw. Szene, Hervorheben übereinstimmender Ideen zwischen Sachtext und dramatischer Szene, Bedeutung für die Gegenwart	**erläutert** die Unterschiede der Textarten und die sich daraus ergebenden Merkmale
Kontextualisierung	Das „unhistorische" Moment im Verhältnis der beiden Texte	**begründet**, wie sich in beiden Texten ein Epochenumbruch zu unterschiedlicher Zeit widerspiegelt
reflektierte Schlussbetrachtung	Die Fürstenerziehung der Aufklärung und Klassik; Schillers allgemeiner Erziehungsgedanke durch die Kunst	**bewertet** Schillers Analyse der absolutistischen Herrschaft und seinen Entwurf eines zukünftigen Staates.

Lösungsmöglichkeit

L Lösung

zu Aufgabe 2

Schiller-Jubiläen (Überleitung vom Sachtext und der Schlussbetrachtung)

Immer wieder werden mit großem Aufwand Schiller-Jubiläen gefeiert; in den zurückliegenden Jahren häuften sie sich, denn es folgten Jubiläen dicht aufeinander: 2005 (200. Todestag) und 2009 (250. Geburtstag). Dabei standen Schillers Dramen im Mittelpunkt der Aufmerksamkeit, seine historischen Arbeiten wurden allenfalls nebenbei genannt. Doch ist das gegenüber den interessanten, ja spannenden Texten ungerecht, die schon die Zeitgenossen mit Erregung lasen. Nicht ihre historische Genauigkeit wirkt überzeugend: Die Historiker sind heute meist viel weiter, haben neue Erkenntnisse und sehen völlig andere Zusammenhänge, oft war die Genauigkeit zu Schillers Zeit gar nicht nachprüfbar; Schiller hat immer bereitwillig Auskunft gegeben, woher er sein Wissen bezogen hat. Selbstständige Forschungen hat er, wie er selbst bedauerte, nicht betrieben; sein Wissen entnahm er der Sekundärliteratur. Aber die Art, wie Schiller seine Überzeugungen in die Texte einbrachte und umsetzte, die Schärfe seines Urteils und die Unerbittlichkeit seiner Wertungen beeindruckte ebenso wie der utopische Charakter, den er seinem Menschenbild gab.

Schiller galt und gilt als der große Freiheitsdichter. Dabei hat er an keinem Freiheitskampf selbst teilgenommen. Bei ihm kämpfen immer seine Bühnengestalten, die Räuber, die Schweizer Eidgenossen mit Wilhelm Tell, der Marquis Posa. Er hat die größten Kämpfe seiner Zeit, wie die Französische Revolution, begleitet und aufmerksam verfolgt, zeigte aber auch unabhängig davon ein leidenschaftliches Interesse für Verschwörungen, Rebellionen und Revolutionen. Wenn die revolutionären Kämpfe in Schreckensherrschaft umschlugen, hat er sich von diesen Kämpfen distanziert. Dennoch blieb Schiller im Bewusstsein aller Jugendlichen der Freiheitsdichter. Seine Ideale von Freiheit und Selbstbestimmung gab er trotz der Schrecken in der Wirklichkeit nicht auf und verkündete sie immer wieder. Schillers revolutionäres Denken und seine Freiheitsvorstellungen fanden keine Entsprechung beim Weimarer Hofrat Schiller. Seine Ideen verbreitete er dennoch durch die Umsetzung der historischen Schriften in Dramen. Die Einführung der spanischen Inquisition durch Philipp II. in Schillers historischer Schrift findet zahlreiche Entsprechungen im *Don Karlos*. Mit Philipp II. und Posa treffen die Pole Inquisition und Verstand,

Unterdrückung und Freiheit, mittelalterlicher Katholizismus und aufklärerische Vernunft, absolutistischer Staat und bürgerlicher Staatsentwurf der Zukunft aufeinander.

Aspektorientierter Vergleich (Hervorheben übereinstimmender Ideen zwischen Sachtext und dramatischer Szene, Bedeutung für die Gegenwart)

Das Zentrum des *Don Karlos* (1787) ist die Audienzszene (3. Akt, 10. Auftritt), in der König Philipp II. von Spanien den Marquis Posa empfängt. In der Szene spricht Schiller seine staatspolitischen, philosophischen und historischen Ansichten aus, die sich auch in ästhetischen Schriften (*Briefe über Don Karlos,* 1788) und in der *Geschichte des Abfalls der vereinigten Niederlage von der spanischen Regierung* (1788) wiederfinden. Er legt damit dem geistigen Zeitgefühl zur Zeit Philipps II. sein aktuelles aufklärerisch-revolutionäres Denken auf, denn zu Philipps Zeit hat niemand wie Posa gedacht oder denken dürfen. Posa erweist sich als europäischer Aufklärer, der die Erfahrungen der niederländischen Befreiungsbewegung mit Vorstellungen über eine menschliche Umgestaltung der erschreckenden feudalen Verhältnisse zu verbinden versucht und dabei die Umrisse eines bürgerlichen Staates zeichnet. Er weist auf das um 1760 in Frankreich entwickelte Modell des „aufgeklärten Absolutismus" hin, das auch in Deutschland viele Freunde fand und in Goethe einen Vertreter hatte, der es tatsächlich auch versuchte, indem er seinen Herzog Karl August von Sachsen-Weimar und Eisenach erziehen wollte und daran scheiterte. Schiller wusste um diese Fehlschläge, blieb aber dem Gedanken der „Fürstenerziehung" treu und ließ ihn in seinem *Don Karlos* zu einem zentralen Gedanken werden: „Bürgerglück / Wird dann versöhnt mit Fürstengröße wandeln" (V. 3152 f.).

Einbeziehung von Kontextwissen (das „unhistorische" Moment im Verhältnis der beiden Texte)

Durch diese Operation wird die Szene „unhistorisch". Es begegnen sich auf der gleichen zeitlichen Ebene des Schauspiels zwei Zeitalter, die zweihundert Jahre auseinanderliegen. Das ist einmal der Absolutismus auf dem Höhepunkt (1568, Philipp II. als Repräsentant) und das ist zum anderen der Absolutismus kurz vor dem Zusammenbruch (1762, Karlos und Posa als Repräsentanten des Naturrechts Rousseaus). Das Naturrecht gehörte zu Schillers Zeit zu den aktuellen philosophischen Entwicklungen und war so verbreitet, dass die Zeitgenossen meinten, ein jeder wisse damit umzugehen. Zum Naturrecht gehörten Vernunft und Wahrheit, also jene Werte der Aufklärung, mit denen das mittelalterliche Weltbild zurückgedrängt wurde. In Schillers historischem Sachtext ist von den ungeheuren Anstrengungen die Rede, mit denen Philipp II. sich gegen diesen Vorgang zu wehren versuchte. Vernunft und Naturrecht zielten auf einen „Gesellschaftsvertrag", der das Verhältnis zwischen Staat und Bürger regeln sollte; wenn der Staat nicht für Freiheit und Gleichheit eintrete, habe der Bürger ihm gegenüber keine Pflichten mehr. Schiller führte diesen Zusammenstoß zweier Zeitalter bewusst herbei, wie er in seinen Kommentaren zum *Don Karlos* mitteilte. Sowohl seine historischen Arbeiten als auch sein *Don Karlos* standen im Dienste der zeitgenössischen aufklärerischen Philosophie, deren Höhepunkt gerade in dieser Zeit mit Kants kritischer Periode und Lessings *Nathan dem Weisen* (1779) erreicht wurde.

Schlussbetrachtung (die Fürstenerziehung der Aufklärung und Klassik; Schillers allgemeiner Erziehungsgedanke durch die Kunst)

Schiller war es darum zu tun, die sozialen und gesellschaftlichen Verhältnisse zu verändern. Konnte er sich am Anfang seines Schaffens durchaus revolutionäre Veränderungen vorstellen, wenn sie auch damals schon von Scheitern und Untergang bedroht waren – denkt man an die *Räuber* und die Hauptgestalten in *Kabale und Liebe* –, so konzentrierte er sich in seiner klassischen Zeit auf die aufklärerische Fürstenerziehung, obwohl er genügend Beispiele erleben konnte, in denen diese Erziehung nichts bewirkt hatte. Die Vorstellung, dass der Mensch grundsätzlich erziehbar sei und erzogen werden müsse, wenn er zu menschlicher Vollkommenheit gelangen wollte, hielt bei Schiller lebenslang an. Sein *Don Karlos* ist vor allem in der genannten Szene ein Beispiel dafür, wie Schiller seine Fürstenerziehung voranzutreiben glaubte. Indem sein Posa aber sterben musste, schrieb er das Scheitern dieser Erziehung gleich mit. Der Gedanke der Fürstenerziehung verlagerte sich und veränderte sich immer mehr zur allgemeinen Erziehung des Menschen durch die Kunst.

Im Stück hat Schiller den utopischen Entwurf eines künftigen Staates in die zentrale Szene, die Aussprache zwischen Posa und Philipp II. (3. Akt, 10. Auftritt), verlegt. In Posas utopischem Ideal eines Staates ist das Individuum unabhängig von seiner Herkunft und seinem Stand Zentrum des politischen Wirkens. Das Individuum wird zum „Bürger dieser Welt", der den „Untertan" des Königs aufgegeben hat (V. 3007 ff., 3080). Das führt zu dem klaren Bekenntnis Posas: „Ich kann nicht Fürstendiener sein." (V. 3022, 3064) und löst die fundamentale kritische Analyse der absolutistischen Staatsform und ihrer Machtzentren, zu denen auch die Inquisition gehört, aus. Posas Menschenbild wird bestimmt vom Wert des Menschen als „Schöpfer" und „Künstler", der „die Menschheit" liebt (V. 3035 ff.). Die Zeit sei für seine Ideen nicht reif, deshalb lebe er als „Bürger derer, welche kommen werden." (V. 3080) Gegenwärtig sei die Menschheit gefesselt und als „Tugend" gelte, diese Fesseln „mit Anstand (zu) tragen" (V. 3103): Untertanengeist und geistige Verstümmelung prägten die Welt und würden als Tugend verstanden. Dennoch übergibt Philipp II. am Ende des *Don Karlos* seinen Sohn an den Großinquisitor mit den Worten „Tun Sie das Ihre." (V. 5370); aus Schillers historischen Arbeiten weiß man, was das bedeutet.

Aufgabenart I B

Vergleichende Analyse von Sachtexten

Aufgabenstellung

Aufgabe

1. Analysieren Sie den Auszug aus dem Essay *Über Schiller und den Gang seiner Geistesentwicklung* von Wilhelm von Humboldt unter Berücksichtigung des *Don Karlos*.
2. Erläutern Sie, wie sich Welterfahrung und engagierte Tätigkeit zueinander verhalten und in der Beschreibung Posas durch Friedrich Schiller im Auszug aus dem 3. Brief der *Briefe über Don Karlos* auf die Entwicklung der Idealität auswirken.

Text 1

Text

Wilhelm von Humboldt
***Über Schiller und den Gang seiner Geistesentwicklung* (Auszug aus dem Essay; 1830)**

... Man kann von ihm mit Wahrheit sagen, dass, was auch nur von fern an das Gemeine, selbst an das Gewöhnliche grenzte, ihn niemals berührte, dass er die hohen und edeln Ansichten, die sein Denken erfüllten, auch ganz in seine Empfindungsweise und sein Leben übertrug und im Dichten immer mit gleicher Lebendigkeit, auch bei kleinen Produktionen, vom Streben nach dem Ideale begeistert war. Daher findet sich in seinen Werken so weniges, was man matt oder mittelmäßig nennen müsste. Allerdings trug dazu auch das, was ich früher berührte, sehr viel bei, dass nämlich seine Geisteskraft immer mit gleicher Anstrengung arbeitete und dass es ihm durchaus fremd war, sie bei einer gleichsam erholenden Arbeit eine Abspannung finden zu lassen. Es mag Individualitäten geben, welchen seine ganze Dichtungsweise und seine ganze philosophische Ansicht minder zusagt. Allein nur wenig einzelnes wird man als seiner nicht würdig ausstoßen, indem man das andre enthusiastisch erhebt, und der Tadel selbst, um dies hier im Vorbeigehen zu bemerken, wird gerade seine individuellsten Seiten treffen und also die hohe Einheit seiner Natur in ein noch helleres Licht stellen. Die Strenge seines Urteils über seine frühesten Produktionen spricht eine Stelle in der *Bürgerschen Rezension* klar und mit Stärke aus, und noch deutlicher die zwei Jahre vor seinem Tode geschriebene *Vorerinnerung* zu der Sammlung seiner Gedichte. Allein, was darin seinen großen und zarten Sinn verletzte, der in dem, was man die zweite Epoche seines Lebens nennen kann, im *Don Karlos*, so hell leuchtend hervortrat und seitdem nie durch einen Flecken getrübt ward, ging nicht die Individualität, nicht die Persönlichkeit des Dichters an. Seine hohe, reine, nach Totalität strebende Ansicht der menschlichen Natur und des Lebens spricht auch aus jenen Produktionen. Das in ihnen Verletzende bedurfte nur einer künstlerischen Berichtigung, entsprang nur aus noch nicht hinlänglich gefühlter Notwendigkeit der Unterordnung der Teile unter die Einheit des Ganzen, dann im einzelnen aus nicht gehörig geläutertem Geschmack. Zugleich trugen die gewählten Stoffe dazu bei. Im *Don Karlos* befand sich Schiller wie in einer andern Sphäre. Hier stellte sich ihm der große Gegensatz weltbürgerlicher Ansicht und sich tief dünkender, beengter Staatsklugheit dar und zeigte ihm von aller Erfahrung absehende Ideen im Kampf mit einer Beschränktheit, die Erfahrung ohne Ideen möglich hält. Unmittelbar daran hing das Schicksal in ihren Volks- und Gewissens-

rechten gekränkter, in gerechtem Abfall begriffener Provinzen, und in dies große politische Interesse war eine in ihrem ersten Aufwallen reine und schwärmerische und schuldlose und zart erwiderte Liebe verwebt. So umgab dieser Stoff den Dichter wie mit einem höher emportragenden Element. Allerdings entsprang die Wahl desselben aus der ihr vorangehenden Stimmung des Gemütes. Diese zeigt sich auch in der veränderten äußeren Form, dem Verlassen der Prosa, zu der er zwar in den ersten Entwürfen zum Wallenstein zurückkehrte, bald aber wieder zum Verse hingerissen, seinen Irrtum, und nun für immer, erkannte. Die erste Szene zwischen Max und Thekla, früher ausgearbeitet als die ihr vorangehenden, widerstrebte dem prosaischen Ausdruck; sie war die erste in Versen.
Der Poesie unter den menschlichen Bestrebungen die hohe und ernste Stellung, von der ich oben gesprochen, anzuweisen, von ihr die kleinliche und die trockene Ansicht abzuwehren, welche, jene ihre Würde, diese ihre Eigentümlichkeit verkennend, sie nur zu einer tändelnden Verzierung und Verschönerung des Lebens machen oder unmittelbar moralisches Wirken und Belehrung von ihr verlangen, ist, wie man sich nicht genug wiederholen kann, tief in deutscher Sinnes- und Empfindungsart gegründet. Schiller sprach, nur auf seine individuelle Weise, darin aus, was seine Deutschheit in ihn gelegt hatte, was ihm aus den Tiefen der Sprache entgegenklang, deren geheimstes Wirken er so trefflich vernahm und so meisterhaft wieder zu benutzen verstand. Es liegt in der großen Ökonomie der Geistesentwicklung, welche die ideale Seite der Weltgeschichte gegenüber den Taten und Ereignissen ausmacht, ein gewisses Maß, um welches der einzelne, auch am günstigsten Bevorrechtete, sich nur über den Geist seiner Nation erheben kann, um, was dieser ihm unbewusst verlieh, durch Individualität bearbeitet, in ihn zurückströmen zu lassen. Die Kunst nun und alles ästhetische Wirken von ihrem wahren Standpunkte aus zu betrachten ist keiner neueren Nation in dem Grade als der deutschen gelungen, auch denen nicht, welche sich der Dichter rühmen, die alle Zeiten für groß und hervorragend erkennen werden. Die tiefere und wahrere Richtung im Deutschen liegt in seiner größeren Innerlichkeit, die ihn der Wahrheit der Natur näher erhält, in dem Hange zur Beschäftigung mit Ideen und auf sie bezogenen Empfindungen und in allem, was hieran geknüpft ist. Dadurch unterscheidet er sich von den meisten neueren Nationen und, in näherer Bestimmung des Begriffes der Innerlichkeit, wieder auch von den Griechen. Er sucht Poesie und Philosophie, er will sie nicht trennen, sondern strebt, sie zu verbinden, und solange dies Streben nach Philosophie, auch ganz reiner, abgezogener Philosophie, das sogar unter uns nicht selten in seinem unentbehrlichen Wirken verkannt und missdeutet wird, in der Nation fortlebt, wird auch der Impuls fortdauern und neue Kräfte gewinnen, den mächtige Geister in der letzten Hälfte des vorigen Jahrhunderts unverkennbar gegeben haben. Poesie und Philosophie stehen ihrer Natur nach in dem Mittelpunkte aller geistigen Bestrebungen, nur sie können alle einzelnen Resultate in sich vereinigen (...)

(Aus: Humboldt, Wilhelm von: *Über Schiller und den Gang seiner Geistesentwicklung* (1830). In: Meisterwerke deutscher Literaturkritik, hrsg. von Hans Mayer. Berlin: Rütten & Loening, 1963, 3., durchgesehene Auflage, 1. Band, S. 450–453)

Informationen zu Text 1:

Wilhelm von Humboldt (1767–1835) studierte die Rechte, widmete sich aber besonders den Altertums- und Sprachwissenschaften. Seine Vielseitigkeit machte ihn zu einem Universalgelehrten. Er reiste durch die Schweiz, Frankreich und Süddeutschland und arbeitete dann am Kammergericht in Berlin, löste aber das Arbeitsverhältnis, um sich ganz seinen Studien zu widmen. Seit 1794 wohnte er in Jena und gehörte zum Kreis von Dichtern und Gelehrten, die Schiller freundschaftlich aufgenommen hatten. Als der Briefwechsel zwischen Goethe und Schiller erschien, gab auch er seinen Briefwechsel mit Schiller 1830 heraus. Dem Briefwechsel stellte er den Essay voran, aus dem der Auszug gewählt wurde.

Bürgerschen Rezension: Schiller veröffentlichte 1791 eine Rezension über die Gedichte Gottfried August Bürgers; es war eine strenge Kritik, die auch das eigene Jugendschaffen scharf attackierte. Goethe stimmte der Kritik zu, Bürger war sehr erzürnt.

Vorerinnerung: wurde für die Sammlung der Gedichte Schillers geschrieben und erschien 1803 zum 2. Teil der Gedichte. Auch hier ging Schiller mit seinem Jugendschaffen scharf ins Gericht.

Text 2

Friedrich Schiller
Briefe über Don Karlos. 3. Brief (Auszug; 1788)

... Hülflosigkeit und Armut des Herzens führen ihn (Karlos, R. B.) jetzt auf eben den Punkt zurück, wo Fülle des Herzens ihn hatte ausgehen lassen. Heftiger fühlt er das Bedürfnis der Sympathie, weil er *allein* ist, und *unglücklich*. So findet ihn sein zurückkommender Freund (Posa, R. B.).

Ganz anders ist es unterdessen diesem ergangen. Mit offenen Sinnen, mit allen Kräften der Jugend, allem Drange des Genies, aller Wärme des Herzens in das weite Universum geworfen, sieht er den Menschen im Großen wie im Kleinen handeln; er findet Gelegenheit, sein mitgebrachtes Ideal an den wirkenden Kräften der ganzen Gattung zu prüfen. Alles, was er hört, was er sieht, wird mit lebendigem Enthusiasmus von ihm verschlungen, alles in *Beziehung* auf jenes Ideal empfunden, gedacht und verarbeitet. Der Mensch zeigt sich ihm in mehrern Varietäten; in mehrern Himmelsstrichen, Verfassungen, Graden der Bildung und Stufen des Glückes lernt er ihn kennen. So erzeugt sich in ihm allmählich eine zusammengesetzte und erhabene Vorstellung des *Menschen* im *großen und ganzen*, gegen welche jedes einengende kleinere Verhältnis verschwindet. Aus sich selbst tritt er jetzt heraus, im großen Weltraum dehnt sich seine Seele ins Weite. – Merkwürdige Menschen, die sich in seine Bahn werfen, zerstreuen seine Aufmerksamkeit, teilen sich in seine Achtung und Liebe. – An die Stelle eines Individuums tritt bei ihm jetzt das ganze Geschlecht; ein vorübergehender jugendlicher Affekt erweitert sich in eine allumfassende unendliche Philanthropie. Aus einem müßigen Enthusiasten ist ein tätiger handelnder Mensch geworden. Jene ehemaligen Träume und Ahnungen, die noch dunkel und unentwickelt in seiner Seele lagen, haben sich zu klaren Begriffen geläutert, müßige Entwürfe in Handlung gesetzt, ein allgemeiner und schwankender Drang zu wirken ist in zweckmäßige Tätigkeit übergegangen. Der Geist der Völker wird von ihm studiert, ihre Kräfte, ihre Hülfsmittel abgewogen, ihre Verfassungen geprüft; im Umgange mit verwandten Geistern gewinnen seine Ideen Vielseitigkeit und Form; geprüfte Weltleute, wie ein Wilhelm von Oranien, Coligny u. a. nehmen ihnen das Romantische und stimmen sie allmählich zu pragmatischer Brauchbarkeit herunter. Bereichert mit tausend neuen fruchtbaren Begriffen, voll strebender Kräfte schöpferischer Triebe, kühner und weitumfassender Entwürfe, mit geschäftigem Kopf, glühendem Herzen, von den großen begeisternden Ideen allgemeiner menschlicher Kraft und menschlichen Adels durchdrungen, und feuriger für die Glückseligkeit dieses großen Ganzen entzündet, das ihm in so vielen Individuen vergegenwärtigt ward, so kommt er jetzt von der großen Ernte zurück, brennend von Sehnsucht, einen Schauplatz zu finden, auf welchem er diese Ideale realisieren, diese gesammelten Schätze in Anwendung bringen könnte. Flanderns Zustand bietet sich ihm dar.

Alles findet er hier zu einer Revolution zubereitet. Mit dem Geiste, den Kräften und Hilfsquellen dieses Volkes bekannt, die er gegen die Macht seines Unterdrückers berechnet, sieht er das große Unternehmen schon als geendigt an. Sein Ideal republikanischer Freiheit kann kein günstigeres Moment und keinen empfänglicheren Boden finden.

So viele reiche blühende Provinzen!
Ein kräftiges und großes Volk und auch
Ein gutes Volk, und Vater dieses Volkes,
Das, dacht ich, das muss göttlich sein.

Je elender er dieses Volk findet, desto näher drängt sich dieses Verlangen an sein Herz, desto mehr eilt er, es in Erfüllung zu bringen. Hier, und *hier* erst, erinnert er sich lebhaft des Freundes, den er mit glühenden Gefühlen für Menschenglück in Alkala verließ. Ihn denkt er sich jetzt als Retter der unterdrückten Nation, als das Werkzeug seiner hohen Entwürfe. Voll unaussprechlicher Liebe, weil er ihn mit der Lieblingsangelegenheit seines Herzens zusammendenkt, eilt er nach Madrid in seine Arme, jene Samenkörner von Humanität und heroischer Tugend, die er einst in seine Seele gestreut, jetzt in vollen Saaten zu finden, und in ihm den Befreier der Niederlande, den künftigen Schöpfer seines *geträumten Staats* zu umarmen.

(Aus: Schiller, Friedrich: *Briefe über Don Karlos* (1788). In: Schiller: Sämtliche Werke in zehn Bänden (Berliner Ausgabe), hrsg. von Hans-Günther Thalheim und einem Kollektiv von Mitarbeitern. Berlin und Weimar: Aufbau-Verlag, 1987, 3. Band, S. 743–745)

Informationen zu Text 2:

Wilhelm von Oranien: (1533–1584), Statthalter der Provinzen Holland, Seeland und Utrecht, Führer im niederländischen Befreiungskampf, verließ die Niederlande vor der Ankunft Albas. 1572: Regent der Niederlande.

Coligny: (1519–1572), französischer Staatsmann und Admiral, Führer der Hugenotten, entschiedener Gegner Spaniens, wurde in der „Bartholomäusnacht" in Paris ermordet.

Alkala: In A. befand sich die berühmteste spanische Universität.

Erläuterung der Aufgabenstellung

Sie zeigen, dass Sie die Sachtexte, in diesem Fall einen Essay und einen fiktiven Brief Schillers, analysieren können. Dazu setzen Sie die fachspezifischen Begriffe ein. Außerdem benötigen Sie Kenntnisse zum Don Karlos und Unterrichtskenntnisse zu Aufklärung, Sturm und Drang und Klassik sowie Kenntnisse zu Grundzügen der Interpretation.

Ausgehend von Humboldts Text und seinen Vorstellungen von einer seit dem Don Karlos neu erworbenen Qualität der Dichtung setzen Sie diese in Beziehung zu einem der Briefe Schillers über das Stück. Belegen Sie Ihre Ergebnisse durch Zitate aus beiden Texten.

Von den von Humboldt behandelten Zusammenhängen von Weltbürgertum und beengter Staatsklugheit gehen Sie zu Schillers Überlegungen zum Marquis von Posa. Geben Sie Beispiele aus dem Drama.

S Schreibplan

Schreibplan

zu Aufgabe 1

Teilaufgabe 1: Analyse des ersten Sachtextes		
Baustein	**Erläuterung**	**Mögliche Operatoren**
Einleitung	Beschreibung des Textes, Information zum Autor, Textform, Funktion bei der Veröffentlichung	**verfasst/formuliert** aufgabenbezogen
Text-/Themenverständnis	Zusammenfassung der tragenden Gedanken, Ableitungen und der Selbstkritik Schillers	**stellt** die Kerngedanken angelehnt an die Sinnabschnitte **dar**
Textaufbau	Abfolge von der Selbstkritik über die Favorisierung der Versform bis zur Idealität, die Nähe von Poesie und Philosophie	**erschließt** den Zusammenhang von poetischer und philosophischer Wahrheit
wesentliche Elemente der Textform, Stilelemente	Bezüge zu Werken Schillers, Verhältnis vom Jugendwerk zur klassischen Zeit (am Beispiel des *Don Karlos*)	**nennt** den Leitgedanken Humboldts
Herstellen des Kontextes	Bezug zu Briefwechsel, Stellung des *Don Karlos* im Wertesystem Humboldts	**prüft** die Relevanz des Bewertung heute
reflektierte Schlussbetrachtung	*Don Karlos* als klassisches Werk	**beurteilt** die von Humboldt vorgenommene Wertung

L Lösung

Lösungsmöglichkeit

zu Aufgabe 1

(außer der Einleitung stichwortartig)

> Einleitung (Beschreibung des Textes, Information zum Autor, Textform, Funktion bei der Veröffentlichung)

Wilhelm von Humboldt ist ein Zeitgenosse Schillers und gehört 1794 in Jena zum Kreis von Dichtern und Gelehrten um den Dichter. Schiller ist für den jungen Gelehrten das größte Bildungserlebnis seines Lebens. Mit Humboldt verständigt sich der Dichter über seine Gestalten, insbesondere über Posa. Er ist der Träger des Schiller'schen Idealismus. Mehrfach beschreibt Schiller dem jüngeren Freunde seine Überlegungen von der Freiheit Posas und dem mit ihm verbundenen Weltbürgertum. Von besonderem Interesse ist diese Verständigung dadurch, dass der Dichter und Historiker den Juristen und Universalgelehrten in seine Denkvorgänge einbezieht.

Wilhelm von Humboldt übergibt 1830 seinen Briefwechsel mit Schiller der Öffentlichkeit. In der Studie *Über Schiller und den Gang seiner Geistesentwicklung*, die er dem Briefwechsel voranstellt, beschreibt er die rigorose Selbstkritik Schillers, die schließlich nach dem Frühwerk zur „zweiten Epoche seines Lebens" (Z. 19) durch den *Don Karlos* geführt habe. Das Nebeneinander von geistiger und künstlerischer Entwicklung und die zunehmende Vervollkommnung des Dichters führen zur klassischen deutschen Literatur, die Humboldt in ihren poetischen Kennzeichen andeutet und in ihren ethischen Werten entwickelt. Humboldt zeichnet auf der Grundlage des mit Schiller geführten Briefwechsels diese Entwicklung genau nach und kommt dabei zur bemerkenswerten Feststellung, dass die „hohen und edeln Ansichten" (Z. 2 f.) des Dichters nicht nur seine Werke, sondern auch sein Leben geprägt hätten.

Text-/Themenverständnis (Zusammenfassung der tragenden Gedanken, Ableitungen und der Selbstkritik Schillers)

Humboldt als Aristokrat äußert radikale Ansichten über die Gesellschaft, den Staat und die Utopie eines Staates, der aus „weltbürgerlicher Ansicht" entsteht, während Vorhandenes „beengte Staatsklugheit" ausweist. (Z. 28 f.) Programmatische Forderungen abgehandelt an Schiller, besonders am *Don Karlos.* Möglich, weil Forderungen Schillers an sich selbst sehr ausgeprägt sind, der Kritiker Schiller über den Dichter Schiller.
Zusammenhang von Selbstkritik, hoher Qualität, Höhe der Thematik niemals mit dem „Gemeinen" und „Gewöhnlichen" abgegeben. (Z. 1 f.) Zielstrebigkeit der Geisteskraft Schillers.
Funktion der Poesie, ihre Würde und ihre Bedeutung für „moralisches Wirken" und „Belehrung". (Z. 46) Weiterführen aufklärerischer Gedanken des Lehrens, Kunst als Mittel der Belehrung und als „ästhetische(s) Wirken". (Z. 56) Geistesentwicklung als „ideale Seite der Weltgeschichte" (Z. 52), Beschreibung des Ideals und sein besonders Wirken unter den Deutschen. Hang des Deutschen zu Ideen.

Textaufbau (Abfolge von der Selbstkritik, Nähe von Poesie und Philosophie)

Beschreibung des Zusammenhangs von Dichten und Leben unter den Voraussetzungen der „hohen und edeln Ansichten". Der Gegensatz von „Gemeinem" und „Gewöhnlichem" einerseits und dem „Streben nach dem Ideale" andererseits. (Z. 1–5) Kontinuität des geistigen Schaffens und „Einheit seiner Natur". (Z. 11)
Die besondere Stellung des *Don Karlos* zu Beginn einer zweiten Epoche; beginnende Klassik.
Das besonders Thema im *Don Karlos*: Gegensatz von „weltbürgerlicher Ansicht und sich tief dünkender, beengter Staatsklugheit", Utopie vom neuen Staat auf weltbürgerlicher Grundlage. (Z. 28 f.) Die besondere Bedeutung der niederländischen Provinzen und ihrer „gerechten" Handlungen („in gerechtem Abfall begriffener Provinzen", Z. 32).
Zusammenhang von politischer und emotionaler Handlung, Aufwertung durch Umarbeitung von Prosa in den Vers (klassischer Blankvers). Seitdem diese Form beibehalten und Rückfälle in die Prosa beim *Wallenstein* behoben.
Zusammenfassend stellt sich die Rolle der Poesie als „moralisches Wirken und Belehrung" (Z. 46) heraus. Besondere Fähigkeit, beim natürlichen Denken größeren Zugang zu Ideen zu finden.

Wesentliche Elemente der Textform, Stilmittel (Bezüge zu Werken Schillers)

Durchgehend Verwendung von dominierendem Wortmaterial der Aufklärung, des Sturm und Drangs und der Klassik wie: Wahrheit, Ideal, hohe und edle Ansichten, Geisteskraft, Einheit seiner Natur, die Individualität des Dichters, Totalität der menschlichen Natur, poetische Wahrheit usw. Akzentsetzungen dieser Begriffe erläutern und auf Schillers *Don Karlos* anwenden.
Bezüge zu Werken Schillers: Schillers Kritiken, *Don Karlos, Wallenstein* unter dem Aspekt des Hohen, der Vollendung, der klassischen Form und des Verses. Differenzierung von Prosa und Vers. Humboldts Erziehungsideal: Indem der Deutsche sich besonders dieser Vollendung widme, sei er besonders geeignet, den Zusammenhang von Poesie und Philosophie zu sehen. Zielvorstellung, nicht Realitätsbewertung, dem steht die „sich tief dünkende, beengte Staatsklugheit" (Z. 29) dagegen.

Herstellen des Kontextes (Bezug zu Briefwechsel, Stellung des *Don Karlos* im Wertesystem Humboldts)

Bezug zu Schillers Briefen über *Don Karlos*, Interpretationsansätze zur Szene 3. Akt, 10. Auftritt: Philipp II. und Marquis Posa: Posa erläutert seine Ziele und den utopischen Charakter seines weltbürgerlichen Staates; Beziehung zum Freiheitskampf der Niederländer. Humboldts Bewertung desselben: „das Schicksal in ihren Volks- und Gewissensrechten gekränkter, in gerechtem Abfall begriffener Provinzen" (Z. 31 f.).

Reflektierte Schlussbetrachtung (*Don Karlos* als klassisches Werk)

Humboldt beschreibt das Vordringen Schillers zur Klassik mit dem *Don Karlos* und setzt sofort in Beziehung dazu die Vorstellung eines weltbürgerlichen Staates, der Utopie von bürgerlicher Freiheit und real den Abfall der Niederlande von Spanien. Humboldt entwickelt in der Darstellung Schillers den Prototyp des geistig hochstehenden, gebildeten und durch Kunst erzogenen Menschen, der auf Grund dieser Begabung und Fähigkeit zum Entwurf eines neuen Staates kommen kann bzw. muss.

S
schreib-
plan

Schreibplan

zu Aufgabe 2

Teilaufgabe 2: Analyse des zweiten Sachtextes und Vergleich beider Texte

Baustein	Erläuterung	Mögliche Operatoren
Überleitung	Gemeinsamer Gegenstand der beiden Texte: *Don Karlos*. Übereinstimmung im Geistigen.	**nennt** den gemeinsamen Gegenstand
Textverständnis	Schillers Briefe über sein Werk	**entwirft** Schillers Vorhaben
thematische Auseinandersetzung, Stilmittel	Bezüge zum Ausgangstext bei Verwendung der Interpretationsansätze zum *Don Karlos,* Denken in Gegensatzpaaren	**beschreibt** den Charakter Posas und die sprachliche Umsetzung

Herstellen des Kontextes	Rückbeziehung auf Humboldts Beschreibung von Schillers Entwicklung, Schillers Beschreibung von Posa	**begründet** die Parallelen in beiden Texten
reflektierte Schlussbetrachtung	Bewertung der Gültigkeit der beiden Beschreibungen und Bewertungen; eigene Position dazu	**bewertet** die Beschreibungen und ihre Anwendbarkeit heute.

Lösungsmöglichkeit

zu Aufgabe 2

(außer der Überleitung stichwortartig)

Überleitung (*Don Karlos* gemeinsamer Gegenstand der beiden Texte)

1788 veröffentlicht Friedrich Schiller zwölf *Briefe über Don Karlos*: Zum *Don Karlos* gab es Rezensionen und Äußerungen, auf die Schiller mit diesen Briefen antwortet, sie erscheinen in Wielands *Teutschem Merkur.* In den Briefen wird deutlich, wie sich während der Entstehungszeit das Interesse des Dichters von Karlos auf Posa verschoben hatte und damit die politische Thematik gegenüber der Liebesbeziehung zwischen Karlos und Elisabeth in den Vordergrund gerückt wurde. Sie bestimmt endlich das Stück. Die dialektische Sicht in Posas Denken wird in diesen Briefen begründet und ausgebaut. War Schiller zu Beginn Karlos näher, so wird er nun Posa ähnlicher. Das mündet in die Überlegung eines neuen Planes zum Stück mit Posa als dem einzigen Helden. Schiller rechtfertigt die Verschiebung des Interesses von Karlos zu Posa, die während der Entstehung stattgefunden habe, und das Verhalten Posas, dem in den Briefen das größte Interesse gilt. Der Kritik, Posa gehöre nicht in das gewählte Zeitalter, begegnet Schiller mit dem nachdrücklichen Hinweis auf die Aktualität dieses Charakters, der von Menschenrechten und Gewissensfreiheit spreche. Beides waren ausgemacht aktuelle Begriffe, die ins Vorfeld der Französischen Revolution von 1789, nicht aber in Philipps II. Spanien gehörten. Bereits der Auszug aus dem 3. Brief zeigt, wie nahe Schiller hier den Gedanken Humboldts ist. Schiller weist auf „Vorstellung des Menschen im großen und ganzen, gegen welche jedes einengende kleinere Verhältnis verschwindet" (Z. 14 f.), spricht vom „geträumten Staat" (Z. 54) und führt seine Überlegungen am Beispiel der Niederlande durch. Es scheint, als habe Humboldt diese Briefe zur Grundlage seiner Darstellung der Entwicklung Schillers genutzt.

Textverständnis (Schillers Briefe über sein Werk)

Schiller arbeitet oft mit Kommentaren zum eigenen Werk oder baut Erläuterungen in die Werke selbst ein; er geht dabei auf kritische Einwände zu anderen Texten ein. Die *Briefe über Don Karlos* erfüllen viele Funktionen: Darstellung der komplizierten Entstehungsgeschichte, Verschiebung der Gewichte von Karlos auf Posa, Handlungsweise des Posa, Zusammenhang mit zeitgenössischem Ideal des aufgeklärten Fürsten, Welterfahrung und Provinz.

Posas Utopie ist denkbar und trägt Merkmale der Verwirklichung in sich: Er erscheint „mit offenen Sinnen, mit allen Kräften der Jugend, allem Drange des Genies" (Z. 5 f.); Nachwirkung des Sturm und Drang = „Geniezeit". Nicht mehr provinzielle Beschränkung, sondern „in das weite Universum geworfen" (Z. 6 f.). Praktische Erprobung des Ideals: „... er findet Gelegenheit, sein mitgebrachtes Ideal an den wirkenden Kräften der ganzen Gattung zu prüfen" (Z. 7 ff.).

Thematische Auseinandersetzung
(Bezüge zum Ausgangstext, Denken in Gegensatzpaaren)

Rückkehr Posas nach Spanien, trifft auf einen verwirrten und unglücklichen Karlos. Im Unglück aus verbotener Liebe zur Stiefmutter sucht Karlos Partner, findet ihn in Posa. Aber Posa bringt Weltverständnis ein, lenkt Karlos auf einen anderen Weg, aus privatem wird politischer Inhalt. Was Humboldt als staatspolitische Konzepte darstellt, erscheint bei Schiller als Ergebnis weltmännischer Bildung Posas. Zusammenhang zwischen Welterfahrung („im großen Weltraum") und einer sich öffnenden Seele („Seele ins Weite"). (Z. 15 f.) Die neuen Qualität Posas: „ein tätig handelnder Mensch", der Übergang von unklaren Entwürfen zu „klaren Begriffen". (Z. 20 ff.)
Text wird organisiert durch Gegensatzpaare, auflisten und erklären von „Armut des Herzens" – „Fülle des Herzens", Menschen „im Großen und im Kleinen handeln", „Ideal" – „wirkende Kräfte", der Mensch – „Varietäten", im „großen und ganzen" – „einengendes kleineres Verhältnis", „Individuum" – „Geschlecht" usw. Deutung der Begriffspaare: von Emotionen über Verstand und Utopie zu gesellschaftlichem Entwurf.

Herstellen des Kontextes
(Rückbeziehung auf Humboldts Beschreibung von Schillers Entwicklung, Schillers Beschreibung von Posa)

Die Beschreibung der Entwicklung Schillers durch Humboldt ist der Beschreibung Posas durch Schiller in seinem 3. Brief sehr ähnlich.
In den *Briefen über Don Karlos* beschreibt Schiller Posa als Beispiel aller großen Köpfe, das zwischen der Erfahrung der Welt und der Provinz entstehe. Aus dem beschränkten und einseitigen Verständnis wird „eine allumfassende unendliche Philanthropie" (Z. 19 f.). Die wesentlichste Voraussetzung dafür ist der klar denkende und tätig handelnde Mensch. Diese Beschreibung Posas bei Schiller gilt vorrangig nicht dem Spanien Philipps II., in dem die Inquisition siegte, sondern Schillers Gegenwart, in der die genannten aufklärerischen Positionen die Voraussetzungen für die Französische Revolution von 1789 schufen. Die Beschreibung Schillers durch Humboldt bezieht diese Aktualisierung der historischen Gestalt ein.
Posa weiß, dass seine Ideale erst in einer fernen Zukunft Wirklichkeit werden („Das Jahrhundert / Ist meinem Ideal nicht reif.", V. 3078 f.). Trotzdem wirbt er in der Gegenwart für die Freiheit der Niederlande und ist *der* Stratege des Aufstands: Er sucht die geeigneten Anführer für die Niederländer, er hat auf Reisen alle Vorbereitungen für die Befreiung geschaffen. Er hat als Fernziel des Aufstandes gegen die Spanier die Vorstellung einer neuen Weltordnung; Schiller hat bei Humboldt auch die Weite des zukünftigen Entwurfs im Blick. Posa befördert geheime Dokumente, propagiert den Wert der nationalen für die Welt-Politik, nimmt die Gefahren bei der Vorbereitung der „Rebellion" (V. 3468) auf sich und versucht einerseits, den König für seine Politik zu gewinnen, andererseits hat er alles vorbereitet, um Karlos illegal nach Flandern zu bringen. Posas Pläne zwingen auch den Gegnern Achtung ab. In dem Maße, wie er seine frühen Träume zu klar konturierten Zielstellungen ausweitet, wird er der Träger des Schiller'schen Idealismus.

Reflektierte Schlussbetrachtung (Bewertung der Gültigkeit der beiden Beschreibungen und Bewertungen; eigene Position dazu)

Posa und seine Ideale, der Raum für ihre Umsetzung. Die Leitbegriffe der kommenden Revolution in Frankreich, die Leitbegriffe des Sturm und Drang in politischer Akzentuierung.

Schiller entwickelt den Gedanken, dass politische und moralische Macht ebenbürtig seien und das Recht des Theaters dort beginne, wo das Gesetz ende. *Don Karlos* als programmatisches politisches Kunstwerk. Die Kunst stehe, vergleichbar mit der Religion, über den ständig veränderbaren staatlichen Gesetzen und sei zudem eine Macht, die nicht nur Pflichten bestimme, sondern die freies Handeln als ihr Ziel sehe. Kunst als Erziehungsmedium und politisches Gestaltungselement. Unter diesen Prinzipien sind Figuren wie Karlos und Posa zu sehen. In Schillers Überhöhungen werden Vertrauen in die pädagogisch-ethischen Wirkungen der Kunst deutlich, die in die Herzen der Fürsten gedrungen sei und dort Menschlichkeit und Duldung (Toleranz) verbreitet habe.

Aufgabenart I C

Vergleichende Analyse eines Sachtextes und eines literarischen Textes

Aufgabenstellung

1. Analysieren Sie Georg Büchners Brief vom März 1834 aus Gießen an die Braut und interpretieren Sie den von Büchner verwendeten Begriff des „grässlichen Fatalismus der Geschichte".
2. Analysieren Sie anschließend die Szene aus Georg Büchners *Woyzeck* und wenden Sie Ihre Ergebnisse aus der ersten Teilaufgabe auf die Szene an.

Text 1

Georg Büchner
***Brief an die Braut*, März 1834**

Hier ist kein Berg, wo die Aussicht frei sei. Hügel hinter Hügel und breite Täler, eine hohle Mittelmäßigkeit in allem; ich kann mich nicht an diese Natur gewöhnen, und die Stadt ist abscheulich ... Schon seit einigen Tagen nehme ich jeden Augenblick die Feder in die Hand, aber es war mir unmöglich, nur ein Wort zu schreiben. Ich studierte die Geschichte der Revolution. Ich fühlte mich wie zernichtet unter dem grässlichen Fatalismus der Geschichte. Ich finde in der Menschennatur eine entsetzliche Gleichheit, in den menschlichen Verhältnissen eine unabwendbare Gewalt, allen und keinem verliehen. Der einzelne nur Schaum auf der Welle, die Größe ein bloßer Zufall, die Herrschaft des Genies ein Puppenspiel, ein lächerliches Ringen gegen ein ehernes Gesetz, es zu erkennen das Höchste, es zu beherrschen unmöglich. Es fällt mir nicht mehr ein, vor den Paradegäulen und Eckstehern der Geschichte mich zu bücken. Ich gewöhne mein Auge ans Blut. Aber ich bin kein Guillotinenmesser. Das

Muss ist eins von den Verdammungsworten, womit der Mensch getauft worden. Der Ausspruch: es muss ja Ärgernis kommen, aber wehe dem, durch den es kommt – ist schauderhaft. Was ist das, was in uns lügt, mordet, stiehlt? Ich mag den Gedanken nicht weiter nachgehen. Könnte ich aber dies kalte und gemarterte Herz an Deine Brust legen!

B(oeckel) wird Dich über mein Befinden beruhigt haben, ich schrieb ihm. Ich verwünsche meine Gesundheit. Ich glühte, das Fieber bedeckte mich mit Küssen und umschlang mich wie der Arm der Geliebten. Die Finsternis wogte über mir, mein Herz schwoll in unendlicher Sehnsucht; es drangen Sterne durch das Dunkel, und Hände und Lippen bückten sich nieder. Und jetzt? Und sonst? Ich habe nicht einmal die Wollust des Schmerzes und des Sehnens. Seit ich über die Rheinbrücke ging, bin ich wie in mir vernichtet, ein einzelnes Gefühl taucht nicht in mir auf. Ich bin ein Automat; die Seele ist mir genommen. Ostern ist noch mein einziger Trost; ich habe Verwandte bei Landau, ihr Einladung und die Erlaubnis, sie zu besuchen. Ich habe die Reise schon tausendmal gemacht und werde nicht müde.

Di frägst mich: sehnst Du Dich nach mir? Nennst Du's Sehnen, wenn man nur in einem Punkt leben kann, und wenn man davon gerissen ist und dann nur noch das Gefühl seines Elendes hat? Gib mir doch Antwort. Sind meine Lippen so kalt? ... Dieser Brief ist ein Charivari: ich tröste Dich mit einem andern.

(Aus: Georg Büchner: *Werke und Briefe*. Gesamtausgabe, hrsg. von Fritz Bergemann. Leipzig: Insel Verlag, 1968, S. 394–396, Datierung nach Henri Poschmann: *Georg Büchner*. Dichtung der Revolution und Revolution der Dichtung. Berlin und Weimar: Aufbau-Verlag, 1983, [3]1988, S. 290)

Informationen zu Text 1

Fatalismus: lat. Schicksalsglaube, Schicksalsgläubigkeit; Weltanschauung, nach der alles Geschehen in der Natur, in der Gesellschaft und in den menschlichen Beziehungen einer unerkennbaren Schicksalsmacht oder einer höheren Notwendigkeit unterliegt, die der Mensch weder erkennen noch beeinflussen kann. Bezieht sich auf „das Fatum" = Schicksal, Verhängnis.

Boeckel: Eugène Boeckel (1811–1896), seit 1840 praktischer Arzt in Straßburg, engster Freund Büchners.

Charivari: Durcheinander, Katzenmusik

Text 2

Georg Büchner
Woyzeck (Auszug, 8. Szene)

Woyzeck. Der Doctor.

Doctor. Was erleb' ich Woyzeck? Ein Mann von Wort.

Woyzeck. Was denn Herr Doctor?

Doctor. Ich hab's gesehn Woyzeck; er hat auf die Straß gepißt, an die Wand gepißt wie ein Hund. Und doch 2 Groschen täglich. Woyzeck das ist schlecht, die Welt wird schlecht, sehr schlecht.

Woyzeck. Aber Herr Doctor, wenn einem die Natur kommt.

Doctor. Die Natur kommt, die Natur kommt! Die Natur! Hab' ich nicht nachgewiesen, dass der musculus constrictor vesicae dem Willen unterworfen ist? Die Natur! Woyzeck, der Mensch ist frei, in dem Menschen verklärt sich die Individualität zur

Freiheit. Den Harn nicht halten können! (schüttelt den Kopf, legt die Hände auf den Rücken und geht auf und ab) Hat er schon seine Erbsen gegessen, Woyzeck? – Es giebt eine Revolution in der Wissenschaft, ich sprenge sie in die Luft. Harnstoff, 0,10, salzsaures Ammonium, Hyperoxydul. Woyzeck muß er nicht wieder pissen? geh' er einmal hinein und probir er's.

Woyzeck. Ich kann nit Herr Doctor.

Doctor. (mit Affekt) Aber auf die Wand pissen! Ich hab's schriftlich, den Akkord in der Hand. Ich hab's gesehn, mit dießen Augen gesehn, ich streckte grade die Nase zum Fenster hinaus und ließ die Sonnenstrahlen hinein fallen, um das Niesen zu beobachten, (tritt auf ihn los) Nein Woyzeck, ich ärgere mich nicht, Ärger ist ungesund, ist unwissenschaftlich. Ich bin ruhig ganz ruhig, mein Puls hat seine gewöhnlichen 60 und ich sag's ihm mit der größten Kaltblütigkeit! Behüte wer wird sich über einen Menschen ärgern, einen Menschen! Wenn es noch ein proteus wäre, der einem krepirt! Aber er hätte doch nicht an die Wand pissen sollen –

Woyzeck. Sehn sie Herr Doctor, manchmal hat man so n'en Charakter, so'ne Structur. – Aber mit der Natur ist's was andres, sehn sie mit der Natur (er kracht mit den Fingern) das ist so was, wie soll ich doch sagen, zum Beispiel

Doctor. Woyzeck, er philosophirt wieder.

Woyzeck. (vertraulich) Herr Doctor haben sie schon was von der doppelten Natur gesehn? Wenn die Sonn im Mittag steht und es ist als ging die Welt im Feuer auf hat schon eine fürchterliche Stimme zu mir geredet!

Doctor. Woyzeck, er hat eine aberratio.

Woyzeck. (legt den Finger an die Nase) Die Schwämme Herr Doctor. Da, da steckts. Haben sie schon gesehn in was für Figuren die Schwämme auf dem Boden wachsen? Wer das lesen könnt.

Doctor. Woyzeck er hat die schönste aberratio mentalis partialis, die zweite Species, sehr schön ausgeprägt, Woyzeck er kriegt Zulage. Zweite species, fixe Idee, mit allgemein vernünftigem Zustand, er thut noch Alles wie sonst, rasirt seinen Hauptmann.

Woyzeck. Ja, wohl.

Doctor. Ißt seine Erbsen?

Woyzeck. Immer ordentlich Herr Doktor. Das Geld für die menage kriegt die Frau.

Doctor. Thut seinen Dienst.

Woyzeck. Ja wohl.

Doctor. Er ist ein interessanter casus, Subject Woyzeck er kriegt Zulage. Halt er sich brav. Zeig er seinen Puls! Ja.

(Aus: Georg Büchner: *Woyzeck.* Studienausgabe, hg. von Burghard Dedner. Stuttgart: Reclam, 1999 Universal-Bibliothek Nr. 18007, S. 21–23)

Erläuterung der Aufgabenstellung

Erläuterung

Sie zeigen, dass Sie den Sachtext, in diesem Fall einen Brief, analysieren können. Dazu setzen Sie die fachspezifischen Begriffe ein. Außerdem benötigen Sie Kenntnisse zu Georg Büchner im Allgemeinen, dem *Woyzeck*, der Dramentheorie und zu Grundzügen der Interpretation im Besonderen.
Ausgehend von Büchners Brief und seinen Vorstellungen von Revolution und dem Fatalismus der Geschichte setzen Sie diese in Beziehung zu der ausgewählten Szene aus *Woyzeck*. Belegen Sie Ihre Ergebnisse durch Zitate aus beiden Texten.

Schreibplan

Schreibplan

zu Aufgabe 1

Teilaufgabe 1: Analyse des Sachtextes		
Baustein	**Erläuterung**	**Mögliche Operatoren**
Einleitung	Beschreibung des Briefes, Information zum Autor, Einbeziehung des Adressaten	**verfasst/formuliert** aufgabenbezogen
Text-/ Themenverständnis	Zusammenfassung des tragenden Gedankens von Studien zur Revolution, Fatalismus und Gesetz	**stellt** die Kerngedanken angelehnt an die Sinnabschnitte **dar**
Textaufbau	Einstimmung durch Landschaftsbild; Abfolge von Revolutionsstudien zum ehernen Gesetz, Rolle des Individuums	**erschließt** den Zusammenhang von poetischer und historischer Wahrheit
wesentliche Elemente der Textform, Stilelemente	Verhältnis von Zufall und Gesetz; Gültigkeit des Fatalismus, Büchners Selbstzitate	**nennt** den Leitgedanken Büchners
Herstellen des Kontextes	Bezug zwischen Fatalismus und gesellschaftlicher Veränderung	**prüft** die Relevanz des Bewertung heute
reflektierte Schlussbetrachtung	Bedeutung für Büchners Geschichtsbild	**beurteilt** die von Büchner vorgenommene Wertung

Lösungsmöglichkeit

zu Aufgabe 1

(außer der Einleitung stichwortartig)

Einleitung (Beschreibung des Briefes, Information zum Autor, Einbeziehung des Adressaten)

Es handelt sich um einen Brief Georg Büchners an seine Verlobte Minna, der in der Büchner-Forschung als „Fatalismusbrief"[22] bezeichnet wird. Der Dichter schrieb ihn wahrscheinlich im März 1834 aus Gießen nach Straßburg. In Gießen hatte Büchner zur gleichen Zeit Kontakt zu oppositionellen Kräften und begann gerade mit der Erarbeitung des *Hessischen Landboten*, der trotz aller Abschwächungen, die sein Mitarbeiter Pfarrer Weidig vorgenommen hat, eine revolutionäre Kampfschrift wurde.

---

22 Während die Werkausgabe (Georg Büchner, *Werke und Briefe*. Gesamtausgabe. Hg. von Fritz Bergemann. Leipzig: Insel-Verlag, 1968, S. 394 ff.) diesen Brief im November 1833 vermutet, datiert ihn Poschmann (Henri Poschmann: *Georg Büchner*. Dichtung der Revolution und Revolution der Dichtung. Berlin und Weimar: Aufbau-Verlag, 1983, [3]1988, S. 290) etwa Mitte März 1834. Hauschild gibt den 10. bis 20. Januar 1834 als Entstehungszeit an (Jan-Christoph Hauschild: *Georg Büchner*. Biographie. Stuttgart und Weimar: Verlag J. B. Metzler, 1993, S. 270). Hier wird der Angabe von Poschmann gefolgt.

Georg Büchners Flugschrift *Der Hessische Landbote* (1834) ist ein Programm der gesellschaftlichen Veränderung, in solcher Schärfe und dem revolutionären Gestus gab es nichts Ähnliches zu seiner Zeit. Die Flugschrift ist das politische und erste gedruckte Dokument des Dichters, in dem er seine sozialen Ansichten fixierte und damit den Freundeskreis und im Geheimbund *Gesellschaft der Menschenrechte* begeisterte und erschreckte. Das Dokument ist ohne Georg Büchners Studien zur Französischen Revolution von 1789, auf die er im Fatalismusbrief eingeht, und der Erfahrung der Julirevolution von 1830 nicht zu denken; es gehört in den Umkreis von Georg Büchners *Dantons Tod*, in dem zum ersten Mal die Französische Revolution von 1789 ins deutsche Drama gebracht wurde. Die beiden Texte (*Landbote* und *Danton*), die gattungstheoretisch unterschiedlicher nicht sein können – ein journalistisches Kampfblatt und ein Drama –, gehören zueinander wie ein revolutionäres Programm und das Protokoll seines Scheiterns. Begleitet werden beide von besagtem Brief. Fordert Büchner in dem berühmten und oft zitierten Motto des *Landboten* „Friede den Hütten! Krieg den Palästen!", so wählt er im Drama den Untergang der Revolutionäre, die sich selbst vernichteten, weil sie die soziale Frage nicht lösen konnten. Dieser Hintergrund muss mitgedacht werden, will man Büchners Begriff „Fatalismus" richtig verstehen: Es geht Büchner, wie die künstlerischen Zeugnisse der gleichen Zeit beweisen, keineswegs um ein Hinnehmen einer gegebenen, scheinbar unveränderlichen Notwendigkeit.

Text- und Themenverständnis (Zusammenfassung des tragenden Gedankens von Studien zur Revolution, Fatalismus und Gesetz)

In einem persönlich gehaltenen Brief gibt Büchner einen Überblick über seine Arbeit; Ermanglung anderer Kommunikationsmöglichkeiten. Gesamtheit des Briefes würdigen, nicht nur Absatz über Fatalismus. Brief wird zum wichtigen Verständigungsmittel. Beschäftigung mit der Französischen Revolution von 1789, in die Studien gehen aktuelle Erfahrungen bei der Vorbereitung des *Hessischen Landboten* ein. Frage nach den Möglichkeiten und Grenzen politischer Arbeit, die bis zur sozialen Revolution führt. Verhältnis des Individuums zum geschichtlichen Prozess, die Grenzen der Erkenntnismöglichkeit. Büchner ist überzeugt, dass das menschliche Schicksal einem „ehernen Gesetz" unterliegt. Dieses Gesetz liege außerhalb des Menschen. Vom Menschen nicht zu beherrschen, schließt aber die menschliche Tätigkeit nicht aus, die sich auf die Gestaltung der Verhältnisse richten müsse. Zweideutigkeit im Satz: „Das Muss ist eins von den Verdammungsworten, womit der Mensch getauft worden." (Z. 12 f.) Es ist das objektive Muss, auferlegt vom ehernen Gesetz, aber auch das subjektive Muss, das den Menschen zur Handlung und Tätigkeit führe. Kein Sieg für den einzelnen Revolutionär, nur in den Händen „aller" ist die Gewalt einsetzbar und bewirkt Veränderungen, die wiederum objektive Geschichtsprozesse bestätigen. Büchner als mechanischer Materialist, Revolutionen scheitern an der menschlichen Natur. Verzicht auf Helden und Heldenverehrung: „Es fällt mir nicht mehr ein, vor den Paradegäulen und Eckstehern der Geschichte mich zu bücken." (Z. 10 ff.) Gegenposition zu Schillers Karlos und Posa, die ein Weltbürgertum in einem neu zu gründenden Staate anstreben. Büchner entwickelt die Gegenkonzeption zum Idealisten Schiller; es ist das Konzept des Materialisten Büchner, bei dem auch kein Raum für höhere Mächte ist, die eine menschliche Entwicklung garantieren. Entwicklung ist nur möglich durch das Aufbegehren sozialer Gruppen gegen den erdrückenden Fatalismus.

Textaufbau (Einstimmung durch Landschaftsbild; Abfolge von Revolutionsstudien zum ehernen Gesetz, Rolle des Individuums)

Beginn mit einem Naturbild, der Berg als Zeichen von Freiheit und geistiger Klarheit, die Ebene als „hohle Mittelmäßigkeit" (Z. 2). Verbreitete literarische Metapher im gesamten 19. Jahrhundert und beginnenden 20. Jahrhundert: Gebirge als Ort der Klarheit, Reinheit und Freiheit, aber gefährlich für den Menschen; Hügel und Ebene als dumpfe Sinnlichkeit, Mittelmäßigkeit und Gefühlsüberschwang. Dann folgen im Brief die Schritte: Studium der Geschichte der Französischen Revolution als Vorarbeit für *Dantons Tod*, dessen Beispiel führt zur Erkenntnis des „Fatalismus der Geschichte" (Z. 6) – nicht eines generellen Fatalismus, sondern eines *der Geschichte* – und eine Erklärung: Unfähigkeit und Unbrauchbarkeit des Individuums, des Genies, des historischen Helden, sind dem Schicksal unterworfen. Liegt begründet in der menschlichen Natur und den zugehörigen „menschlichen Verhältnissen" (Z. 7). Damit wird der soziale Charakter eingeführt. Dennoch nicht hilflos den Verhältnissen ausgesetzt: Erkenntnis des „eherne(n) Gesetz(es)" (Z. 10) ist möglich. Das bedeutet nicht, das Gesetz zu beherrschen, aber sich auf das Gesetz einzustellen und mit ihm umzugehen. Möglicherweise kann das Gesetz auch beeinflusst werden, denn die „unabwendbare Gewalt" ist „allen und keinem verliehen" (Z. 7 f.). Wenn alle zur Erkenntnis kommen, wird das Individuum Teil dieses Vorgangs, nicht mehr „nur Schaum auf der Welle" (Z. 8), sondern Teil der Welle selbst. Dazu ist eine Einsicht über die innere Struktur des Menschen nötig, über das, „was in uns lügt, mordet, stiehlt" (Z. 15). Zentraler Gedanke Büchners! Er selbst sieht sich bedroht durch die Privatisierung seiner Konflikte, zum „Automat(en)" (Z. 25) geworden ohne Seele. Damit wirkt sich das „eherne Gesetz" auch auf ihn aus, aber noch ist Hoffnung, Trost noch in Sicht, wenn er andere, freundliche oder gar liebe Menschen wiedertrifft: „Ostern ist noch mein einziger Trost." (Z. 25) Ostern ist Termin, aber auch Metapher im Sinne von Auferstehung, Wiedergeburt der Natur. Erfahrung aus dem geschichtlichen Vorgang der Französischen Revolution, der eigenen Arbeit am *Hessischen Landboten* und der gescheiterten revolutionären Bemühungen führen zur individuellen Vereinsamung, zu einem zeitweisen Fatalismus. Ende des Briefes: Büchner schränkt seine Bedeutung ein, bezeichnet ihn als „Durcheinander" („Charivari", Z. 31), ausgelöst durch die Trennung von Minna („... wenn man davon gerissen ist", Z. 29) und verspricht einen anderen Brief. Hat sich freigeschrieben.

Wesentliche Elemente der Textform, Stilelemente (Verhältnis von Zufall und Gesetz; Gültigkeit des Fatalismus, Büchners Selbstzitate)

Die Lebenssituation schafft die Voraussetzung für Büchners Enttäuschung, verstärkt durch eine ernüchternde Natur; die ihn erfüllende fehlt („kein Berg", Z. 1).

Beschreibung des Fatalismus durch zwei Wortgruppen: die eine umgibt „Gesetz" (Geschichte, Gleichheit, Verhältnisse, ehern, Herrschaft usw.), die andere „Gewalt" (konkretisiert durch einen Begriff aus der Französischen Revolution „Guillotinemesser", aber auch: „zernichtet", „unabwendbar"). Fatalismus trifft zuerst Büchner selbst, dann den Einzelnen, die historische Größe, Genies. Absage an historische Helden. Ausgangssituation ist die Französische Revolution und das Scheitern ihrer Führer Danton und Robespierre.

Doppeldeutigkeit des *Muss*: bezieht sich einmal auf das eherne Gesetz als Grundlage des „grässlichen Fatalismus", erinnert aber andererseits auch an den kategorischen Imperativ Kants: Man muss sich in bestimmter Weise verhalten, um etwas zu erreichen.
Auch dem Ärgernis, das als scheinbare Notwendigkeit erscheint, liegt ein auslösendes Wesen zugrunde („wehe dem, durch den es kommt", Z. 14). Büchners Erkenntnis vom Geschichtsprozess ist zuerst beschränkt auf die Französische Revolution und nicht ohne weiteres zu verallgemeinern. Deshalb Trost (bei Minna), Hoffnung der Überwindung des Zustands.
Stilelement der variablen Wiederholung: Fatalismus, unabwendbare Gewalt, Größe ein bloßer Zufall, Puppenspiel (erinnernd an Heinrich von Kleists *Über das Marionettentheater*, 1810).

Herstellen des Kontextes (Bezug zwischen Fatalismus und gesellschaftlicher Veränderung)

Der berühmte Satz aus dem „Fatalismus-Brief": „Was ist das, was in uns lügt, mordet, stiehlt?" (Z. 15) wird wortwörtlich in *Dantons Tod* verwendet, dort auch noch erweitert. Mehrere Gestalten verwenden ihn. Aber in dem Fatalismus stecken auch die menschlichen Triebe, denen sich der Mensch nicht widersetzen kann, wie es Woyzeck verkündet. Danton und Woyzeck sind determinierte Gestalten; sie gehören beide in das Umfeld des Fatalismus. Büchners praktische Bemühungen, das menschliche Los als soziale Erscheinung zu verändern – seine Arbeit mit dem *Hessischen Landboten* – waren zur Niederlage geworden. Andererseits setzt Büchner keinen Gott an die Leerstelle, um eine Erlösung aus dem Fatalismus der Geschichte anzudeuten. Büchners Fatalismus ist ein zorniger Fatalismus, Büchner findet sich trotz der Erfahrung damit nicht ab.

Reflektierte Schlussbetrachtung (Bedeutung für Büchners Geschichtsbild)

Dass Büchner trotz der Fatalismus-Vorstellung auch andere Vorstellungen hat, die bis an die Erkenntnis einer Klassenstruktur heranführen und die Ursachen für Aufstände in der Ungleichheit beim Besitz von Eigentum sehen, wird mehrfach in Briefen deutlich, in denen er materielles Elend und religiösen Fanatismus als Grundlagen gesellschaftlicher Bewegungen beschreibt. Er glaubt an Veränderungen und Umbrüche, er konstatiert revolutionäre Prinzipien, die zu Hebeln werden können: Hunger und Not. Bert Brechts Macheath brachte es in der *Dreigroschenoper* (1928) auf die bekannte Formel: „Wie ihr es immer dreht und wie ihr's immer schiebt / Erst kommt das Fressen, dann kommt die Moral."
Büchners Freunden ist bewusst, dass es sich bei den Flugschriften um die Vorbereitung einer Revolution handelt. Das bedeutet einen qualitativen Schritt über die utopischen Sozialisten Fourier und St. Simon hinaus. Büchner hat die Masse des Volkes im Auge, das Proletariat kann er nicht kennen, da es im Großherzogtum Hessen erst in Ansätzen vorhanden ist. Doch ist Büchner bewusst und er erklärt es immer wieder, dass es nicht um irgendwelche Verbesserungen wie eine unbestimmte Freiheit und anderes geht, sondern um eine grundsätzliche Neuordnung der Gesellschaft.

S
Schreibplan

Schreibplan

zu Aufgabe 2

Teilaufgabe 2: Analyse einer Dramenszene		
Baustein	**Erläuterung**	**Mögliche Operatoren**
Überleitung	Thematisch-philosophischer Zusammenhang zwischen beiden Texten: Fatalismus und Determination des Menschen	**verfasst/formuliert** eine aufgabenbezogene Einleitung
Text-/ Themenverständnis	Woyzeck wird zum Objekt des Arztes und bekommt animalische Züge	**fasst** den Inhalt strukturiert **zusammen**
Textaufbau	Woyzeck als Versuchsobjekt. Medizinische Versuchsreihe: zunehmende Animalisierung Woyzecks. Konflikt zwischen Willensfreiheit und tierischer Natur	**untersucht** vergleichend die Animalisierung und den Fatalismus
wesentliche Elemente der Textform; wesentliche Stilmittel	Natur = Triebhaftigkeit, Fatalismus; Determination wird verdoppelt: Natur und Bestimmung durch den Doktor. Parodistisches Spiel mit dem Begriff „Revolution"	**beschreibt** Synonyme für Fatalismus und Woyzecks „Natur"
Herstellen des Kontextes	Doktor und Hauptmann als Repräsentanten der Gesellschaftsstruktur. Woyzeck ist ihr ausgesetzt, aber durch ihre Triebe bestimmt	**untersucht** vergleichend die Triebhaftigkeit, der sich Woyzeck nicht entziehen kann, und den Fatalismus
reflektierte Schlussbetrachtung	Büchners Erkenntnisse einer vom Menschen unabhängigen Bewegung der Geschichte, der sich der Mensch durch Tätigkeit und Willen widersetzen kann	**beurteilt** Büchners Fatalismus und zeigt die Grenzen, die Büchner zu überwinden versucht

L
Lösung

Lösungsmöglichkeit

zu Aufgabe 2
(außer der Überleitung stichwortartig)

> Überleitung (thematisch-philosophischer Zusammenhang zwischen beiden Texten: Fatalismus und Determination des Menschen)

Der „grässliche Fatalismus der Geschichte", den Büchner in seinem Brief beschreibt, wirkt sich auch im *Woyzeck* als Deformation eines Menschen zum animalischen Wesen aus, wenn ihm Besitz, soziale Anerkennung und lebensnotwendiges Geld fehlen. Damit hatte der Fatalismus sowohl seine Bestätigung als auch seine Grenze bekommen. Der letzte Widerstand gegen seine Rückbildung zum Tier ist für Woyzeck ein Mord. Zuvor ist Woyzeck aber von den verschiedenen ihm vorgesetzten Personen auf diesen Fatalismus zurückgeworfen worden. –

Der Fatalismus bekommt bei Büchner eine reale Begründung, es war der gesetzliche Zustand, das Gesetz, das die Masse der Staatsbürger zum „Vieh" mache, wie Büchner immer wieder in Briefen schreibt und im *Hessischen Landboten* erklärt. In der vorliegenden Szene ist nun ein solcher Vorgang zu verfolgen, wie Woyzeck durch den Doktor „entmenschlicht" und zum „Hund" gemacht wird. Das soll im Einzelnen verfolgt und nachgewiesen werden, wobei der „Fatalismus der Geschichte", abgeleitet aus der Französischen Revolution von 1789, herangezogen werden soll.

Text-/Themenverständnis (Woyzeck wird zum Objekt des Arztes und bekommt animalische Züge)

Woyzeck und der Doktor; Woyzeck als Versuchsobjekt. Versuch richtet sich auf Fähigkeit des Harnhaltens oder „den Harn nicht halten können". Medizinische Versuchsreihe: einseitige Ernährung führt zu Halluzinationen, zunehmende Animalisierung Woyzecks („wie ein Hund", Z. 5), das Tier im Menschen als pränaturalistische Thematik (Emile Zola: *Die Bestie [Das Tier] im Menschen*, 1890). Woyzecks Verhalten bestimmt: durch einseitige Ernährung, soziales Elend.
Konflikt zwischen Willensfreiheit und tierisch-triebhafter Natur, wobei die Willensfreiheit sich auf niedrigste Verrichtungen bezieht und selbst in Frage stellt, denn: Zur Willensfreiheit gehört Freiheit des Geistes. Geist und Harndrang als philosophischer Gegensatz und gleichzeitig als groteske Bloßstellung eines medizinischen Scharlatans.
Idealistischer Grundsatz: „... der Mensch ist frei" (Z. 10) unter Vernachlässigung der sozialen Bedingungen. Stabilisierung dieser Bedingungen bei Woyzeck durch seinen Objektcharakter, wodurch er Geld verdient, führt zum Verlust der freien Entscheidungen. Soziale Sicherung geht parallel mit psychischen Störungen (Woyzeck hört Stimmen): Beides bedingt einander. Außerdem Zusammenhang von Animalisierung und Verlust der Willensfreiheit; fundamentale Erkenntnis Büchners und Erklärung der sozialen Grundlegung des Fatalismus.

Textaufbau (Animalisierung Woyzecks)

8. Szene aus dem Fragment *Woyzeck*, Dialog zwischen Woyzeck und dem Doktor. Teil der abhängigen Beziehungen Woyzecks im Rahmen seiner alltäglichen Verrichtungen; Abhängigkeitsverhältnis in diesem Fall nicht militärischer Art, sondern als Versuchsperson im medizinischen Bereich. Anreicherung mit fachsprachlichen Begriffen bzw. mit pseudofachsprachlichem Material. Experiment des Doktors: Beschreibung der Experimentierverhältnisse, der Durchführung und der Zielstellung. Mensch als Versuchsobjekt, für Woyzeck notwendig zur Aufbesserung des Familienbudgets. Im Zustand der größten Abhängigkeit Gespräch über menschliche Freiheit, Verhältnis von Freiheit und menschlicher Natur, Natur und Trieb. Zustand des Menschen, wenn ihm die „Natur kommt", klären. Trieb als Voraussetzung der Gattungerhaltung, Animalisierung Woyzecks schlägt um in Halluzinationen.

Wesentliche Elemente der Textform, Stilmittel (Natur = Triebhaftigkeit, Fatalismus; Verdoppelung der Determination; parodistisches Spiel mit Begriff „Revolution")

Der Natur Woyzecks setzt der Doktor die Freiheit des Menschen gegenüber, aber diese Freiheit wird durch ihren Ausdruck, der Mensch könne in seiner Willensfreiheit den Harn halten, ab absurdum geführt, handelt es sich doch dabei um einen biologisch-medizinischen Vorgang, nicht um eine moralische Entscheidung der Willensfreiheit. Natur = Triebhaftigkeit, Fatalismus; Freiheit = Harn halten können. Natur bestimmt Woyzeck, die Determination wird verdoppelt: Natur und Bestimmung durch den Doktor. Parodistisches Spiel mit dem Begriff „Revolution“: keine soziale oder politische Revolution, sondern wissenschaftliche, die durch Woyzecks „Pissen“ herbeigeführt werden soll. Reduktion des revolutionären Potentials der Ungleichheit und Unterdrückung auf sarkastisches Niveau des Harnhaltens oder -lassens.

Herstellen des Kontextes (Doktor und Hauptmann als Repräsentanten der Gesellschaftsstruktur)

Doktor und Hauptmann als Repräsentanten der Macht einer unmenschlichen Gesellschaftsstruktur, selbst aber geistig beschränkt. Woyzeck sieht die Menschen sozial schwankend, aber durch Triebe bestimmt. Wird als Mensch gepeinigt, wird in Tierhaftigkeit gedrängt und verhält sich wie ein Tier („wie ein Hund“). Die mitleidlose Gesellschaft, sozial deformiert, menschlich verarmt. Einerseits den Menschen bedrohender Fatalismus, der umso bestimmender wird, je ärmer der Mensch ist, andererseits die Animalisierung, die Woyzeck rettet, der schließlich auf eine unmenschliche Gesellschaft mit Mord antwortet.

Reflektierte Schlussbetrachtung (Büchners Erkenntnisse)

Büchner schrieb aus einer persönlich schwierigen Situation, einer Krisensituation, fern der Braut und ohne Bindungen, die er in Straßburg hatte. Schrieb sich seine Probleme vom Herzen. Drang dabei zu wesentlichen Erkenntnissen einer vom Menschen unabhängigen Bewegung der Geschichte vor, der sich der Mensch aber durch Tätigkeit und Willen widersetzen oder bedienen kann. Mit aller Entschiedenheit wollte Büchner gegen die Fremdbestimmung ankämpfen und Veränderungen erwirken. Er schuf dabei eine neue Kunst, die heute als Beginn der Moderne gilt und mit der Kunst der Romantik kaum etwas, mit der des Vormärz, in die er zeitlich gehört, manches zu tun hat. Büchner begriff sich als zeitgenössisch.

Aufgabenart II A

Analyse eines literarischen Textes mit weiterführendem Schreibauftrag

Aufgabenstellung

Aufgabe

1. Analysieren Sie den vorliegenden Auszug, die 5. Szene aus Georg Büchners *Woyzeck*.
2. Beurteilen Sie in Form eines Essays Woyzecks Auffassung von Tugend und Natur mit vergleichbaren Auffassungen in Schillers *Don Karlos* oder Kleists *Prinzen Friedrich von Homburg*.

Text

Text

Georg Büchner
Woyzeck (Auszug, 5. Szene)

Der Hauptmann. Woyzeck.
Hauptmann auf einem Stuhl, Woyzeck rasiert ihn.

Hauptmann. Langsam, Woyzeck, langsam; ein's nach dem andern; Er macht mir ganz schwindlich. Was soll ich dann mit den zehn Minuten anfangen, die er heut zu früh fertig wird? Woyzeck, bedenk' er, er hat noch seine schöne dreißig Jahr zu leben, dreißig Jahr! macht 360 Monate, und Tage, Stunden, Minuten! Was will er denn mit der ungeheuren Zeit all anfangen? Theil er sich ein, Woyzeck.

Woyzeck. Ja wohl, Herr Hauptmann.

Hauptmann. Es wird mir ganz angst um die Welt, wenn ich an die Ewigkeit denke. Beschäftigung, Woyzeck, Beschäftigung! ewig das ist ewig, das ist ewig, das siehst du ein; nun ist es aber wieder nicht ewig und das ist ein Augenblick, ja, ein Augenblick – Woyzeck, es schaudert mich, wenn ich denk, dass sich die Welt in einem Tag herumdreht, was eine Zeitverschwendung, wo soll das hinaus? Woyzeck, ich kann kein Mühlrad mehr sehn, oder ich werd' melancholisch.

Woyzeck. Ja wohl, Herr Hauptmann.

Hauptmann. Woyzeck, er sieht immer so verhetzt aus, Ein guter Mensch thut das nicht, ein guter Mensch, der sein gutes Gewissen hat. – Red' er doch was Woyzeck. Was ist heut für Wetter?

Woyzeck. Schlimm, Herr Hauptmann, schlimm; Wind.

Hauptmann. Ich spür's schon, s' ist so was Geschwindes draußen; so ein Wind macht mir den Effect wie eine Maus. (pfiffig) Ich glaub' wir haben so was aus Süd-Nord.

Woyzeck. Ja wohl, Herr Hauptmann.

Hauptmann. Ha! ha! ha! Süd-Nord! Ha! Ha! Ha! O er ist dumm, ganz abscheulich dumm. (gerührt) Woyzeck, er ist ein guter Mensch, ein guter Mensch – aber (mit Würde) Woyzeck, er hat keine Moral! Moral das ist wenn man moralisch ist, versteht er. Es ist ein gutes Wort. Er hat ein Kind, ohne den Segen der Kirche, wie unser hochehrwürdiger Herr Garnisonprediger sagt, ohne den Segen der Kirche, es ist nicht von mir.

Woyzeck. Herr Hauptmann, der liebe Gott wird den armen Wurm nicht drum ansehn, ob das Amen drüber gesagt ist, eh' er gemacht wurde. der Herr sprach: lasset die Kindlein zu mir kommen.

Hauptmann. Was sagt er da? Was ist das für n'e kuriose Antwort? Er macht mich ganz confus mit seiner Antwort. Wenn ich sag: er, so mein ich ihn, ihn

Woyzeck. Wir arme Leut. Sehn sie, Herr Hauptmann, Geld, Geld. Wer kein Geld hat. Da setz einmal einer mein'sgleichen auf die Moral in der Welt. Man hat auch sein Fleisch und Blut. Unsereins ist doch einmal unseelig in der und der andern Welt, ich glaub' wenn wir in Himmel kämen, so müssten wir donnern helfen.

Hauptmann. Woyzeck er hat keine Tugend, er ist kein tugendhafter Mensch. Fleisch und Blut? Wenn ich am Fenster lieg, wenn es geregnet hat und den weißen Strümpfen so nachsehe, wie sie über die Gassen springen, – verdammt Woyzeck, – da kommt mir die Liebe. Ich hab auch Fleisch und Blut. Aber Woyzeck, die Tugend, die Tugend! Wie sollte ich dann die Zeit herumbringen? ich sag' mir immer du bist ein tugendhafter Mensch, (gerührt) ein guter Mensch, ein guter Mensch.

Woyzeck. Ja, Herr Hauptmann, die Tugend! Ich hab's noch nicht so aus. Sehn Sie wir gemeinen Leut, das hat keine Tugend, es kommt einem nur so die Natur, aber wenn ich ein Herr wär und hätt ein Hut und eine Uhr und eine anglaise und könnt vornehm reden, ich wollt schon tugendhaft seyn. Es muß was Schöns seyn um die Tugend, Herr Hauptmann. Aber ich bin ein armer Kerl.

Hauptmann. Gut Woyzeck. Du bist ein guter Mensch, ein guter Mensch. Aber du denkst zuviel, das zehrt, du siehst immer so verhetzt aus. Der Diskurs hat mich ganz angegriffen. Geh' jetzt und renn nicht so; langsam hübsch langsam die Straße hinunter.

(Aus: Georg Büchner: *Woyzeck.* Studienausgabe, hg. von Burghard Dedner. Stuttgart: Reclam, 1999 Universal-Bibliothek Nr. 18007, S. 16–19)

Erläuterung der Aufgabenstellung

Bei der Lösung der Aufgabe weisen Sie nach, dass Sie Methoden der Analyse eines dramatischen Textes kennen, die entsprechenden Begriffe beherrschen und an einem ausgewählten dramatischen Text den Charakter des gesamten Stückes erfassen. Sie haben die Aufgabe, diese Szene Georg Büchners zu analysieren. „analysieren" gehört zu den übergeordneten Operatoren in allen drei Anforderungsbereichen und bedeutet, angewendet auf diesen Text:
Texterfassung, Textbeschreibung, Textuntersuchung. Der Zusammenhang zwischen Textstruktur und Textintention muss deutlich werden: Satzbau, Wortwahl, stilistische Mittel, Erfassung der zentralen Themen und Gegenstände des Dialogs unter besonderer Berücksichtigung der Argumentationsstrategie der beiden handelnden Personen. Wichtig ist, dass Sie Ihre literaturwissenschaftlichen Kenntnisse einsetzen, um den Kontext zu der Szene zu schaffen und so ein umfassendes Verständnis für den ausgewählten Text nachweisen. Am Ende stehen reflektierte Schlussfolgerungen. Sollte eine Bewertung oder Beurteilung gewünscht sein, wird das ausdrücklich in der Aufgabenstellung formuliert.

Der weiterführende Schreibauftrag verschafft Ihnen die Möglichkeit, umfassender als zur ausgewählten Szene Ihre Kenntnisse von der historischen Entwicklung zentraler Kategorien des Aufklärungszeitalters in ihrer Entwicklung bis in die Mitte des 19. Jahrhunderts nachzuweisen. Die Themenstellung legt Ihnen dabei kaum inhaltliche Beschränkungen auf; die inhaltliche Orientierung beziehen Sie aus den Kategorien „Natur" und „Tugend", wobei es für Sie nützlich ist, deren Verwendung bei Büchner nochmals an den Beginn zu stellen. Wenn auf einen Essay orientiert wird, dann deshalb, weil die Textsorte „Essay" Ihnen große Freiheiten gibt.
Essay: Ursprünglich bedeutet engl., franz. essai nichts anderes als „Versuch". Man versteht darunter eine kürzere Abhandlung über ein wissenschaftliches Thema, ein ästhetisches Problem oder eine kunsttheoretische Frage, die sich nicht an Wissenschaftler, sondern an ein geistig interessiertes Publikum richtet. Im Essay versuchen sich auch Künstler in anderen Disziplinen, Maler über Literatur, Schriftsteller über Malerei usw.

Schreibplan

zu Aufgabe 1

Schreib-plan

Teilaufgabe 1: Analyse des Ausgangstextes		
Baustein	**Erläuterung**	**Mögliche Operatoren**
Einleitung	Büchner, Textform, Entstehungszeit/Veröffentlichung Thema des sozial gedemütigten Individuums	**formuliert** eine aufgabenbezogene Einleitung und weist auf die Methode hin
Text-/Themenverständnis	Einordnung einer Dramenszene in den Kontext der Ganzschrift, Inhaltsangabe	**ordnet** die Szene in den Gesamtzusammenhang des Werkes **ein**
Textaufbau, wesentliche Elemente der Textform und wesentliche Stilmittel	Wesentliche sprachliche Mittel im Dialog, „windschiefer" Dialog, Typisierung des Hauptmanns, Themen des Dialoges als Ausdruck der sozialen Stellung	**beschreibt** die Dialogführung und untersucht die Auswirkung auf die Personenführung **beurteilt** die Unterschiede von Woyzeck und Hauptmann auf verschiedenen Ebenen
Herstellen des Kontextes	Einbeziehung von biographischen, politisch-sozialen Bezügen	**prüft** die Aktualität eines Textes **beurteilt** die Relevanz des Themas heute
reflektierte Schlussbetrachtung	Eigene Meinung über den Text, Zusammenhang von Struktur und Absicht, Wirkung bis in die Gegenwart	**beurteilt** die in der Szene vertretenen Ansichten in ihrer heutigen Bedeutung

Lösungsmöglichkeit

zu Aufgabe 1

Lösung

Einleitung (Thema des sozial gedemütigten Individuums)

Mit *Woyzeck* beginnt das moderne deutsche Drama. Sein Schöpfer Georg Büchner, Naturwissenschaftler, Mediziner und Dichter, starb 1837 vor Abschluss des Stückes, das erst 1878 in einer Zeitschrift, dann in einer von Karl Emil Franzos herausgegebenen Gesamtausgabe veröffentlicht und 1913 uraufgeführt wurde. Da es als Fragment überliefert ist, haben sich unterschiedliche Meinungen zur Reihenfolge der Szenen gebildet. Im vorliegenden Text, dem die Studienausgabe zugrunde liegt, ist die zitierte Szene die 5. Szene der Abfolge, in anderen Ausgaben eröffnet die Szene das Fragment. Jede Szene stellt eine Station auf Woyzecks letztem Lebensabschnitt dar, der mit der Tötung Maries durch Woyzeck und dem Tod Woyzecks endet. Ob Woyzeck Selbstmord begeht, wie aus der Szene „Woyzeck an einem Teich" gefolgert werden könnte, oder ob er verurteilt und hingerichtet wird, wie es dem historischen Woyzeck geschah und die Szene „Gerichtsdiener. Barbier. Arzt. Richter" andeutet, teilt das Fragment nicht mit.

Die Szene zwischen dem Hauptmann und Woyzeck fasst wie ein Brennglas die zentralen Probleme des Stückes zusammen, die sich aus dem Zerfall eines geschlossenen Weltbildes und dem Paradigmenwechsel geistiger Orientierungen ergeben. Nicht mehr Wertvorstellungen ordnen die Welt, sondern ausschließlich Besitz. Woyzeck steht für die Besitzlosen, die damit ihre soziale Stellung innerhalb der gesellschaftlichen Hierarchie, auch wenn es nur die unterste Stufe war, verlieren. In der sich ausschließenden Gegenüberstellung von „Natur" und „Tugend" kristallisieren sich diese Probleme als Folge sozialer Widersprüche. Das weist gleichzeitig die Modernität Büchners aus. In der Szene wirkt Woyzeck einerseits in dem gelernten Beruf – er ist Perückenmacher und Friseur –, andererseits wird das militärische Unterstellungsverhältnis deutlich, in dem er sich befindet. Aus beiden Gegenüberstellungen, der sozialen und der militärisch-disziplinarischen, ergibt sich Woyzecks Stellung am unteren Ende der gesellschaftlichen Pyramide. Ergänzt wird der Einblick in Woyzecks soziale Stellung durch ein Gespräch über Woyzecks private Situation.

Text- und Themenverständnis (Einordnung einer Dramenszene in den Kontext der Ganzschrift, Inhaltsangabe)

Woyzeck steht nicht nur am untersten Rand der Pyramide, sondern fällt aus den alltäglichen Normen heraus, indem er wegen seiner Besitzlosigkeit vorgegebene Bedingungen nicht erfüllen kann. Zwar lebt er mit einer Frau und einem Kind zusammen, aber er hat das Kind gezeugt, ohne verheiratet zu sein. Ledige Mütter wurden in jener Zeit nicht anerkannt; so kam es oft zu Kindestötungen, die dann die Mütter vor Gericht brachten, wie man es aus der Literatur des Sturm und Drang bis hin zu Goethes *Faust* – die Gretchentragödie – kennt. Die Väter, oft Offiziere, die junge Mädchen verführten, sich bei Schwangerschaft aus dem Staube machten – waren doch ledige Mütter nicht standesgemäß –, blieben straffrei. Anders ist die Situation bei Woyzeck und Marie, er lebt in einem von seiner Seite aus einigermaßen festen Verhältnis mit einer Witwe, die von ihm das Kind hat, der aber ein lockeres Leben Alltag geworden ist, wodurch die ohnehin geringe Stabilität der Beziehung auf ein Mindestmaß sinkt. Während sie deshalb nicht zu verurteilen ist, lässt sich über den Mann leicht der Stab brechen, weil er in doppelter Weise gegen die Sitten verstößt: Er hat ein uneheliches Kind gezeugt und ist außerdem nicht in der Lage, die Frau in eine soziale Ordnung zu bringen. In einer von Männern dominierten Gesellschaft erlaubt er der Frau, wenn auch gezwungenermaßen, Freiheiten, die ihr sonst nicht gestattet wären. Woyzeck hat keine Tugend, so erklärt ihm der Hauptmann. Aber Woyzeck ist daran schuldlos, kann seine Situation objektivieren und weiß um die Gründe dafür: Er ist besitzlos und kann deshalb keine Tugend besitzen, weil sie an äußerliche Zeichen des Wohlstandes geknüpft ist. Deshalb argumentiert Woyzeck mit seiner Natur, die sich nach Liebe und Gemeinschaft sehne, auch wenn sie nicht kirchlich legitimiert ist. Das widerspricht den herrschenden Regeln der Gesellschaft und der Kirche. Gleichzeitig macht es die Beziehung, in der Woyzeck lebt, instabil. Im Verlauf der Szenenfolge wird deutlich, dass Woyzecks Partnerin Marie noch weniger von gesellschaftlichen Absprachen und Normen hält. Sie folgt ihren Trieben, die von dem stattlichen Tambour-Major weit besser befriedigt werden können als von dem unterernährten, zum Versuchskaninchen degradierten und abgearbeiteten Woyzeck. Die Szene macht deutlich, dass Woyzeck sehr viel mehr natürliche Tugend hat als seine Umgebung. Er steht zu seinem Kind, sorgt sich darum und weiß um seine Verantwortung, die er sogar durch christliche Werte begründet sieht („Lasset die Kindlein zu mir kommen.", Z. 30 f.). Dieses Argument, das den

Hauptmann verblüfft und „konfus" macht, zeigt Woyzeck als einen intelligenten Menschen: Er benutzt ebenso ein christliches Zitat, wie sich der Hauptmann bei seinem Tugendbegriff auf die offizielle kirchliche Moral berufen kann („Er hat ein Kind, ohne den Segen der Kirche" (Z. 26). So steht Aussage gegen Aussage und lässt die Kirche zwiespältig und unsicher erscheinen. Dem Hauptmann sind Liebe und Natur fremd; er kennt nur die Lust und hält sie für Liebe: Vom Fenster aus sieht er jungen Mädchen nach, die beim Regen ihre Röcke heben, und dann komme ihm die „Liebe" (Z. 41). Das ist jedoch die Lust des Bordells, die sich hier kundgibt, nicht die Gemeinsamkeit einer wirklichen Liebe. Woyzeck ahnt nicht nur die sozialen Unterschiede, sondern kennt sie genau und weiß auch um ihre Stabilität, selbst der Himmel hebe die Unterschiede nicht auf, sondern sie würden sich als scheinbar göttliche Ordnung dort fortsetzen. Dadurch bleibt für Woyzeck keine Möglichkeit der Veränderung; er weiß darum. Wenn er die letzte Bindung, die er hatte, zerstört und Marie ermordet, ist das für ihn die einzige Reaktion, aus der unveränderlichen sozialen Ordnung auszubrechen. Er fällt von der untersten Stufe der Gesetzlichkeit in die Ungesetzlichkeit und unterliegt nun wieder einer Ordnung, der juristischen. Insofern ist die Szenenfolge, in der nach Woyzecks Gang in den See ein Gerichtsverfahren stattzufinden scheint, wie es auch dem wirklichen Woyzeck geschah, eine logische Folge.

Textaufbau, wesentliche Elemente der Textform (sprachliche Mittel im Dialog, „windschiefer" Dialog, Typisierung des Hauptmanns)

Zu einem Maßstab des sozialen Unterschieds macht Woyzeck das Sprachvermögen des Menschen. Gegenüber stehen sich zwei unterschiedliche sprachliche Situationen: Der Hauptmann argumentiert durchgängig aus der Überlegenheit des Vorgesetzten, der seinen Untergebenen nur mit dem Familiennamen anredet. Woyzeck bestätigt ihn in der zur Dienststellung gehörenden sprachlichen Form mit dem Dienstgrad („Ja wohl, Herr Hauptmann", Z. 8, 15, 22). Dabei fällt dem Hauptmann nicht auf, wie Woyzeck hier schon sein intellektuelles Spiel mit ihm treibt. Wenn der Hauptmann vom Nord-Süd-Wind spricht, den man habe, bleiben Woyzeck nur zwei Möglichkeiten: Entweder bestätigt er diese falsche Aussage und hält die militärische Norm ein oder er widerspricht und gefährdet sich.
Das sprachliche Material stammt aus einer festen, fast ritualisierten Dialogsituation, aus der heraus gesprochen wird: Beim Friseur finden derartige Allerweltgespräche wie in dieser Szene statt, wobei in der Regel aber der Friseur den Dialog vorgibt. Das kehrt sich bei Büchner um; dadurch wird aus der Allerweltsszene der außergewöhnliche Vorgang. Dabei kommt es zu einem „windschiefen" Dialog in zwei Teilen, denn die beiden Protagonisten sprechen aneinander vorbei: In den ersten siebzehn Zeilen möchte der Hauptmann, ganz der Überlegene in der militärischen Hierarchie, ein Gespräch über Grundfragen führen: Zeit, Welt und Ewigkeit. Er bedient sich eines scheinbar abgehobenen intellektuellen Wortmaterials, das sich jedoch als Luftblase erweist, indem der Hauptmann seine Begriffe tautologisch bzw. pleonastisch begründet („ewig das ist ewig", Z. 10, „nicht ewig und das ist ein Augenblick", Z. 11 usw.). Es ist sinnloses Wortgeklingel, auf das es keine sinnvolle Antwort von Woyzeck geben kann. Deshalb zieht sich Woyzeck zweimal auf die notwendige ritualisierte Formelhaftigkeit der Sprache des untergebenen Soldaten zurück. Dann versucht es der Hauptmann in den nächsten acht Zeilen, in zwei Redeansätzen, mit dem typischen Gespräch beim Friseur: über das Wetter. Nachdem auch das misslingt – Woyzeck reagiert zweimal mit stereotypen Antworten –,

schreitet der Hauptmann zur Provokation und bezeichnet Woyzeck als „ganz abscheulich dumm“ (Z. 23 f.). Dass er sich dabei in Gefahr begibt – Woyzecks Halluzinationen enthalten auch Messer und später wird ein Messer zum Mordwerkzeug –, wird ihm aufgrund seines Selbstwertgefühls nicht bewusst. Erst, als es um Tugend und Moral geht, setzt Woyzeck seine soziale Stellung ein, um die soziale Basis von Tugend und Moral zu zeigen. Das gelingt ihm insofern mustergültig, als er sich bei seiner ethischen Argumentation auf die höchste Instanz, die es gibt, beruft, auf Gott („Der Herr sprach ...“, Z. 30). Der Antwort ist der Hauptmann nicht gewachsen, denn sie bringt sein Weltbild durcheinander. Es kommt zu einer komischen Verwechslung zwischen Woyzeck und Gott: Der Hauptmann muss Woyzeck bestätigen, das er ihn und nicht Gott meinte („Wenn ich sag: er, so mein ich ihn, ihn“, Z. 33). Woyzeck bleibt in diesem Gespräch Sieger. Zuerst erhebt der Hauptmann das Friseurgespräch zum Diskurs, also zur wissenschaftlichen Auseinandersetzung zwischen kompetenten Partnern, und dann beendet er ihn wegen geistiger Hilflosigkeit: Woyzeck denke „zuviel“ (Z. 50), das heißt, der Hauptmann denkt weniger. Damit ist die beleidigende Abwertung Woyzecks widerlegt.

Während in anderen Szenen des Stückes nichtsprachliches Material das Sprechen überlagert, wird hier der Dialog zu Ende geführt. Woyzeck bedient sich dabei populärer sprachlicher Mittel, etwa der Prolepsen (Wiederaufnahme eines Substantivs durch ein Pronomen oder Adverb): „... wir gemeinen Leut, das hat keine Tugend“, Z. 45) In der populären Dichtung wurde die Prolepse oft zum Stilprinzip (wie in Eichendorffs *In einem kühlen Grunde, da geht ein Mühlenrad*).

Den Regieanmerkungen in Büchners Stück kommt große Bedeutung zu. Sie wurden in der vorliegenden Szene auf ein Mindestmaß beschränkt, sind allerdings selbst dann noch vielsagend: Zweimal ist der Hauptmann „gerührt“ (Z. 24, 43) von der eigenen Größe, fühlt er sich doch klug und tugendhaft, während Woyzeck dumm und ohne Tugend sei. Daraus ergibt sich, dass der Hauptmann „mit Würde“ (Z. 24 f.) Woyzecks fehlende Moral kritisieren kann. Woyzeck dient dem Hauptmann als Basis, von der aus man sich die eigene Größe bestätigen kann. Aber auch hier wird die Niederlage des Hauptmanns deutlich: Durch Gefühl („gerührt“) fühlt er sich überlegen, nicht durch intellektuelle Größe („confus“, Z. 33). Nicht ein Individuum wird erkennbar, sondern ein Typ; der Hauptmann trägt keinen Namen, nur den Dienstgrad; auch sonst erfährt man nichts Privates und Persönliches von ihm, sondern nur die den Typ des Offiziers bestätigende Lust nach den „weißen Strümpfen“ (Z. 33 f.), die für junge Mädchen stehen.

Herstellen des Kontextes (Einbeziehung von biographischen, politisch-sozialen Bezügen)

Die Szene ist eine Schlüsselszene, denn sie zeigt Woyzeck in der entscheidenden Abhängigkeit des Soldaten. *Woyzeck* behandelt einen Kriminalfall, der aufwendige gerichtspsychiatrische Auseinandersetzungen auslöste. Diese wiederum führten Büchner zu sozialen Fragestellungen, die in Inhalt und Form zugespitzt wurden, weil der jugendliche Verfasser des Fragments ein konsequenter Revolutionär war. Nicht zuletzt ist das Stück nach wie vor aktuell: Meldungen, im Milieu Obdachloser und ähnlicher Gestrandeter habe sich ein Mord an einer Frau ereignet, finden sich öfters in den Tageszeitungen.

Georg Büchner, der als 23-jähriger Privatdozent im Exil starb, war seiner Zeit voraus, schuf eine neue Dramenform, geprägt durch die Autonomie der Szene, und hatte die Lösung sozialer Widersprüche im Sinn, die auch heute noch teils ungelöst sind. Als Ursache dieser Widersprüche erkannte er die ungerechten Verteilungsprinzipien der bürgerlichen (kapitalistischen) Gesellschaft, für ihn im Widerspruch von Arm und Reich, Hütten und Palästen gegenwärtig. Das war für Büchner ein Kernpunkt seiner materialistischen Weltsicht: Das Verhältnis von Armen und Reichen war für ihn das einzige revolutionäre Element in der Welt, wie er in Briefen und seiner berühmten Flugschrift *Der Hessische Landbote* verbreitete. Büchner brachte diese Erkenntnis ins Wort und ins szenische Geschehen nach einem authentischen Fall. Er gestaltete im *Woyzeck* die Deformation eines Menschen zum animalischen Wesen, wenn ihm Besitz, soziale Anerkennung und lebensnotwendiges Geld fehlen: Als letzten Widerstand gegen seine Rückbildung zum Tier begeht er einen Mord. Der Tambour-Major hatte ihn aus dem einzigen noch vorhandenen Umfeld, in dem er sinnvoll leben konnte, der Beziehung zu Marie und dem Kind, verdrängt. Die Ursachen dafür sah Büchner im Gesetz, das die große Masse der Staatsbürger animalisiere – so wie auch Woyzeck mehrfach mit einem Tier verglichen wird –, um wenige zu befriedigen. Mit aller Entschiedenheit wollte er dagegen kämpfen und Veränderungen erwirken.

Reflektierte Schlussbetrachtung (Zusammenhang von Struktur und Absicht, Wirkung bis in die Gegenwart)

Büchner schuf mit *Woyzeck* eine dramatische Kunstform, die heute als Beginn der Moderne gilt und mit der Kunst zwischen Romantik und Vormärz, in die er zeitlich gehört, kaum etwas zu tun hat. Politisch stand Büchner dem Vormärz noch am nächsten, ohne ihm zugehören zu wollen. Mit der Romantik verband ihn die Orientierung auf die Volksdichtung. Er selbst begriff sich als zeitgenössisch und nahm Elemente der Romantik in den *Woyzeck* auf: Volkslieder und Märchen. Den romantischen Rückgriff ins Mittelalter, den die Romantiker liebten, lehnte er ab. Schriftsteller des Vormärz wie Karl Gutzkow wurden ihm verständnisvolle Partner. Allerdings wusste er aus seinen sozialen und naturwissenschaftlichen Studien von der vielfältigen Bestimmung des Menschen durch Fremdeinwirkung. Besitzverteilung und Ungleichheit waren für ihn die entscheidenden Ursachen für die gesellschaftlichen Widersprüche, zu deren Lösung er angetreten war. Im Zeichen dieser Widersprüche wurde Georg Büchner bis zum heutigen Tag als der große Vorkämpfer einer revolutionären Literatur betrachtet.

1878 publizierte die naturalistische Zeitschrift *Mehr Licht!* erstmals den gesamten Text. Bis dahin war Büchners *Woyzeck* weitgehend unbekannt. Karl Emil Franzos, der den Text entziffert, allerdings auch bearbeitet hatte, sah in seinem Bericht über die Entzifferung das Stück in einem sozialistischen Zusammenhang. Entstanden sei er durch Büchners Interesse und Erbarmen mit den Armen und Elenden, deren Not so groß wäre, dass sie wieder zum Tier würden. Durch den deutschen Naturalismus wurde Büchner berühmt. Als der Naturalismus den Begriff der „Moderne" für die zeitgenössische naturalistische Literatur in Anspruch nahm, ordnete er in eine Reihe von „Kraftdramatikern" wie Grabbe, Hebbel und Otto Ludwig auch Georg Büchner ein. So ist es bis auf den heutigen Tag geblieben, nur hat Büchner längst eine Position außerhalb der summierenden Reihe bekommen und ist ein herausragender Vertreter der beginnenden Moderne geworden.

Schreibplan

Schreibplan

zu Aufgabe 2

Teilaufgabe 2 : weiterführender Schreibauftrag		
Baustein	**Erläuterung**	**Mögliche Operatoren**
Überleitung	Die zentrale Bedeutung von Tugend und Natur bei Büchner, Form des Essays	**formuliert/verfasst** eine aufgabenbezogene Überleitung
aspekt-orientierter Vergleich	Die zeitgenössische Bedeutung von Tugend und Natur im gesellschaftlichen Selbstverständnis	**gibt** in knapper Form den Bezugsrahmen **wieder** **erläutert** im Vergleich wesentliche Unterschiede
Kontextualisierung	Die Auffassung von Tugend und Natur bei Schiller, *Don Karlos* .	**ordnet** seine Analyseergebnisse in Gesellschaftsprogrammen **ein** **begründet**, wie sich in den Texten z. B. ein Epochenumbruch widerspiegelt
reflektierte Schlussbetrachtung	Versuch einer historischen Bewertung und Stellungnahme zur Gültigkeit der unterschiedlichen Auffassung von Tugend und Natur in der Gegenwart	**bewertet** die in den Texten gewählte Figurengestaltung und vergleicht sie mit Figuren aus der Gegenwartsliteratur

Lösung

Lösungsmöglichkeit

zu Aufgabe 2

(außer der Überleitung stichwortartig)

Überleitung (zentrale Bedeutung von Tugend und Natur bei Büchner)

Durch Herkunft, – Georg Büchner stammt aus einer Arztfamilie –, Erziehung und Ausbildung beschäftigte sich Büchner intensiv mit naturwissenschaftlichen Themen und in deren Folge mit sozialen und moralischen Problemen. Seit 1831 studierte Büchner in Straßburg Medizin. Auf den Ort hatte Büchners Vater Einfluss, da in Straßburg angesehene Verwandte wohnten und der Vater außerdem eine besondere Vorliebe für Frankreich hatte. Für Georg Büchner bedeutete aber der Aufenthalt in Straßburg die Begegnung mit einem politisch liberalen Zeitgeist, der nichts mit der Heiligen Allianz zu tun hatte, sondern noch die Erinnerungen an die Französische Revolution und den Aufbruch in ein bürgerliches Zeitalter pflegte. Büchner kam durch seine Wirtsleute Jaeglé, in deren Tochter sich Georg verliebte, mit dem Geist der Julirevolution von 1830 und den Erinnerungen an die Französische Revolution von 1789 in Berührung. So bekamen die medizinischen Studien Büchners von Grund auf eine politische Grundierung. Die Auffassung Büchners von Natur und Tugend unterscheidet sich deshalb auch grundsätzlich von der aufklärerischen und klassischen Verwendung der Begriffe.

Aspektorientierter Vergleich (zeitgenössische Bedeutung von Tugend und Natur im gesellschaftlichen Selbstverständnis)

Eine wichtige Szene für das Verständnis Büchners ist die Szene „Das Innere einer Bude" im *Woyzeck*. Ein Marktschreier stellt „Erziehung" und „viehische Vernunft" am Beispiel eines „astronomischen Pferd" gegenüber. Durch Erziehung sei es gelungen, das Pferd vernünftiger werden zu lassen als manchen Menschen. Der Marktschreier macht dann die Probe aufs Exempel und zeigt das Pferd als einen „verwandelte(n) Mensch(en)" (14, 25 f.): Das Pferd rechnet. Das sei möglich, weil es sich um eine „unverdorbene (unideale) Natur" (14, 17 f.) handelt. Die Umkehrung folgt Szenen später: Der Doktor sieht in Woyzeck mehr animalische als menschliche Existenz, denn er habe „an die Wand gepißt wie ein Hund" (21, 9). – Sein Verhältnis zu seiner „Natur", die durch die Erziehung nicht völlig zerstört worden war, ermöglicht es Woyzeck, sich zeitweise der Vernichtung seiner Persönlichkeit durch militärische Subordination, Befehlserfüllung und als medizinische Versuchsperson zu widersetzen, indem er Weisungen nicht einhält: Seine Natur setzt er gegen den Befehl ein. Da er aber andererseits von den Einnahmen dieser Versuche abhängig ist, zerbricht sein natürlicher Widerstand und Woyzeck wird hilfloses Objekt der ihn beherrschenden Mächte, besonders des Doktors. Der Doktor lehnt jede Bestimmung des Menschen durch seine Natur ab, setzt an diese Stelle einen bizarren menschlichen Willen aus einer verzerrten Freiheit des Menschen – abgeleitet aus der Tatsache, dass der Mensch den Harn halten könne – und benutzt Woyzeck zu Experimenten. Diese drohen zu scheitern, als sich Woyzeck von seiner „Natur" bestimmen lässt, nicht von der Pseudowissenschaft des Doktors. Aber der Doktor sitzt am längeren Hebel, er kann Woyzecks sozialen Status noch weiter einschränken, wenn er ihm seine Erbsen entzieht und Woyzeck nichts zu essen hat, denn „das Geld für die menage kriegt die Frau" (23, 7 f.). Des Doktors Bewunderung für Woyzecks Krankheitssymptome erinnert an die Perversion und Menschenverachtung, mit der in deutschen KZs Menschenversuche vorgenommen wurden. Der Doktor ist eine Vorwegnahme solcher Entwicklungen zu Unmenschlichkeit und Verbrechen.

Kontextualisierung (Auffassung von Tugend und Natur bei Schiller, *Don Karlos*)

Büchners Woyzeck weiß um Tugend und Moral als gesellschaftliches Privileg, das den Besitzenden zuteil wird. Natur bestimmt das allen Menschen ursprünglich eigene Verhalten. Damit schließen Natur und Tugend einander aus. Tugend wird bei Büchner zum Begriff einer sozial strukturierten Gesellschaft und dient der Verschärfung der Gegensätze. Woyzeck handelt seiner Natur entsprechend, aber im Sinne der Besitzenden unmoralisch und ohne Tugend. Damit werden Grundbegriffe des Menschenrechts, das aus dem Naturrecht abgeleitet wurde, außer Kraft gesetzt: Die Menschen werden weder frei und gleich geboren, noch haben sie die gleichen Bildungschancen, noch die gleichen sozialen Chancen. Dadurch haben sie nicht einmal die gleichen Möglichkeiten, ihre Gefühle einzusetzen. Das ist eine radikale Erkenntnis Georg Büchners: Sie setzt die bisherigen Vorstellungen des Zusammenhangs von Natur und Tugend, wie sie die Klassik als Erziehungsideal verkündet hatte, außer Kraft und erklärt die soziale Ungerechtigkeit als Grundübel des widerspruchsvollen gesellschaftlichen Zusammenlebens.

Der Sturm und Drang und die Aufklärung hatten das anders gesehen. Schillers frühe Stücke sollten antifeudal wirken; deshalb brechen seine Helden aus den Konventionen ihres Standes aus – die *Räuber* –, berufen sich auf ihre Leidenschaften

und ihre Liebe, auf ihre Natur und damit auf das Naturrecht. Im *Don Karlos* verbinden sich die Ideen Rousseaus über das Naturrecht, die bisher Aufklärer und Stürmer und Dränger fasziniert hatten, mit Montesquieus Staatslehre, die Posa in seinem Staatsideal der Zukunft umsetzt. Gegenüber der herrschenden Macht von Kirche und Monarchie ist das Naturrecht eine Gegenposition.
Bei der Ergänzung des Naturrechts, wie es der Sturm und Drang verstand, durch das Staatsrecht verlagert sich in Schillers Stück auch das Interesse von Karlos auf Posa. Aber Naturrecht, das dem Menschen die Natürlichkeit seiner Gefühlswelt sichert, und Staatsrecht, das ihm die Entfaltung seiner Fähigkeiten als Mensch, nicht als Aristokrat ermöglicht, gehören zusammen. Das betrifft Posa und Karlos, den Familienkonflikt und den Freiheitskampf der Niederlande, in dem Posas Staatsidee dialektisch aufgehoben wurde: aufbewahrt, ergänzend verändert und im Ansatz verwirklicht. Im Hintergrund stand für Schillers weltanschaulich-politische Ansichten Rousseaus *Gesellschaftsvertrag* (Jean Jacques Rousseau: *Du contrat social ou Principes du droit politique – Vom Gesellschaftsvertrag oder Grundsätze des politischen Rechts,* Erstausgabe 1762): Das Naturrecht war die Alternative zum Absolutismus und sollte dem Menschen zu Freiheit und Gleichheit verhelfen. In den *Briefen über Don Karlos* werden diese Ideale, die Posas Ideale sind, zur „Hauptidee" des Stückes erklärt. Das Naturrecht gehörte zu Schillers Zeit zu den aktuellen philosophischen Entwicklungen; es zielte auf einen „Gesellschaftsvertrag", der das Verhältnis zwischen Staat und Bürger regelte. Wenn der Staat nicht für Freiheit und Gleichheit eintrete, habe der Bürger ihm gegenüber keine Pflichten mehr.
Schillers *Don Karlos* verwendet nicht den Gegensatz „Natur" und „Tugend" – beide stehen sich vielmehr sehr nahe –, sondern den Gegensatz „Natur" und „Kunst" (im Sinne von „künstlich"). Damit setzt er die ethischen Grundforderungen des aufklärerischen und klassischen Denkens fort, das Naturrecht auch als Grundlage des ethischen Verhaltens zu nutzen. In diesem Sinne wird bei Schiller häufig der Begriff der „Tugend" verwendet. „Natur" und „Kunst" stehen dagegen für den Gegensatz von Freiheit, Ungezwungenheit und Entfaltungsmöglichkeit einerseits und Unterdrückung, Formenzwang und Beschränkung andererseits. Was in frühen Fassungen des *Don Karlos* noch scharf konfrontiert wurde, nahm Schiller in der endgültigen Fassung vorsichtig zurück, weil „Kunst" inzwischen an ästhetischer Bedeutung gewonnen hatte.

Reflektierte Schlussbetrachtung (Versuch einer historischen Bewertung)

Seit der Aufklärung ist die Beziehung von Natur und Tugend, Moral und Bildung ein Thema der Kunst geblieben. Hatten die Aufklärung und der Sturm und Drang auf der Grundlage des *Gesellschaftsvertrages* von Rousseau Entwürfe des menschlichen Zusammenlebens entwickelt, in denen beides in spannungsreiche Beziehung geriet, so stand schon frühzeitig die Auffassung dagegen, dass mit der Kommerzialisierung der Moral und Bildung diese Beziehung zerstört und „Natur" dabei denunziert werde. Georg Büchner erkannte schließlich das Auseinanderbrechen von Natur und Tugend als manifesten Bestandteil der sozialen Konflikte des 19. Jahrhunderts. Seither haben Natur und Tugend immer neue Bestimmungen erfahren. Während „Natur" auf die unveräußerlichen Gesetze nicht verzichtete, bekam der Begriff der „Tugend" einen verstaubten Charakter. „Moral" wurde als Verhaltenslehre begriffen, die sich immer als zeit- und epochenabhängig erwies. Sie wurde auch immer beeinflusst von den Machtverhältnissen der jeweiligen Zeit. Es ist ein Begriff in ständiger Wandlung, dem allenfalls eine

Art Sittengesetz zugrunde gelegt wird, wie es Kant für die Aufklärung formulierte oder in seinem kategorischen Imperativ bestimmte. Allerdings unterliegt auch dieses Sittengesetz der Wandlung; es gibt keine ewigen unveränderlichen Moralprinzipien, wie es keine unveränderliche Tugend und keine beständige „Natur" des Menschen geben kann. Büchner hat diese Veränderungen und den Zerfall der Wertsysteme als Folge sozialer Unterschiede begriffen und sie analysiert, schließlich in Literatur übertragen. Das macht seine Modernität aus.

Aufgabenart II B

Analyse eines literarischen Textes mit weiterführendem, produktionsorientiertem Schreibauftrag

Aufgabenstellung

1. Analysieren Sie den Ausschnitt aus dem 3. Akt, 5. Auftritt des Schauspiels *Prinz Friedrich von Homburg* von Heinrich von Kleist.
2. Erarbeiten Sie zu diesem Ausschnitt einen Kommentar für das Programmheft einer Aufführung.

Text

Heinrich von Kleist
***Prinz Friedrich von Homburg* (5. Akt, 5. Auftritt; Auszug)**

Obrist Kottwitz und Obrist Hennings, Graf Truchß, Graf Hohenzollern und Sparren, Graf Reuß, Rittmeister von der Golz und Stranz, und andere Obristen und Offiziere treten auf. – Die Vorigen (der Kurfürst, Feldmarschall Dörfling, R. B.).

(...)

Kurfürst. Hm! Sonderbar! – Du nimmst, du alter Krieger,
Des Prinzen Tat in Schutz? Rechtfertigst ihn,
Dass er auf Wrangel stürzte, unbeordert?
Kottwitz. Ja, mein erlauchter Herr; das tut der Kottwitz!
Kurfürst. Der Meinung auf dem Schlachtfeld warst du nicht.
Kottwitz. Das hatt ich schlecht erwogen, mein Gebieter!
Dem Prinzen, der den Krieg gar wohl versteht,
Hätt ich mich ruhig unterwerfen sollen.
Die Schweden wankten, auf dem linken Flügel,
Und auf dem rechten wirkten sie Sukkurs[23];
Hätt er auf deine Order warten wollen,
Sie fassten Posten wieder, in den Schluchten,
Und nimmermehr hättst du den Sieg erkämpft.

23 Hilfe, Unterstützung, Verstärkung

Kurfürst. So! - Das beliebt dir so vorauszusetzen!
Den Obrist Hennings hatt ich abgeschickt,
Wie dir bekannt, den schwedschen Brückenkopf,
Der Wrangels Rücken deckt, hinwegzunehmen.
Wenn ihr die Order nicht gebrochen hättet,
Dem Hennings wäre dieser Schlag geglückt;
Die Brücken hätt er, in zwei Stunden Frist,
In Brand gesteckt, am Rhyn sich aufgepflanzt,
Und Wrangel wäre ganz, mit Stumpf und Stiel,
In Gräben und Morast, vernichtet worden.

Kottwitz. Es ist der Stümper Sache, nicht die deine,
Des Schicksals höchsten Kranz erringen wollen;
Du nahmst, bis heut, noch stets, was es dir bot.
Der Drachen ward, der dir die Marken trotzig
Verwüstete, mit blutgem Hirn verjagt;
Was konnte mehr, an einem Tag, geschehn?
Was liegt dir dran, ob er zwei Wochen noch
Erschöpft im Sand liegt, und die Wunde heilt?
Die Kunst jetzt lernten wir, ihn zu besiegen,
Und sind voll Lust, sie fürder noch zu üben:
Lass uns den Wrangel, rüstig, Brust an Brust,
Noch einmal treffen, so vollendet sich's,
Und in die Ostsee ganz fliegt er hinab!
Rom ward an einem Tage nicht erbaut.

Kurfürst. Mit welchem Recht, du Tor, erhoffst du das,
Wenn auf dem Schlachtenwagen, eigenmächtig,
Mir in die Zügel jeder greifen darf?
Meinst du das Glück werd immerdar, wie jüngst,
Mit einem Kranz den Ungehorsam lohnen?
Den Sieg nicht mag ich, der, ein Kind des Zufalls,
Mir von der Bank fällt; das Gesetz will ich,
Die Mutter meiner Krone, aufrecht halten,
Die ein Geschlecht von Siegen mir erzeugt!

Kottwitz. Herr, das Gesetz, das höchste, oberste,
Das wirken soll, in deiner Feldherrn Brust,
Das ist der Buchstab deines Willens nicht;
Das ist das Vaterland, das ist die Krone,
Das bist du selber, dessen Haupt sie trägt.
Was kümmert dich, ich bitte dich, die Regel,
Nach der der Feind sich schlägt: wenn er nur nieder
Vor dir, mit allen seinen Fahnen, sinkt?
Die Regel, die ihn schlägt, das ist die höchste!
Willst du das Heer, das glühend an dir hängt,
Zu einem Werkzeug machen, gleich dem Schwerte,
Das tot in deinem goldnen Gürtel ruht?
Der ärmste Geist, der in den Sternen fremd,
Zuerst solch eine Lehre gab! Die schlechte,
Kurzsichtge Staatskunst, die, um eines Falles,
Da die Empfindung sich verderblich zeigt,
Zehn andere vergisst, im Lauf der Dinge,
Da die Empfindung einzig retten kann!
Schütt ich mein Blut dir, an dem Tag der Schlacht,
Für Sold, sei's Geld, sei's Ehre, in den Staub?
Behüte Gott, dazu ist es zu gut!

Was! Meine Lust hab, meine Freude ich,
Frei und für mich im Stillen, unabhängig,
An deiner Trefflichkeit und Herrlichkeit,
Am Ruhm und Wachstum deines großen Namens!
Das ist der Lohn, dem sich mein Herz verkauft!
Gesetzt, um dieses unberufnen Sieges,
Brächst du dem Prinzen jetzt den Stab; und ich,
Ich träfe morgen, gleichfalls unberufen,
Den Sieg wo irgend zwischen Wald und Felsen,
Mit den Schwadronen, wie ein Schäfer, an:
Bei Gott, ein Schelm müsst ich doch sein, wenn ich
Des Prinzen Tat nicht munter wiederholte.
Und sprächst du, das Gesetzbuch in der Hand:
„Kottwitz, du hast den Kopf verwirkt!" so sagt ich:
„Das wusst ich Herr, da nimm ihn hin, hier ist er:
Als mich ein Eid an deine Krone band,
Mit Haut und Haar, nahm ich den Kopf nicht aus,
Und nichts dir gäb ich, was nicht dein gehörte!"

Kurfürst. Mit dir, du alter, wunderlicher Herr,
Werd ich nicht fertig! Es besticht dein Wort
Mich, mit arglistger Rednerkunst gesetzt,
Mich, der, du weißt, dir zugetan, und einen
Sachwalter ruf ich mir, den Streit zu enden,
Der meine Sache führt!

(...)

(Aus: Heinrich von Kleist: *Prinz Friedrich von Homburg. Ein Schauspiel*. Anmerkungen von Bernd Hamacher. Stuttgart: Reclam, 2001, Universal-Bibliothek Nr. 178, S. 77–81)

Erläuterung der Aufgabenstellung

Sie weisen Ihre methodischen Kenntnisse der Analyse dramatischer Texte bei der Arbeit mit dem Textauszug nach und setzen entsprechende Begriffe aus der Dramaturgie, der Dramenanalyse und der Literaturtheorie, z. B. Konflikt, Katastrophe usw., ein. Zusätzlich weisen Sie Ihre Kenntnisse der Dramatik Heinrich von Kleists nach. Politische und weltanschauliche Hintergrundinformationen zu dem Stück und seiner zeitlichen Zugehörigkeit werden von Ihnen einbezogen.
Bemühen Sie sich, bei der Analyse möglichst eng am Text zu bleiben, Ihre Ergebnisse mit Zitaten zu unterlegen und Entwicklungen sowie Veränderungen in geistigen Haltungen, Personenbeziehungen und dramaturgischen Entwicklungen auszustellen.

Ausgehend von diesem Textverständnis erarbeiten Sie einen Kommentar für das Programmheft einer Aufführung, in dem Sie die aktuellen Bezüge der Szene herausstellen. Belegen Sie Ihre Einführung durch Ihre Analyseergebnisse und nachvollziehbare Zitate. Gehen Sie werkübergreifend auf politische, literaturtheoretische und weltanschauliche Bedingungen ein.

S
Schreibplan

Schreibplan

zu Aufgabe 1

Teilaufgabe 1: Analyse des literarischen Ausgangstextes		
Baustein	**Erläuterung**	**Mögliche Operatoren**
Einleitung	Verfasser: Kleist, Textform: Schauspiel; Entstehungszeit: Beginn des vaterländischen Befreiungskampfes; der Widerspruch von Pflicht und Neigung	**formuliert** eine aufgabenbezogene Einleitung und weist auf die Methode hin
Text-/Themenverständnis	Einordnung einer Dramenszene in den Kontext des Schauspiels; 5. Akt: höchstmögliches Aufbegehren der Armee gegen den Kurfürsten, Inhaltsangabe	**ordnet** die Szene in den Gesamtzusammenhang des Werkes **ein**
Textaufbau, wesentliche Elemente der Textform und wesentliche Stilmittel	Wesentliche sprachliche Mittel im Dialog, Monolog und Dialog als Ausdrucksmittel von Herrscher und Untergebenen, gegenläufige Bewertungen	**beschreibt** die Dialogführung und untersucht die Auswirkung auf die Personenführung
Herstellen des Kontextes	Einbeziehung der brandenburgischen Geschichte, politisch-soziale Bezüge	**prüft** die Aktualität eines Textes **beurteilt** die Relevanz des Themas heute
reflektierte Schlussbetrachtung	Meinung über den Text: Besonderheit der Konfliktlösung, dadurch Wirkung bis in die Gegenwart	**beurteilt** die in der Szene vertretenen Ansichten in ihrer heutigen Bedeutung

L
Lösung

Lösungsmöglichkeit

zu Aufgabe 1

(außer der Einleitung stichwortartig)

Einleitung (Beginn des vaterländischen Befreiungskampfes; Widerspruch von Pflicht und Neigung)

Die Szene stammt aus dem 5. Akt des Schauspiels *Prinz Friedrich von Homburg* von Heinrich von Kleist; es wurde sein letztes Stück. Es ist zwischen 1809 und 1810/11 entstanden und steht deutlich im Zusammenhang des von Kleist erwünschten vaterländischen Befreiungskampfes von französischer Fremdherrschaft, der nach der österreichischen Niederlage von Preußen angeführt werden sollte. 1809 hatte Österreich im Kampf gegen Napoleon verloren; ein Hoffnungsschimmer, der sich an den österreichischen Widerstand, auch in der Person Andreas Hofers, geknüpft hatte, war erloschen. Kleist war erschüttert und zeitweise auch zum Dichten unfähig. Als er 1810 in Berlin auftauchte, nachdem er monatelang verschollen war, hatte er an diesem Schauspiel gearbeitet. Es war das Ergebnis von Enttäuschung und neuem Widerstandswillen, aber auch ein Dokument des eigenen Lebens und seines Anspruchs. Während der preußische König Friedrich Wilhelm III. wenig Risikobereitschaft für diesen Befreiungskampf zeigte, gab es immer wieder Bemühungen, diesen Kampf zu führen. Mit ihnen wollte man den König animieren, zum Befreiungskampf aufzurufen: die Aktion des Majors Schill und die der „Schwarzen Schar" des Herzogs von Braunschweig usw. In dieses Umfeld gehört Kleists Stück, in dem durch Homburgs Aktion die nach Brandenburg eingedrungenen Schweden – zu jener Zeit eine europäische Großmacht, die als unbesiegbar galt –, besiegt und verjagt wurden. Am historischen Beispiel führte Kleist vor, wie die nicht vom kurfürstlichen Befehl gedeckte Handlung des Prinzen von Homburg den fremden Feind im Vaterland vernichtete.

Text- und Themenverständnis (höchstmögliches Aufbegehren der Armee gegen den Kurfürsten)

Handlung aus der preußischen Geschichte. Nach der Niederlage Österreichs konzentrierte sich Kleists Hoffnung auf Preußen; Verbindung von Befreiungskampf und nationaler Tradition. Eine Szene des 5. Aktes; fallende Handlung in Richtung Katastrophe. Homburg ist zum Tode verurteilt; Vorbereitungen für die Hinrichtung werden getroffen. Kurfürst hat Homburg die Entscheidung überlassen, ob er gerecht oder ungerecht behandelt worden ist. Homburg will keine Gnade, sondern sieht Schuld ein. – Parallel dazu ist das Militär in Bewegung geraten: Unter der Führung des Obristen Kottwitz und veranlasst durch Prinzessin Natalie treffen die Dragoner der Prinzessin Natalie vor dem Schloss des Kurfürsten ein. (Aktion Natalies im Hintergrund, vorbereitet im 4. Akt, bedeutende Frauengestalt mit Handlungsbereitschaft auf militärischem Gebiet und in widersprüchlicher Situation; Vereinigung von männlicher Entscheidungskraft und weiblicher Neigung) Merkwürdigerweise reagiert der Kurfürst auf Natalies Verhalten, das ebenfalls einer Insubordination gleichkommt, nicht. Verwunderung des Kurfürsten über Kottwitz, der das Verhalten des Prinzen verteidigt, obwohl der ohne Befehl handelte. Korrigiert sich dabei; Meinung auf dem Schlachtfeld war anders. Kottwitz' Vorstoß ist größtmöglicher Disziplinverstoß im preußischen Reglement, denn er bedeutet Auflehnung gegen Landesherrn und Befehlshaber, dem man den Eid geleistet hat. Preußisches Prinzip, Einhaltung von Befehl und Gehorsam, wird aufgeweicht zugunsten des höheren Wertes: das befreite Vaterland. Befehl nicht nach den Buchstaben, sondern nach dem Sinn einhalten. Ungewöhnlicher Akt, nur denkbar in Beziehung zu den preußischen Reformern, die dem König andere Möglichkeiten vorschlugen, auch Militärreform (Gneisenau). Prinzipielle Konfrontation zwischen Militär und Kurfürst. Kottwitz ordnet eigene Stellung und die des Kurfürsten der Idee des Vaterlandes unter; Versuch eines demokratischen Mitspracherechts verantwortlich denkender und handelnder Soldaten in absolutistischer Herrschaftszeit – ahistorisch, da ein solches Verhalten in Preußen undenkbar war und besonders für den Großen Kurfürsten nicht zutraf; dafür aktuelle Bezüge: Seit der beginnenden preußischen Heeresreform 1808 wurden die Soldaten nicht mehr auf ihre Heerführer, sondern auf den Staat als abstrakte Größe vereidigt. Armee als Gemeinschaft denkender und planmäßig handelnder Individuen: Ähnlichkeit mit der modernen Struktur der französischen Revolutionsheere.

Textaufbau, wesentliche Elemente der Textform und Stilmittel (Monolog und Dialog als Ausdrucksmittel von Herrscher und Untergebenen)

Kottwitz entspricht preußischen Reformern, Ähnlichkeit mit Blücher, aber auch Ideen Gneisenaus, Scharnhorsts, Reichsfreiherrn vom und zum Stein. Kurfürst entspricht König Friedrich Wilhelm III. Wegen der Entsprechungen auch die Unterschiede zum historischen Vorgang: Homburg führt die Schlacht nicht eigenmächtig, der Große Kurfürst sucht trotz geringerer militärischer Stärke die Entscheidung, sein Sieg über die Schweden bringt ihm noch viel später militärischen Ruhm ein. Auf sich gestellt siegt der Große Kurfürst vernichtend über die Schweden, die 1675 kurz nach der Schlacht bei Fehrbellin bereits endgültig die Kurmark verlassen haben. Seither ist der Kurfürst Friedrich Wilhelm der Große Kurfürst und gilt als Begründer Brandenburg-Preußens.

Szene in Versen aus fünffüßigen Jamben (Blankvers), zunehmende Redeanteile des Obristen Kottwitz und Rückgang des Kurfürsten; Quantität als Ausweis der Verlagerung des Kräfteverhältnisses. Kottwitz gesteht Fehler ein, dadurch schafft er sich Freiraum für die Argumentation. Treibt sie bis zur Legitimation des „Ungehorsams“: „ ... ein Schelm müsst ich doch sein, wenn ich / Des Prinzen Tat nicht munter wiederholte.“ (78 f.) Stellt in seiner Rede Selbstentscheidungen und Handlungsfreiheit über preußische Pflicht und Ordnung, Sieg durch Befehlsvernachlässigung contra Sieg durch „Gesetz“. Unterstellt sich dabei der Gerichtsbarkeit des Kurfürsten: „Und nichts dir gäb ich, was nicht dein gehörte!“ (85)

Zunehmende abwertende Beurteilung des Obristen Kottwitz durch den Kurfürsten: „du alter Krieger“ (1), „du Tor“ (38), „du alter wunderlicher Herr“ (86), „arglistge Rednerkunst“ (88). Die Abwertung individualisiert den militärischen Befehlshaber.

Aufsteigende Wertungen des angestrebten Zieles durch Kottwitz:
„Mein erlauchter Herr“ (4), „mein Gebieter“ (6), „Herr, das Gesetz“ (47), „Vaterland“ (50). Die Aufwertung entindividualisiert den Kurfürsten und erhebt ihn zum vaterländischen Symbol, nur in der Form historische Berechtigung („Das ist das Vaterland, das ist die Krone, / Das bist du selber, dessen Haupt sie trägt.“, 50 f.)

Homburgs Handlung
- demokratisiert die Offiziere, Sprachrohr: Kottwitz;
- entwickelt unter den Offizieren neues militärisches Denken analog zu Napoleons moderner Armee;
- verweist auf objektiv neue Selbstständigkeit beim militärischen Handeln;
- setzt patriotische Kräfte bei den Offizieren frei, die mit Kottwitz erscheinen;
- verlässt dabei nicht die Hierarchie der preußischen Machtstruktur, an die Kleist mit seinen Gestalten auch weiterhin glaubt;
- führt nicht so weit, dass soziale Differenzierungen vorgenommen werden; die Handlung vollzieht sich ausnahmslos unter Aristokraten und Militärs;
- drängt auf die Frage nach der Beziehung von individueller Verantwortung und soldatischer Disziplin;
- führt zur Überlegung, worauf sich ein Staat zu gründen hat: Gehorsam und Pflichterfüllung oder Eigenverantwortung und Handlungsbereitschaft im Sinne des kategorischen Imperativ Kants;

– löst Nachdenken bei allen Beteiligten über das Verhältnis von Individuum und Gesellschaft, der Rolle des Gesetzes für beide und die Strukturen eines Staates aus.

Herstellen des Kontextes (Einbeziehung der brandenburgischen Geschichte)

Stoff sollte schwankenden und unentschiedenen preußischen König beeinflussen, den Befreiungskampf zu führen; antinapoleonische Allianz schmieden. Entschlossenheit des Ahnherrn gegen die Schweden als stärkste Kriegsmacht ihrer Zeit als Vorbild. Schlacht von Fehrbellin gehört zu den staatsbegründenden Vorgängen der Geschichte Brandenburg-Preußens; deshalb legendenhaft überhöht. Kampf gegen Napoleon sollte erneut einen historischen Vorgang dieser Bedeutung einbringen: Schlussapotheose des Stückes. Nur mittelbar als historisches Schauspiel zu sehen, tatsächlich Ideen der preußischen Reformer wie Scharnhorst und Gneisenau. Kritik an Preußen im Rahmen eines preußischen aristokratischen Verhaltens.
Kleists Stück: eigenwillige Weiterführung eines Sturm-und-Drang-Charakters, eines Selbsthelfers, dadurch eines der bemerkenswertesten Beispiele für den Epochenumbruch vom 18. zum 19. Jahrhundert. Gefühlsreichtum Homburgs, Traumfähigkeit als Ergebnis der Erziehung nach Idealen Rousseaus. Traumstimmungen am Beginn und Ende: enthält Zauberelemente, herkommend von Shakespeare; auch das Sturm-und-Drang-Merkmal. Weiterführung des sich selbst bestimmenden Individuums in aristokratisch strukturiertem Umfeld. Kurfürst als aufgeklärter Fürst und gelungenes Ergebnis einer Fürstenerziehung, aber eben nur auf der Bühne.

Reflektierte Schlussbetrachtung (Besonderheit der Konfliktlösung)

Zielstrebige Entwicklung eines Kompromisses als Lösung: beide Seiten und damit beide Haltungen bekommen eingeschränkt Recht. Kurfürst begnadigt im Angesicht der protestierenden Offiziere Homburg („Wollt ihr's zum vierten Male mit ihm wagen?", 5.9., S. 90), erhält dadurch seine Autorität, aber nicht seine prinzipielle Forderung nach der Einhaltung des Gesetzes. Grenzen seiner Macht werden durch neuartiges Auftreten der Armee deutlich. Homburgs Haltung erfährt ebenfalls Einschränkungen: Unterwerfung unter des Kurfürsten Auffassung vom Befehl; Bereitschaft zum Tod soll zu neuem Kampf anregen („... seinem Geist, tot vor den Fahnen schreitend, / Kämpf er auf dem Gefolg der Schlacht, sie ab!", 5.7., S. 88); Homburg wird trotz Todesbereitschaft begnadigt, Kampf wird dennoch geführt. Beide Seiten erhalten sich ihre Position im Rahmen der jeweils anderen Meinung. Offener Schluss, durch theatralische Gestaltung überhöht und ins Märchenhaft-Phantastische gesteigert: „Kanonenschüsse. Ein Marsch. Das Schloss erleuchtet sich." (5.11., S. 92) Homburg glaubt sich im Traum, die Offiziere drängen erneut zur Schlacht.
Vaterland im Vaterland verteidigen. Historische Mission soll erfüllt werden: „In Staub mit allen Feinden Brandenburgs." (5.11., S. 93) Idee des verantwortungsvollen Individuums beiden Kontrahenten aufgelegt, weder Kurfürst noch Homburg allein im Recht. Ausgleich der Gegensätze zugunsten eines historischen Auftrags: Rettung des Vaterlandes. Treue zum Gesetz bei Anerkennung der individuellen Gefühle und Entscheidungen.

S
schreib-
plan

Schreibplan

zu Aufgabe 2

Teilaufgabe 2: weiterführender, produktionsorientierter Schreibauftrag		
Baustein	**Erläuterung**	**Mögliche Operatoren**
Überleitung	Zusammenhang zwischen Szenenauszug der Teilaufgabe 1 und dem Kommentar für ein Programmheft	**spricht** den fiktiven Leser des Programmheftes an
Schreibformat	Kommentar mit Nähe zu Feuilleton und Essay	**beschreibt** die Funktion des Schreibformates
thematische Auseinandersetzung	Fundierte gedankliche Auseinandersetzung im vorgegebenen Schreibformat mit dem Thema	**nimmt Stellung** zu Grundthesen und ihrer Bedeutung für die Inszenierung
Kontextualisierung	Einbeziehen von Fachkenntnissen/ Inszenierungserfahrungen	**begründet** die Unterschiede bei Inszenierungen
reflektierte Schlussbetrachtung	Urteil auf der Grundlage von Fachwissen und Vermittlung von Erkenntnissen. Aktualität heute?	**beurteilt** die zu vermittelnden Erkenntnisse **bewertet** deren Bedeutung für die Gegenwart

L
Lösung

Lösungsmöglichkeit

zu Aufgabe 2

(außer der Überleitung stichwortartig)

Überleitung (Zusammenhang zwischen Szenenauszug der Teilaufgabe 1 und dem Kommentar für ein Programmheft)

Lieber Theaterbesucher! Sie sind in diese Aufführung gekommen, um eines der interessantesten, eines der widersprüchlichsten Stücke der deutschen Literatur, dessen Weg auf die Bühne und auf der Bühne sehr schwierig war, in unserem Theater zu sehen. An den Widersprüchen zwischen Menschen wie dem Kurfürsten und Homburg, zwischen Haltungen wie der Einhaltung von Pflicht und Gesetz unter den Bedingungen eines vaterländischen Befreiungskampfes und der rational kaum beherrschbaren Neigung, am Ausgleich zwischen politischen Mächten wie der Staatsmacht und der militärischen Macht werden wir in unserer Inszenierung festhalten. Dennoch steht sie über diesen Widersprüchen und vereinigt sie zu gemeinsamen Handeln, das ist das Ziel der Inszenierung. Es mit sachlichen Worten zu beschreiben hieße: die Bereitschaft zur Verteidigung des Vaterlandes auf dem Territorium des Vaterlandes auf der Grundlage sich frei entscheidender Individuen, die das Volk bilden.
Wenn wir unsere Inszenierung über den Widersprüchen ansiedeln, dann wollen wir diese nicht verdrängen, sondern nur einer gemeinsamen Anstrengung dienstbar machen. Um Ihnen den Zugang zu dem Stück unabhängig von einer Inhaltsangabe zu erleichtern, gehen wir auf den Zusammenhang von Widerspruch und Kompromiss im 5. Auftritt, 5. Akt, einer zentralen Szene des Stückes, ein. Sie ist ge-

füllt mit retardierenden Elementen, die den Ausgang der Handlung völlig unentschieden erscheinen lassen. Der Prinz von Homburg kann wegen seiner Handlung gegen Befehl und Gesetz hingerichtet werden, der Kurfürst möglicherweise wegen dieser Hinrichtung von der Armee entmachtet werden. Mit beiden Lösungen wäre der Verteidigungsbereitschaft nicht gedient, denn die politische Lage würde unüberschaubar und machte es den eingedrungenen oder eindringenden feindlichen Mächten leicht, das Land zu zerstören. Keine der alternativen Lösungen tritt jedoch ein: Ein Kompromiss als Grundlage politischer Handlungen bei Einbeziehung gegensätzlicher Positionen schafft für alle gerechte Bedingungen, ohne eine der Positionen auszuschalten. Pflicht und Neigung, Staatsmacht und militärische Macht, Kurfürst und Prinz vereinigen sich zu gemeinsamen Handeln. Sinnbild des Ausgleichs und Kompromisses wird die Vereinigung des Prinzen von Homburg mit Prinzessin Natalie, der Nichte des Kurfürsten.

Schreibformat (Kommentar mit Nähe zu Feuilleton und Essay)

Kommentar dient zur Erläuterung der Position, zeigt gleichzeitig die Aktualität der Konflikte in einer globalisierten Welt. Verteidigung des Vaterlandes gegen Terror und Zerstörung bei größtmöglicher Freiheit der Individuen. Kleist als Anhänger der Monarchie, auch das Aufbegehren der Offiziere gegen den Kurfürsten vollzieht sich im Rahmen der Möglichkeiten, keine Veränderungswünsche in Richtung Republik. Kommentar stellt die trotz dieser Haltung vorhandenen kritischen Elemente des Stückes aus:

- Ablehnung des blinden Gehorsams gegenüber der Monarchie;
- dagegen gesetzt wird freie Entscheidung des durch sein Gefühl unabhängig gewordenen Mannes, der andere Entscheidungen wie die Kottwitz' nachzieht;
- entscheidungsfreudige Repräsentanten des Staates gegen unentschlossene Machthaber;
- Wandlung im Verhältnis von Herrscher und Nation zu einer gleichberechtigten, gegenseitigen Anerkennung;
- Mensch darf Schwächen zeigen, trifft auch für den Offizier zu.

Thematische Auseinandersetzung

Der Oberst Kottwitz, der unter Homburgs Kommando kämpfte und dessen Befehl zum Kampf in der Schlacht kritisierte, tritt selbstbewusst mit anderen hochrangigen Offizieren vor den Kurfürsten, um Homburgs Befreiung zu erreichen. Ausführlich stellt Kottwitz den Konflikt zwischen militärischem Gehorsam und freier Entscheidung dar. Kottwitz' Argumentation: Homburg hat den rechten Augenblick gewählt, sonst hätten sich Schweden wieder gesammelt und verstärkt; Homburg hat real großen Sieg erkämpft, geplanter Sieg des Kurfürsten war ungewiss. Homburg hat weiteren Kampf ermöglicht, deshalb auch Verbindung von Begnadigung Homburgs und neuem Kampfauftrag an die Offiziere. Entscheidendes Argument von Kottwitz aber: Nicht Einhaltung des Befehls um jeden Preis, sondern im Dienst der rechten Sache, die in diesem Falle die Befreiung des Vaterlandes ist. Obwohl in aristokratischen Kreisen spielend und diese soziale Position nicht verlassend, dringen bürgerliche Denkansätze der nachrevolutionären Zeit von 1789 in das Stück ein: alle Menschen, vom Kurfürsten bis zu den Bediensteten, nicht zu vergessen die Frauen – in der Rolle der Regimentskommandeurin Homburgs Braut, die Nichte des Kurfürsten Prinzessin Natalie, die damit alle Konfliktparteien bedient – fügen sich den nationalen Erfordernissen, die auf den Erhalt der Nation und ihre Selbstständigkeit zielen. Patriotische Aufgabe muss begreifbar und einleuchtend sein, nicht einen Buchstaben des Gesetzes folgend.

Kontextualisierung

Vaterländische Dichtung – heute? Möglichkeiten und Risiken; *Prinz Friedrich von Homburg* als hochgeschätzt von Kaiser Wilhelm II. und den Nazis, die in dem Stück ein Beispiel für das Gesetz des Krieges sahen, dem sie selbst zu folgen trachteten. Dennoch heute aktuell? Grenzen der Opferbereitschaft und des Ruhmes, aber patriotisches Denken. Das aufsteigende Unterbewusste und die bestimmende Wirklichkeit als moderner Konflikt. Hier wesentliche Unterscheidung zur Idealität Schillers. Vergleichsmöglichkeiten zwischen Posa/Don Karlos und dem Prinzen von Homburg, Elisabeth und Natalie, dem Kurfürsten und Philipp II. Ähnliche träumerische Zustände im *Don Karlos*, denen Philipp ausgesetzt ist, werden von der Weltutopie Posas überdeckt. Verhältnis von äußerer und innerer Repräsentanz des Menschen: Offiziersdenken und Ruhmwille gegen Gefühlsreichtum und menschliche Beziehung.

Reflektierte Schlussbetrachtung (Aktualität heute?)

Homburg wird in seiner Stärke, in seinem Heldentum ein schwacher Mensch, in seiner Schwachheit ein starker. Heldengestus bricht zusammen und macht Menschlichkeit Platz: Im Leiden ist er uns ähnlich. Seiner Todesangst können wir folgen, in der Aktion der Offiziere findet er sich wieder als geläuterter Mensch, wie die Offiziere zu selbstbewusst handelnden Bürgern geworden sind. Der Kurfürst muss sich Volkes Stimme, den Offizieren und den Frauen, fügen, in diesem Falle macht er das ohne Gesichtsverlust und kann deshalb die Macht festigen, läutern und mit neuem Gefühlsreichtum ausstatten, in den auch Homburgs und Natalies Liebe als Entsprechung zum Handeln für das Vaterland eingeht. Konzentration auf die richtigen nationalen Werte. Preußenbild ist schöne Fiktion.

Aufgabenart II C

Vergleichende Analyse von zwei literarischen Texten

Aufgabenstellung

A *Aufgabe*

1. Analysieren Sie die Szene 1. Akt, 5. Auftritt des Dramas *Don Karlos* auf die Konflikte hin, in denen sich die dramatischen Gestalten befinden, und unterscheiden Sie private und gesellschaftliche Konflikte.
2. Analysieren Sie die Szene 3. Akt, 5. Auftritt des Schauspiels *Prinz Friedrich von Homburg* von Heinrich von Kleist und vergleichen Sie diese Szene mit der Szene 1. Akt, 5. Auftritt aus Schillers *Don Karlos*.

Erläuterung der Aufgabenstellung

Sie weisen Ihre methodischen Kenntnisse der Analyse dramatischer Texte bei der Arbeit mit den beiden Textauszügen nach und setzen entsprechende Begriffe aus der Dramaturgie, der Dramenanalyse und der Literaturtheorie, z. B. Konflikt, Katastrophe usw., ein. Zusätzlich weisen Sie Ihre Kenntnisse des Sturm und Drang, der Klassik und der Dramatik Heinrich von Kleists nach. Politische und weltanschauliche Hintergrundinformationen zu beiden Stücken und ihrer unterschiedlichen zeitlichen Zugehörigkeit werden von Ihnen einbezogen.
Bemühen Sie sich, bei der Analyse möglichst eng am Text zu bleiben und Entwicklungen sowie Veränderungen in geistigen Haltungen, Personenbeziehungen und dramaturgischen Entwicklungen zu belegen.

Text 1

Friedrich Schiller
Don Karlos (1. Akt, 5. Auftritt)

Die Königin. Karlos. Marquis von Posa und die Marquisin von Mondekar treten nach dem Hintergrunde zurück.

Karlos. *(vor der Königin niedergeworfen).*
So ist er endlich da, der Augenblick,
Und Karl darf diese teure Hand berühren! -

Königin. Was für ein Schritt – Welch eine strafbare,
Tollkühne Überraschung! Stehn Sie auf!
Wir sind entdeckt. Mein Hof ist in der Nähe.

Karlos. Ich steh nicht auf – Hier will ich ewig knien.
Auf diesem Platz will ich verzaubert liegen,
In dieser Stellung angewurzelt –

Königin. Rasender!
Zu welcher Kühnheit führt Sie meine Gnade?
Wie? Wissen Sie, dass es die Königin,
Dass es die Mutter ist, an die sich diese
Verwegne Sprache richtet? Wissen Sie,
Dass ich – ich selbst von diesem Überfalle
Dem Könige –

Karlos. Und dass ich sterben muss!
Man reiße mich von hier aufs Blutgerüste!
Ein Augenblick gelebt im Paradiese
Wird nicht zu teuer mit dem Tod gebüßt.

Königin. Und Ihre Königin?

Karlos. *(steht auf).* Gott, Gott! ich gehe –
Ich will Sie ja verlassen – Muss ich nicht,
Wenn Sie es also fordern? Mutter! Mutter!
Wie schrecklich spielen Sie mit mir! Ein Wink,
Ein halber Blick, ein Laut aus Ihrem Munde
Gebietet mir zu sein und zu vergehen.
Was wollen Sie, dass noch geschehen soll?
Was unter dieser Sonne kann es geben,
Das ich nicht hinzuopfern eilen will,

Wenn Sie es wünschen?
Königin. Fliehen Sie.
Karlos. O Gott!
Königin. Das Einz'ge, Karl, warum ich Sie mit Tränen
Beschwöre – Fliehen Sie! – eh meine Damen –
Eh meine Kerkermeister Sie und mich
Beisammen finden und die große Zeitung
Vor Ihres Vaters Ohren bringen –
Karlos. Ich erwarte
Mein Schicksal – es sei Leben oder Tod.
Wie? Hab ich darum meine Hoffnungen
Auf diesen einz'gen Augenblick verwiesen,
Der Sie mir endlich ohne Zeugen schenkt,
Dass falsche Schrecken mich am Ziele täuschten?
Nein, Königin! Die Welt kann hundertmal,
Kann tausendmal um ihre Pole treiben,
Eh diese Gunst der Zufall wiederholt.
Königin. Auch soll er das in Ewigkeit nicht wieder.
Unglücklicher! Was wollen Sie von mir?
Karlos. O Königin, dass ich gerungen habe,
Gerungen, wie kein Sterblicher noch rang,
Ist Gott mein Zeuge – Königin! Umsonst!
Hin ist mein Heldenmut. Ich unterliege.
Königin. Nichts mehr davon – um meiner Ruhe willen –
Karlos. Sie waren mein – im Angesicht der Welt
Mir zugesprochen von zwei großen Thronen,
Mir zuerkannt von Himmel und Natur,
Und Philipp, Philipp hat mir Sie geraubt -
Königin. Er ist Ihr Vater.
Karlos. Ihr Gemahl.
Königin. Der Ihnen
Das größte Reich der Welt zum Erbe gibt.
Karlos. Und Sie zur Mutter –
Königin. Großer Gott! Sie rasen –
Karlos. Und weiß er auch, wie reich er ist? Hat er
Ein fühlend Herz, das Ihrige zu schätzen?
Ich will nicht klagen, nein, ich will vergessen,
Wie unaussprechlich glücklich ich mit ihr
Geworden wäre – wenn nur Er es ist.
Er ist es nicht – Das, das ist Höllenqual!
Er ist es nicht und wird es niemals werden.
Du nahmst mir meinen Himmel nur, um ihn
In König Philipps Armen zu vertilgen.
Königin. Abscheulicher Gedanke!
Karlos. O, ich weiß,
Wer dieser Ehe Stifter war – ich weiß,
Wie Philipp lieben kann, und wie er freite.
Wer sind Sie denn in diesem Reich? Lass hören.
Regentin etwa? Nimmermehr! Wie könnten,
Wo Sie Regentin sind, die Alba würgen?
Wie könnte Flandern für den Glauben bluten?
Wie, oder sind Sie Philipps Frau? Unmöglich!
Ich kann's nicht glauben. Eine Frau besitzt
Des Mannes Herz – und wem gehört das seine?

Und bittet er nicht jede Zärtlichkeit,
Die ihm vielleicht in Fieberglut entwischte,
Dem Zepter ab und seinen grauen Haaren?

Königin. Wer sagte Ihnen, dass an Philipps Seite
Mein Los beweinenswürdig sei?

Karlos. Mein Herz,
Das feurig fühlt, wie es an meiner Seite
Beneidenswürdig wäre.

Königin. Eitler Mann!
Wenn mein Herz nun das Gegenteil mir sagte?
Wenn Philipps ehrerbiet'ge Zärtlichkeit
Und seiner Liebe stumme Mienensprache
Weit inniger als seines stolzen Sohns
Verwegene Beredsamkeit mich rührten?
Wenn eines Greises überlegte Achtung –

Karlos. Das ist was andres – Dann – ja dann Vergebung.
Ich wusst es nicht. – Das wusst ich nicht, dass Sie
Den König lieben.

Königin. Ihn ehren ist mein Wunsch und mein Vergnügen.

Karlos. Sie haben nie geliebt?

Königin. Seltsame Frage!

Karlos. Sie haben nie geliebt?

Königin. – Ich liebe nicht mehr.

Karlos. Weil es Ihr Herz, weil es Ihr Eid verbietet?

Königin. Verlassen Sie mich, Prinz, und kommen Sie
Zu keiner solchen Unterredung wieder.

Karlos. Weil es Ihr Eid? weil es Ihr Herz verbietet?

Königin. Weil meine Pflicht – – Unglücklicher, wozu
Die traurige Zergliederung des Schicksals,
Dem Sie und ich gehorchen müssen?

Karlos. Müssen?
Gehorchen müssen?

Königin. Wie? Was wollen Sie
Mit diesem feierlichen Ton?

Karlos. So viel,
Dass Karlos nicht gesonnen ist, zu müssen,
Wo er zu wollen hat; dass Karlos nicht
Gesonnen ist, der Unglückseligste
In diesem Reich zu bleiben, wenn es ihm
Nichts als den Umsturz der Gesetze kostet,
Der Glücklichste zu sein.

Königin. Versteh ich Sie?
Sie hoffen noch? Sie wagen es, zu hoffen,
Wo alles, alles schon verloren ist?

Karlos. Ich gebe nichts verloren als die Toten.

Königin. Auf mich, auf Ihre Mutter, hoffen Sie?
(Sie sieht ihn lange und durchdringend an – dann mit Würde und Ernst:)
Warum nicht? O! Der neu erwählte König
Kann mehr als das – kann die Verordnungen
Des Abgeschiednen durch das Feu'r vertilgen,
Kann seine Bilder stürzen, kann sogar –
Wer hindert ihn? – die Mumie des Toten
Aus ihrer Ruhe zu Eskurial

Hervor ans Licht der Sonne reißen, seinen
Entweihten Staub in die vier Winde streun
Und dann zuletzt, um würdig zu vollenden –

Karlos. Um Gottes willen, reden Sie nicht aus.

Königin. Zuletzt noch mit der Mutter sich vermählen.

Karlos. Verfluchter Sohn!
(Er steht einen Augenblick starr und sprachlos.)
Ja, es ist aus. Jetzt ist
Es aus – Ich fühle klar und helle, was
Mir ewig, ewig dunkel bleiben sollte.
Sie sind für mich dahin – dahin – dahin –
Auf immerdar! – Jetzt ist der Wurf gefallen.
Sie sind für mich verloren – O, in diesem
Gefühl liegt Hölle – Hölle liegt im andern,
Sie zu besitzen. – Weh! ich fass es nicht,
Und meine Nerven fangen an zu reißen.

Königin. Beklagenswerter, teurer Karl! Ich fühle –
Ganz fühl' ich sie, die namenlose Pein,
Die jetzt in Ihrem Busen tobt. Unendlich,
Wie Ihre Liebe, ist Ihr Schmerz. Unendlich,
Wie er, ist auch der Ruhm, ihn zu besiegen.
Erringen Sie ihn, junger Held. Der Preis
Ist dieses hohen, starken Kämpfers wert,
Des Jünglings wert, durch dessen Herz die Tugend
So vieler königlichen Ahnen rollt.
Ermannen Sie sich, edler Prinz. – Der Enkel
Des großen Karls fängt frisch zu ringen an,
Wo andrer Menschen Kinder mutlos enden.

Karlos. Zu spät! O Gott! Es ist zu spät!

Königin. Ein Mann
Zu sein? O Karl! wie groß wird unsre Tugend,
Wenn unser Herz bei ihrer Übung bricht!
Hoch stellte Sie die Vorsicht – höher, Prinz,
Als Millionen Ihrer andern Brüder.
Parteilich gab sie ihrem Liebling, was
Sie andern nahm, und Millionen fragen:
Verdiente der im Mutterleibe schon
Mehr als wir andern Sterblichen zu gelten?
Auf! retten Sie des Himmels Billigkeit!
Verdienen Sie, der Welt voranzugehn,
Und opfern Sie, was keiner opferte!

Karlos. Das kann ich auch. – Sie zu erkämpfen, hab
Ich Riesenkraft; Sie zu verlieren, keine.

Königin. Gestehen Sie es, Karlos – Trotz ist es
Und Bitterkeit und Stolz, was Ihre Wünsche
So wütend nach der Mutter zieht. Die Liebe,
Das Herz, das Sie verschwenderisch mir opfern,
Gehört den Reichen an, die Sie dereinst
Regieren sollen. Sehen Sie, Sie prassen
Von Ihres Mündels anvertrautem Gut.
Die Liebe ist Ihr großes Amt. Bis jetzt
Verirrte sie zur Mutter. – Bringen Sie,
O bringen Sie sie Ihren künft'gen Reichen,
Und fühlen Sie, statt Dolchen des Gewissens,

Die Wollust Gott zu sein. Elisabeth
War Ihre erste Liebe. Ihre zweite
Sei Spanien. Wie gerne, guter Karl,
Will ich der besseren Geliebten weichen!

Karlos. *(wirft sich, von Empfindung überwältigt, zu ihren Füßen).*
Wie groß sind Sie, o Himmlische! – Ja alles,
Was Sie verlangen, will ich tun. – Es sei!
(Er steht auf.)
Hier steh ich in der Allmacht Hand und schwöre,
Und schwöre Ihnen, schwöre ewiges –
O Himmel! Nein! Nur ewiges Verstummen,
Doch ewiges Vergessen nicht.

Königin. Wie könnt ich
Von Karlos fordern, was ich selbst zu leisten
Nicht willens bin?

Marquis. *(eilt aus der Allee).* Der König!

Königin. Gott!

Marquis. Hinweg!
Hinweg aus dieser Gegend, Prinz!

Königin. Sein Argwohn
Ist fürchterlich, erblickt er Sie –

Karlos. Ich bleibe.

Königin. Und wer wird dann das Opfer sein?
(zieht den Marquis am Arme). Fort, fort!
Komm, Roderich! *(Er geht und kommt noch einmal zurück.)*
Was darf ich mit mir nehmen?

Königin. Die Freundschaft Ihrer Mutter.

Karlos. Freundschaft! Mutter!

Königin. Und diese Tränen aus den Niederlanden.
(Sie gibt ihm einige Briefe. Karl und der Marquis gehen ab. Die Königin sieht sich unruhig nach ihren Damen um, welche sich nirgends erblicken lassen. Wie sie nach dem Hintergrunde zurückgehen will, erscheint der König.)

(Aus: Friedrich Schiller: *Don Karlos. Infant von Spanien. Ein dramatisches Gedicht.* Stuttgart: Reclam, 2001, Universal-Bibliothek Nr. 38, S. 27–33)

Text 2

Heinrich von Kleist
Prinz Friedrich von Homburg (3. Akt, 5. Auftritt)

Der Prinz vom Homburg tritt auf. – Die Vorigen. (Das sind im Zimmer der Kurfürstin die Kurfürstin, Natalie und eine Hofdame, R. B.)

(...)

Kurfürstin. *(mit unterdrückter Rührung).*
Gefangen seid Ihr, Prinz, und kommt hieher!
Was häuft Ihr neue Schuld zu Euren alten?

Homburg. *(dringend).*
Weißt du, was mir geschehn?

Kurfürstin. Ich weiß um alles!
Was aber kann ich, Ärmste, für Euch tun?

Homburg. O meine Mutter, also sprächst du nicht,
Wenn dich der Tod umschauerte, wie mich!
Du scheinst mit Himmelskräften, rettenden,
Du mir, das Fräulein, deine Fraun, begabt,
Mir alles rings umher, dem Trossknecht könnt ich,
Dem schlechtesten, der deiner Pferde pflegt,
Gehängt am Halse flehen: rette mich!
Nur ich allein, auf Gottes weiter Erde,
Bin hülflos, ein Verlassener, und kann nichts!

Kurfürstin. Du bist ganz außer dir! Was ist geschehn?

Homburg. Ach! Auf dem Wege, der mich zu dir führte,
Sah ich das Grab, beim Schein der Fackeln, öffnen,
Das morgen mein Gebein empfangen soll.
Sieh, diese Augen, Tante, die dich anschaun,
Will man mit Nacht umschatten, diesen Busen
Mit mörderischen Kugeln mir durchbohren.
Bestellt sind auf dem Markte schon die Fenster,
Die auf das öde Schauspiel niedergehn,
Und der die Zukunft, auf des Lebens Gipfel,
Heut, wie ein Feenreich, noch überschaut,
Liegt in zwei engen Brettern duftend morgen,
Und ein Gestein sagt dir von ihm: er war!
(Die Prinzessin, welche bisher, auf die Schulter der Hofdame gelehnt, in der Ferne gestanden hat, lässt sich, bei den Worten, erschüttert an einen Tisch nieder und weint.)

Kurfürstin. Mein Sohn! Wenn's so des Himmels Wille ist,
Wirst du mit Mut dich und mit Fassung rüsten!

Homburg. O Gottes Welt, o Mutter, ist so schön!
Lass mich nicht, fleh ich, eh die Stunde schlägt,
Zu jenen schwarzen Schatten neidersteigen!
Mag er doch sonst, wenn ich gefehlt, mich strafen,
Warum die Kugel eben muss es sein?
Mag er mich meiner Ämter doch entsetzen,
Mit Kassation, wenn's das Gesetz so will,
Mich aus dem Heer entfernen: Gott des Himmels!
Seit ich mein Grab sah, will ich nichts, als leben,
Und frage nicht mehr, ob es rühmlich sei!

Kurfürstin. Steh auf, mein Sohn; steh auf! Was sprichst du da?
Du bist zu sehr erschüttert. Fasse dich!

Homburg. Nicht, Tante, eh'r als bis du mir gelobt,
Mit einem Fußfall, der mein Dasein rette,
Flehnd seinem höchsten Angesicht zu nahm!
Dir übergab zu Homburg, als sie starb,
Die Hedwig mich, und sprach, die Jugendfreundin:
Sei ihm die Mutter, wenn ich nicht mehr bin.
Du beugtest tief gerührt, am Bette knieend,
Auf ihre Hand dich und erwidertest:
Er soll mir sein, als hätt ich ihn erzeugt.
Nun, jetzt erinnr' ich dich an solch ein Wort!
Geh hin, als hättst du mich erzeugt, und sprich:
Um Gnade fleh ich, Gnade! Lass ihn frei!

Ach, und komm mir zurück und sprich: du bist's!

Kurfürstin. *(weint).*
Mein teurer Sohn! Es ist bereits geschehn!
Doch alles, was ich flehte, war umsonst!

Homburg. Ich gebe jeden Anspruch auf an Glück.
Nataliens, das vergiss nicht, ihm zu melden,
Begehr ich gare nicht mehr, in meinem Busen
Ist alle Zärtlichkeit für sie verlöscht.
Frei ist sie, wie das Reh auf Heiden, wieder;
Mit Hand und Mund, als wär ich nie gewesen,
Verschenken kann sie sich, und wenn's Karl Gustav,
Der Schweden König ist, so lob ich sie.
Ich will auf meine Güter gehn am Rhein,
Da will ich bauen, will ich niederreißen,
Dass mir der Schweiß herabtrieft, säen, ernten,
Als wär's für Weib und Kind, allein genießen,
Und, wenn ich erntete, von neuem säen,
Und in den Kreis herum das Leben jagen,
Bis es am Abend niedersinkt und stirbt.

Kurfürstin. Wohlan! Kehr jetzt nur heim in dein Gefängnis,
Das ist die erste Fordrung meiner Gunst.

Homburg. *(steht auf und wendet sich zur Prinzessin).*
Du armes Mädchen, weinst! Die Sonne leuchtet
Heut alle deine Hoffnungen zu Grab!
Entschieden hat dein erst Gefühl für mich,
Und deine Miene sagt mir, treu wie Gold,
Du wirst dich nimmer einem andern weihn.
Ja, was erschwing ich, Ärmster, das dich tröste?
Geh an den Main, rat ich, ins Stift der Jungfraun,
Zu deiner Base Thurn, such in den Bergen
Dir einen Knaben, blondgelockt wie ich,
Kauf ihn mit Gold und Silber dir, drück ihn,
An deine Brust und lehr ihn: Mutter! Stammeln,
Und wenn er größer ist, so unterweis ihn,
Wie man den Sterbenden die Augen schließt.
Das ist das ganze Glück, das vor dir liegt!

Natalie. *(mutig und erhebend, indem sie aufsteht und ihre Hand in die seinige legt).*
Geh, junger Held, in deines Kerkers Haft,
Und auf dem Rückweg, schau noch einmal ruhig
Das Grab dir an, das dir geöffnet wird!
Es ist nicht finstrer und um nichts breiter,
Als es dir tausendmal die Schlacht gezeigt!
Inzwischen werd ich, in dem Tod dir treu,
Ein rettend Wort für dich dem Oheim wagen:
Vielleicht gelingt es mir, sein Herz zu rühren,
Und dich von allem Kummer zu befrein!
(Pause.)

Homburg. *(faltet, in ihrem Anschaun verloren, die Hände).*
Hättst du zwei Flügel, Jungfrau, an den Schultern,
Für einen Engel wahrlich hielt ich dich –
O Gott, hört ich auch recht? Du für mich sprechen?
– Wo ruhte denn der Köcher dir der Rede,
Bis heute, liebes Kind, dass du willst wagen,

Den Herrn in solcher Sache anzugehn? -
– O Hoffnungslicht, das plötzlich mich erquickt!
Natalie. Gott wird die Pfeile mir, die treffen, reichen! –
Doch wenn der Kurfürst des Gesetzes Spruch
Nicht ändern kann, nicht kann: wohlan! So wirst du
Dich tapfer ihm, der Tapfre, unterwerfen:
Und der im Leben tausendmal gesiegt,
Er wird auch noch im Tod zu siegen wissen!
Kurfürstin. Hinweg! – Die Zeit verstreicht, die günstig ist!
Homburg. Nun, alle Heiligen mögen dich beschirmen!
Leb wohl! Leb wohl! Und was du auch erringst,
Vergönne mir ein Zeichen vom Erfolg!
(Alle ab.)

(Aus: Heinrich von Kleist: *Prinz Friedrich von Homburg. Ein Schauspiel*. Anmerkungen von Bernd Hamacher. Stuttgart: Reclam, 2001, Universal-Bibliothek Nr. 178, S. 54–58)

Schreibplan

zu Aufgabe 1

Teilaufgabe 1: Analyse der ersten Dramenszene

Baustein	Erläuterung	Mögliche Operatoren
Einleitung	Text, Autor, Textform, Entstehungszeit und verschiedene Konzeptionen	**verfasst/formuliert** eine aufgabenbezogene Einleitung, die auf die Verbindung mehrerer Themen hinweist
Text-/Themenverständnis	Einordnung einer Dramenszene in den Kontext der Ganzschrift und das Schaffen des Verfassers, Inhaltsangabe unter dem Aspekt der veränderten Konfliktlage	**ordnet** die Szene in den Gesamtzusammenhang des Werkes **ein,** die Relativität des Freundschaftsgedankens
Textaufbau, wesentliche Elemente der Textform und wesentliche Stilmittel	Wesentliche sprachliche Mittel im Dialog, Rahmenbau, Themen des Gesprächs als dialektische Umsetzung vom Privaten ins Gesellschaftliche. Konfrontation von Gefühl und Verstand, Privatem und Politischem	**beschreibt** die Dialogführung und untersucht die Auswirkung auf die Personen- und Handlungsführung **beurteilt** die Konfrontation der Figuren und ihre Strategien
Herstellen des Kontextes	Verschiebung vom Privaten ins Politische, Einbeziehung von biographischen, politisch-sozialen Faktoren	**prüft** die Aktualität eines Textes **beurteilt** die Relevanz des Themas heute
reflektierte Schlussbetrachtung	Eigene Meinung, Aufmerksamkeit für Sinngehalt der Wörter, Zusammenhang von Struktur und Absicht, Wirkung bis in die Gegenwart	**beurteilt** die in der Szene vertretenen Ansichten in ihrer heutigen Bedeutung

Lösungsmöglichkeit

zu Aufgabe 1

Erläuterung

Einleitung (verschiedene Konzeptionen)

In den beiden Szenen, die miteinander verglichen werden sollen, geht es um Liebesbeziehungen, Heldentum und Pflichterfüllung. Beider Thema ist die Bedeutung fürstlicher Häupter für ihr Vaterland. Aber es liegen weltpolitische Umbrüche zwischen diesen beiden Stücken. Schillers *Don Karlos* erschien 1787, zwei Jahre vor der Französischen Revolution. Kleists Prinz *Friedrich von Homburg* wurde 1810 oder 1811, kurz vor dem Tod des Dichters, abgeschlossen, fünf Jahre nach dem Zusammenbruch Preußens und zwei Jahre vor der Völkerschlacht bei Leipzig.
Das erste Konzept zu Schillers *Don Karlos* entstand 1783 in Bauerbach. Es gab die Hauptgestalten Karlos, Philipp, Elisabeth und Alba, die in den tragischen Liebeskonflikt des Thronfolgers Karlos und seiner Stiefmutter, die auch einst seine Verlobte war, verstrickt waren; von daher war der Entwurf dem Sturm und Drang verpflichtet. Ein Jahr später, 1784, entstand ein *Mannheimer Entwurf*, der die Familienhandlung in den Vordergrund rückte, ebenfalls eine Thematik des Sturm und Drang, aber auch Folge der Beziehung Schillers zu Charlotte von Kalb, die in dieser Zeit sehr anregend auf Schiller wirkte. Sie gab einerseits der Königin ihre Züge – sie mahnt den Stiefsohn an seine königlichen Pflichten –, andererseits ähnelt die Sehnsucht der Eboli nach Karlos der der Charlotte von Kalb nach Schiller. Außerdem rückt der Freiheitskampf in Flandern in den Blick, dadurch bekommt Posa, der bisher nur Vertrauter der Liebenden war, ein Profil: Er vertritt nun die Freiheitsidee der Niederländer und den Kampf gegen die Tyrannei. Die abgedruckte Szene führt erstmals nicht nur die beiden Liebenden zusammen, sondern auch die beiden Themen: das private der Liebe des Karlos zu Elisabeth und das politische des Freiheitskampfes in Flandern. Danach wandelte Schiller die Prosafassung in eine Versfassung um, denn ein vollkommenes Drama sollte, so hatte ihm Wieland empfohlen, in Versen geschrieben sein. Schiller wählte Jamben und verzichtete auf den empfohlenen Reim (Blankverse). Die Entscheidung für Verse bietet einen aufschlussreichen Einblick in Schillers Schaffen: Der Stoff war größer, anspruchsvoller und bedeutender geworden, so dass, wollte man die klassische Einheit von Inhalt und Form erreichen, der Vers als höchstes Maß des Poetischen zur Verfügung stand. Bei dieser Entscheidung blieb Schiller in seinen weiteren Dramen bis zum Tod. –

Text-/Themenverständnis (Einordnung einer Dramenszene in Kontext der Ganzschrift und das Schaffen des Verfassers, Inhaltsangabe unter dem Aspekt der veränderten Konfliktlage)

Schillers Familiengemälde um Philipp II. entsprach trotz seiner königlichen Personen zuerst den Konflikten der bürgerlichen Familie im neu entstandenen bürgerlichen Drama wie Schillers *Kabale und Liebe*. Zwischen Karlos und Elisabeth bestand, als sie verlobt waren, eine Liebe, die von Seiten Elisabeths durch die übernommene Pflicht als Königin unterdrückt, von Karlos aber umso heftiger gepflegt wird. Er sieht Elisabeth sich zuerkannt „von Himmel und Natur". Bedeutet der „Himmel" die Liebe, so die „Natur" das Politisch-Gesellschaftliche im Sinne von Rousseaus *Gesellschaftsvertrag*. Elisabeth verhält sich dabei entsprechend der höfischen Vorschriften: Wortreich und konsequent lehnt sie jede Berufung auf die Liebe ab, aber allein die Tatsache, dass sie dem Treffen zugestimmt hat, weist auf das Gegenteil des Gesprochenen hin. Insofern kann Karlos auch immer kühner werden. Neben der Liebe Karlos' zu seiner Stiefmutter spielt zunehmend die Freundschaft zwischen Karlos und Posa eine Rolle, aus der heraus Posa Karlos zum Treffen mit der Königin, seiner Stiefmutter und ehemaligen Braut, verhilft. Das erinnert an die Freundschaftsbünde der Stürmer und Dränger, wie man sie aus Straßburg und vor allem aus dem Göttinger Hain kannte. Allerdings hatte Schiller im 3. der *Briefe über Don Karlos* geschrieben, dass es keineswegs um leidenschaftliche Freundschaft gegangen sei. Damit setzte die Veränderung gegenüber dem bürgerlichen Drama ein, denn nun ging es um hohe Politik an königlichem Hofe. Posa verwendet die Möglichkeit des Treffens, um seine politische Zielstellung, die von europäischem Format ist, an Karlos heranzutragen, sie durch Elisabeth bestätigen zu lassen und aus ihrem berufenem Munde Karlos für den niederländischen Freiheitskampf zu gewinnen. Während Karlos die Freundschaft zu Posa erneuern möchte und den erfahrenen Weltmann und Politiker für seine privaten Interessen nutzen will, ist für Posa die Freundschaft eine Gelegenheit, mit ihrer Hilfe seine politischen Ziele in Flandern zu verwirklichen. Posa ist Karlos geistig und charakterlich ebenbürtig, aus dem Konflikt der bürgerlichen Familie waren die Menschheitsansprüche von Freiheit entwickelt worden. Das Interesse richtete sich nun auf Posa. – Der Eröffnung der Szene, in der sich die Vertrauten der beiden Liebenden zurückziehen, ist deshalb entsprechendes Gewicht zu geben („... treten nach dem Hintergrunde zurück.", vor 1). Indem die beiden Hauptgestalten Karlos und Elisabeth zusammentreffen, entwickelt sich die Handlung sprunghaft und geht von der Exposition in die steigende Handlung über. Aus dem Dialog über die Unmöglichkeit der Liebe zwischen beiden entwickelt sich das Gespräch über Flandern und seine Not, denn dort wüte Alba und Flandern blute „für den Glauben" (81). Obwohl die Königin unruhig ist, da sie sich in ständiger Gefahr weiß – der König und ihre Hofdamen sind in der Nähe –, wendet sie das Gespräch über beider Liebe, die gesellschaftlich unmöglich ist und beider Untergang bedeute, in einer außerordentlich gelungenen strategischen Weise in ein Gespräch über die Pflicht des Staatsmannes Karlos: „Elisabeth / War Ihre erste Liebe. Ihre zweite / Sei Spanien." (193 ff.) Nachdem sie ihm sein eigenes Vaterland ans Herz gelegt hat, kann sie nun die Aufgabe erweitern und ihn auf die Niederlande weisen. Dann schlägt die Szene auch um und die Gefahr wird Wirklichkeit, der König kommt.

Textaufbau, wesentliche Elemente der Textform (Konfrontation von Gefühl und Verstand, Privatem und Politischem)

Es findet ein ausgeprägter dramatischer Dialog statt, der sich in Versen aus fünffüßigen Jamben (Blankversen) vollzieht. Der Dialog wird durch Posa, der zu Beginn der Szene anwesend ist, ermöglicht und wird durch den König, der am Ende erscheint, abgeschlossen. Damit ist dramaturgisch ein auffälliger Rahmen der tatsächlichen Gegner geschaffen worden, der Karlos und Elisabeth als Stellvertreter dieser mächtigen Gegner erscheinen lässt. Es handelt sich dabei nicht nur um Gesprächspartner auf höchster gesellschaftlicher Ebene, sondern auch um einen Dialog, der sich vor dem Hintergrund prinzipieller weltgeschichtlicher Unterschiede, wie sie Posa und Philipp vertreten, vollzieht. Die Ausnahmesituation wird durch Karlos' erste Worte benannt: „So ist er endlich da, der Augenblick" (2). Das Besondere geht von diesem Satz aus; der erfüllte Augenblick war eine poetische Metapher für die Liebesverbindung. Karlos bleibt bei dieser Metapher, die er kurz darauf erneut, nochmals zugespitzt

verwendet: „*Ein* Augenblick gelebt im Paradies / Wird nicht zu teuer mit dem Tod gebüßt." (19 f.) Ist einerseits der Augenblick die ersehnte Situation, so setzt Karlos andererseits auch ritualisierte Versatzstücke solcher Begegnungen ein, wenn er davon spricht „ewig knien" (7) zu wollen, was ihm niemand als Realität abnähme.
Die Dialogpartner gehen von unterschiedlichen Positionen aus: Bei Karlos ist alles Gefühl, Liebe, Überschwang und Maßlosigkeit; Elisabeth agiert planvoll als königliche Politikerin, die die private Situation zur Durchsetzung antikatholischer Positionen nutzen will. Die Regiehinweise sind eindeutig: Karlos ist auch kurz vor dem Ende des Dialogs „von Empfindung überwältigt" (197), Elisabeth bereits lange zuvor voller „Würde und Ernst" (132). Dabei nutzt sie sogar eine gefährliche Situation, bietet sich doch keine andere. – Der Dialog vollzieht sich in drei Abschnitten, in denen Karlos jeweils ein Stück weiter in seiner privaten Leidenschaft zurückgedrängt wird; an deren Stelle tritt eine immer größer werdende staatspolitische Aufgabe. Diese drei Abschnitte folgen nochmals der aristotelischen Dramenstruktur:
Der erste Abschnitt – innerhalb der drei Exposition und Entwicklung – endet, als Elisabeth Karlos auf seine Zukunft als Politiker hinweist: „Der Ihnen das größte Reich der Welt zum Erbe gibt." (61 f.) Als Karlos den Hinweis auf seine politische Pflicht und Verantwortung nicht versteht, geht sie einen Schritt weiter und nutzt den von Karlos nebenbei gegebenen Hinweis auf Flandern. Während Karlos ihr politisches Wirken abspricht („Wie könnten, / Wo Sie Regentin sind, die Alba würgen?", 79 f.), nutzt sie die erneut eskalierende Situation – Karlos drängt immer heftiger auf die Antwort, ob sie geliebt habe – und weist ihn auf seine Pflicht für Spanien hin.
Im zweiten Abschnitt vergleicht Elisabeth sich und Karlos mit Ödipus und seiner Mutter, die er unabsichtlich heiratet: „Zuletzt noch mit der Mutter sich vermählen." (143) Das bedeutet einen Tiefpunkt der Enttäuschung, aber den dramaturgischen Höhepunkt. Am Ende des zweiten Dialogabschnitts soll Karlos seine Liebe zu ihr ablösen durch seine politische Verantwortung für Spanien; das folgt den Regeln der Katharsis.
Der dritte Abschnitt wird durch Karlos bestimmt, der den Auftrag annimmt – allerdings unter dem falschen Schluss, dadurch die Königin zu gewinnen. Elisabeth bleibt andererseits keine Zeit mehr – der König kommt, man warnt sie –, und so erteilt sie den tatsächlichen Auftrag: „Die Freundschaft Ihrer Mutter ... Und diese Tränen aus den Niederlanden." (221/223)
Dreimal werden Territorien genannt, aber nur beim dritten Mal werden sie konnotiert: Tränen, tatsächlich sind es Briefe, bedeuten Unglück. In geradezu genialer Weise hat Elisabeth ihren Plan verwirklicht, die kurze Zeit höchstmöglich genutzt und Karlos auf den rechten, den politischen Weg geführt.
Die Szene ereignet sich zwischen zwei Personen, der Königin und dem Thronfolger, der Stiefmutter und dem Stiefsohn, der einstmaligen Braut und dem damaligen Bräutigam. Im „Hintergrund" agieren die Vertrauten beider, Posa und die Marquisin von Mondekar, weiter: Sie sorgen sich um die Sicherheit beider, denn aufgrund ihrer Stellung als königliche Protagonisten sind sie gefährdet durch Alba, als Familienangehörige durch den König und als Liebende durch die Eboli. Entsprechend bedrängt vollzieht sich der Dialog in Versen; der Vers ist ein fünffüßiger Jambus (Blankvers), der sich in dieser Zeit, abgeleitet von Shakespeares Dramen und in Deutschland vorbereitet durch Lessings *Nathan der Weise* (1779), zum klassischen Versmaß qualifizierte. Die Unruhe Karlos' wird deutlich in der Begriffspaarung „Augenblick" – „ewig" (2/7), die kurz darauf mit „Augenblick" – „Tod" (19/20) variiert wird. Schiller nimmt einen Gegensatz vorweg, der im 19. Jahrhundert mit der steigenden Selbstbewusstheit des bürgerlichen Menschen immer nachdrückli-

cher diskutiert wird: Der erfüllte Augenblick wird zum erstrebenswerten Ziel zweier Menschen, vor allem in der Liebe, Dauer ist ihm nicht beschieden. Erfüllte Liebe und ewige Treue erweisen sich im 19. Jahrhundert als kaum vereinbare Wunschvorstellungen und bestimmen literarische Konflikte von Goethes *Die Wahlverwandtschaften* bis zu Theodor Fontanes *Effi Briest*.
Elisabeth hat nichts gegen diesen Ansturm zu setzen als ihre Strategie, in das Treffen eingewilligt zu haben, um Karlos für den niederländischen Freiheitskampf zu gewinnen. Deshalb argumentiert sie sofort und uneingeschränkt als Königin (4 ff.), nicht als Stiefmutter oder ehemalige Braut. Ihre politische Rolle wird gegen den stürmischen Liebhaber ausgespielt und behauptet sich. Karlos kann nur noch stöhnen: „O Gott!“ (33); die Reaktion wiederholt sich (167). Dass sich die Gesprächsführung von Karlos zu Elisabeth verschiebt, wird in der erneuten Aufnahme von „Augenblick“ und „Ewigkeit“ deutlich: Karlos stellt diesen „Augenblick“ (42) nun selbst in Frage, Elisabeth entwertet ihn durch den Verweis, das er „in Ewigkeit nicht wieder“ (48) komme. Damit ist das Thema „Liebe“ weitgehend erledigt, Karlos verzichtet auf seinen „Heldenmut“ und bekennt: „Ich unterliege.“ (53). Elisabeth kann ihre Strategie weiterführen und eröffnet ihr Thema, das der verantwortlichen Herrscherin: Sie verweist Karlos auf seine königlichen Pflichten. Er erhalte „das größte Reich der Welt zum Erbe“ (62). Nun führt sie ihre Strategie durch und gewinnt Karlos für den Freiheitskampf der Niederlande, indem sie ihm seine königlichen Aufgaben insgesamt ans Herz legt. Die „Pflicht“, auf die sich die Königin berufen hat (112), siegt. Karlos muss seine Erwartung an den erfüllten Augenblick aufgeben, denn diese Erwartung wurde vom „Gefühl“ (152) bestimmt, das aber nun vom Verlust beherrscht und zur „Hölle“ (152) wird. Dafür tritt der „ewige“ Verzicht auf die Liebe, „ewiges Verstummen“ (204) ein. Erst jetzt, als die Entscheidung gefallen ist, kann Elisabeth Karlos entgegenkommen: Sie hatte ihm bereits erklärt, seine „Liebe“, den „Schmerz“ (158) und die daraus entstandene „Pein“ (156) begriffen und gefühlt zu haben. Aber um jede Illusion zu zerstören, weist sie nun auf den Ruhm hin, der aus der Überwindung der Gefühle komme, und gesteht, inzwischen für Karlos problem- und wirkungslos, auch Karlos ihre Liebe. Vergessen der Liebe könne sie von Karlos nicht fordern, weil sie „selbst (das) zu leisten / nicht willens“ sei (207 f.).
Wenn man den Text auf seine dominierenden Wörter durchsucht und sie als die Elemente der Textform anerkennt, so ergeben sich die Spannungsverhältnisse von „Augenblick – Dauer (ewig)“, „Gefühl – Pflicht“, „Empfindung – Würde und Ernst“ als bestimmende Konstanten. Sie setzen den Konflikt von individuellem Anspruch und gesellschaftlichem (königlichem) Auftrag in dramatische Handlung um. Dass sich dieser Konflikt, den Karlos mit einem Liebesbekenntnis einleitete, zugunsten der Königin und ihres politischen Anspruchs verschoben hat, macht eine Gegenüberstellung der Eröffnung und des Endes deutlich. Es begann mit dem Augenblick, „Karl darf diese teure Hand berühren“ (3), und endet mit „Tränen aus den Niederlanden“ (223). Deutlicher kann eine Verschiebung der bestimmenden Thematik textlich nicht umgesetzt werden.

Herstellen des Kontextes (Verschiebung vom Privaten ins Politische)

Der Thronfolger Karlos bringt in die Szene eine ausgesprochen private Problematik hinein, die Königin die politische. Elisabeth ist bei Schiller eine makellose Frau, die alle Forderungen der weiblichen Tugend ihrer Zeit und ein politisches Denken der Zukunft erfüllt. Von Beginn an hat sie politische

Interessen, die sie, in Ermanglung eines ausgeprägten und erfüllten Gefühlslebens, als sozial interessiert kennzeichnen: Sie ist gegen die Inquisition, gegen fürstlichen Prunk, für eine tolerante Herrschaft und freie Niederlande. Sie ist konstruktiv und mit finanziellen Mitteln an der Vorbereitung der Rebellion in den Niederlanden beteiligt (4.3., V. 3510 ff.) und begibt sich damit in die große Politik. In den Charakter ist die geistvolle und vielseitige Bildung ausweisende Charlotte von Kalb eingegangen, die Schiller Beraterin – gerade beim *Don Karlos* –, Freundin, Kritikerin und Geliebte war.
Der von der Königin überzeugte Karlos gibt seine stürmischen Gefühlsausbrüche, die an den Sturm und Drang erinnern, auf und bekennt sich zu aufklärerischen Positionen der Freiheit und Gleichheit, vor allem aber zur Freiheit der protestantischen Niederlande gegenüber dem katholischen, von der Inquisition beherrschten Spanien. Es ist die aufklärerische Position Spinozas, die durch Schillers Szene scheint.

Reflektierte Schlussbetrachtung (Zusammenhang von Struktur und Absicht, Wirkung bis in die Gegenwart)

In dieser Szene wird deutlich, warum Schillers *Don Karlos* zu den bedeutenden politischen Dramen der deutschen Literatur gehört. Es wurde auch Ausdruck der politischen Vorstellungen der Stürmer und Dränger in vorrevolutionärer Zeit. In diesem Sinne wirkt das Stück mit seinen ausgesprochen politischen Szenen bis heute als ein Dokument rebellischen Denkens. Für die von Schiller begeisterte Jugend war der *Don Karlos* ein fortschrittlich-revolutionärer Text, er ist es über die Zeiten geblieben und wurde immer wieder in Zeiten der geistigen Bevormundung als ein solcher verstanden. Das Stück steht für den Idealismus Schillers, der von Publikum und Lesern oft mit *Don Karlos* gleichgesetzt wird. Mit dem Drama verbinden sich keine welt- und lebensfremden Ideen, sondern Schillers Idealismus erhebt sich über eine unmenschliche, tyrannisch geprägte Wirklichkeit, wie sie der Dichter in seinem Schauspiel *Die Räuber* und dem „bürgerlichen Trauerspiel" *Kabale und Liebe* beschrieb. In diesem Sinne ist auch *Don Karlos* ein republikanisches und bürgerliches Trauerspiel, in dem die Handlung in absolutistische Verhältnisse verlegt wird und von Posa die Konturen eines neuen Staates als Alternative entworfen werden: geprägt von Toleranz und Gleichheit der Menschen in einer sozial befriedeten Wirklichkeit und mit dem Verlangen nach humanen Zukunftsentwürfen, eine Welt, wie sie sein könnte, aber weder zu Schillers Zeit war noch heute ist. *Don Karlos* konzentriert absolutistisches, republikanisch-bürgerliches und utopisches Denken in einer Handlung. – Eine Schwierigkeit der Schiller'schen Dramen besteht darin, dass Begriffe, die für sie wichtig sind und für die damaligen Zeitgenossen mit genau beschreibbaren und umkämpften Inhalten verbunden waren – „Menschlichkeit" (1.2., V. 167), „Freiheit" (1.2., V. 172) usw. als Inhalte des Idealismus –, heute Versatzstücke geworden sind, die für alles und jeden, selbst für Kriegsbegründungen herhalten müssen, ohne dass es für ihre Verwendung einen Konsens gäbe. Eine Beschäftigung mit Schillers Werken muss diese Begriffe wieder mit ihren ursprünglichen Inhalten füllen.

Schreibplan

Schreibplan

zu Aufgabe 2

Teilaufgabe 2: vergleichende Analyse der zweiten Dramenszene		
Baustein	**Erläuterung**	**Mögliche Operatoren**
Überleitung	Die Parallelität der Szenenstruktur und die gegensätzlichen Vorgänge, die dramaturgische Stellung	**verfasst/formuliert** eine aufgabenbezogene Einleitung
Text-/ Themenverständnis	Einordnung einer Dramenszene in den Kontext der Ganzschrift, Inhaltsangabe: die Veränderung des Helden	**ordnet** die Szene in den Gesamtzusammenhang des Werkes **ein**
Textaufbau, wesentliche Elemente der Textform und wesentliche Stilmittel	Wesentliche sprachliche Mittel im Dialog, die Grab-Metapher; Themen des Dialoges als Ausdruck der sozialen Stellung	**beschreibt** die Dialogführung und untersucht die Auswirkung auf die Personenführung **beurteilt** Konfrontation der Figuren
Herstellen des Kontextes	Einbeziehung von biographischen, politisch-sozialen Faktoren	**prüft** die Aktualität eines Textes **beurteilt** die Relevanz des Themas heute
reflektierte Schlussbetrachtung	Eigene Meinung über den Text, Zusammenhang von Struktur und Absicht, Wirkung bis in die Gegenwart	**beurteilt** die in der Szene vertretenen Ansichten in ihrer heutigen Bedeutung

Lösung

Lösungsmöglichkeit

zu Aufgabe 2

Überleitung (Parallelität der Szenenstruktur und die gegensätzlichen Vorgänge)

Schillers und Kleists Stücken gemeinsam ist, dass im Mittelpunkt herausragende historische Personen stehen: Don Karlos und Prinz Friedrich von Homburg. Weiterhin ist ihnen gemeinsam, dass die handelnden Personen ihren historischen Vorbildern wenig ähnlich sind. Beide verzichen auf charakteristische Besonderheiten ihrer Gestalten und beide stilisieren sie zu Trägern von Ideen. Beide Dichter schaffen ihren Gestalten formal einen klassischen Handlungsraum, den die Gestalten mit klassisch anmutender Sprache in Blankversen füllen können. Der 5. Auftritt aus dem 3. Akt von Kleists *Prinz Friedrich von Homburg* ist der Figurenkonstellation dem 5. Auftritt aus dem 1. Akt des *Don Karlos* von Schiller ähnlich: Es handelt sich in beiden Fällen um ein Liebespaar, das in seiner Liebe irritiert wird und sich anders orientieren muss. In beiden Szenen ist eine wichtige dritte Person vorhanden, die dem Liebespaar wohlwollend gesonnen ist: Bei Schiller wacht sie hinter der Szene über das Paar und greift ein, als Gefahr droht, bei Kleist wird sie zur Gesprächsmittlerin, weil das Liebespaar sich zunehmend schwieriger versteht.

Die Konfliktstellungen sind ebenfalls ähnlich wie die gesellschaftlichen Grundlagen: In beiden Fällen bestimmen feudalabsolutistische Prinzipien das Geschehen. Während Schiller sie am Vorabend der Französischen Revolution grundsätzlich in Frage stellt und dem Gesetz nicht mehr vertraut, hinterfragt Kleist diese Prinzipien nicht und belässt auch dem Gesetz seine Bedeutung, obwohl Prinzipien und Gesetze des Absolutismus seit der Jahrhundertwende auch in Deutschland in seiner erlebten Wirklichkeit auf breiter Front zusammengebrochen waren.
Unterschiedlich ist die Stellung der Szenen im dramaturgischen Ablauf: Die Szene Schillers leitet von der Exposition in die steigende Handlung über. Bei Kleist ist es die entgegengesetzte Stelle der Dramenstruktur, denn diese Szene zeigt kathartische Elemente bei der Kurfürstin und Natalie, die Homburgs Situation zu begreifen versuchen, auch wenn sie ihnen fremd ist, und sich für ihn verwenden wollen, auch wenn sie Hilfe in einem solchen Falle ihrem Standesverständnis nach ablehnen und Homburgs Todesangst missbilligen. Homburg unterliegt dieser kathartischen Läuterung nicht, sondern hat nach den persönlichen Fehlern und den entsprechenden Reaktionen einen Tiefpunkt seiner Ansprüche erreicht, ist bereit, alles aufzugeben, Liebe und Heldentum, um nur leben zu können. Ein solcher Verzicht, der einer vollständigen Anspruchslosigkeit gleichkommt, ist für eine Katharsis keine Basis. – Dramaturgisch ist es der Übergang vom Höhepunkt zur fallenden Handlung.
Grundsätzlich verschieden ist die Aktualität der beiden Szenen: Schiller politisiert die persönliche Beziehung zwischen Karlos und Elisabeth; er hebt sie aus der privaten Beziehung in ein politisches Auftragsverhältnis.
Kleist privatisiert den Großen Kurfürsten, den Repräsentanten der absolutistischen Macht und verschafft ihm eine Entwicklungsmöglichkeit. Der Große Kurfürst avanciert fast zum aufgeklärten Fürsten, der selbst den Gesetzen unterworfen ist. Dabei hatte sich diese politische Möglichkeit um 1810/11 überholt und als unbrauchbar erwiesen.

Text-/Themenverständnis (Einordnung in den Kontext der Ganzschrift; die Veränderung des Helden)

Friedrich von Homburg hat zum Sieg in der Schlacht von Fehrbellin beigetragen und wurde deshalb geehrt; da er aber entgegen dem Befehl gehandelt hatte, der ihn zum Abwarten verpflichtete, wurde er vor das Kriegsgericht gestellt und zum Tode verurteilt, unabhängig vom Ausgang dieser Handlung. Aus dem Sieger und Helden ist ein erschütternder Bittsteller geworden, der alles aufzugeben bereit ist, selbst seine Liebe, um zu leben.
In beiden Szenen geht es um das grundsätzliche Verhältnis von Pflicht und Neigung. Karlos liebt seine Stiefmutter, die sich aber an ihre Verpflichtung gegenüber dem König gebunden sieht. Homburg liebt die Prinzessin Natalie, weswegen er seine Pflicht vergisst. In beiden Szenen geht es auch um feudalabsolutistische Machtausübung und ihre Grundlagen. Die Tragik des Prinzen von Homburg besteht darin, dass er als ein großer Kriegsheld, mit dem Tod konfrontiert, alles Heldenhafte verliert und auch auf den Ruhm bereitwillig verzichtet. Am Ende des Stückes bekommt Homburg seinen Frieden und sein Glück zurück; nur ist dieses Glück fast zur trivialen Inszenierung verkommen und hat kaum die innere Glaubwürdigkeit realen Geschehens. Insofern hat Kleist zwar auf der Bühne am Schluss seines *Prinzen von Homburg* jene Lösung gestaltet, die er selbst in seinem Leben nicht erfahren hat, aber es ist keine Lösung, die sich zur Nachgestaltung anbietet.
Noch rigoroser als der Verzicht auf den kriegerischen Ruhm ist Homburgs Absage

an seine Braut, die er sogar in die Klostereinsamkeit zu schicken bereit ist, „ins Stift der Jungfraun" (88), da er an ihre Treue glaubt. Friedrich von Homburg erweist sich in dieser Szene als ein völliger Versager, der nur an sich selbst denkt und für keinerlei Werte bereit ist, sein Leben einzusetzen. Aus der politischen Handlung auf dem Schlachtfeld ist private Beschränkung auf niedrigstem Niveau geworden. Es ist Kleists eigenes Problem, das hier erscheint; er ist nach sieben Jahren aus dem Militär ausgeschieden, weil er Offizier und Mensch nicht miteinander vereinigen konnte. Löst man die willkürliche Entscheidung Homburgs, in die Schlacht einzugreifen, vom Traumerlebnis im 1. Akt, so kann sein Eingreifen in die Schlacht auch als persönliche Entscheidung in einer wichtigen historischen Situation verstanden werden, der dann das Gesetz und der Befehl gegenüberstehen. Der Prinz, für den sein Sieg spricht, unterwirft sich dem Gesetz, als der Kurfürst von ihm selbst die Entscheidung verlangt. Der kategorische Imperativ, Kants Sittengesetz, wird angewendet: „Handle so, dass die Maxime deines Willens jederzeit zugleich als Prinzip einer allgemeinen Gesetzgebung gelten könnte." Allgemeine Gesetzgebung kann nicht sein, dass jeder seine Entscheidung trifft und danach handelt. Im Sinne dieses Gesetzes muss sich Homburg nun für das Gesetz und damit für seinen Tod entscheiden, weil er sonst der Anarchie Raum gäbe. Dennoch bleibt das Spannungsverhältnis zwischen Pflicht und Neigung, „Kriegsgesetz" und „liebliche(n) Gefühle(n)" (4.1., S. 60) erhalten und wird mehrfach in das Gespräch eingebracht, das Natalie im Anschluss an die Szene mit dem Kurfürsten führt. Außerdem wird endlich das Gesetz nicht auf den Kurfürsten zurückgeführt, sondern in eine ethische Dimension geöffnet. Der Oberst Kottwitz erläutert dem Kurfürsten, dass nicht der Wille des Kurfürsten die Buchstaben des Gesetzes ausmache, sondern „das Vaterland, das ist die Krone"(5.5., S. 80). Insofern kann Kleist, der entschiedene Kämpfer für die Freiheit Preußens von der französischen Fremdherrschaft, in der besonderen Situation auch die Übertretung des Gesetzes in Anspruch nehmen und legitimieren. Dabei stellt er nicht den Kurfürsten in Frage; er bleibt Anhänger der Monarchie.

Textaufbau (Themen des Dialoges als Ausdruck der sozialen Stellung)

Die von Homburg als „Mutter" angesprochene Kurfürstin ist nicht seine wirkliche Mutter, wie Elisabeth nicht die wirkliche Mutter Karlos', sondern seine Stiefmutter ist. Im Laufe der Szene stellt sich heraus, dass die Kurfürstin nach dem Tod der leiblichen Mutter, deren Jugendfreundin sie war, am Prinzen Mutterpflichten wahrgenommen hat. Das ist eine wichtige Voraussetzung: Die Kurfürstin hat für andere Menschen Erziehungspflichten übernommen und dadurch ihr eigenes Dasein problematisiert, denn mit der Verurteilung des Homburg droht auch ihr Verlust. Einen solchen verantwortungsbewussten Menschen, eine Mutter fast im Sinne Bertolt Brechts (*Der kaukasische Kreidekreis*), beauftragt Homburg mit der Rettung seines entpolitisierten Lebens, in dem er alle Verantwortung für andere abgegeben hat. Die Szene wird deshalb von zwei Wörtern und den zugehörigen Wortfeldern bestimmt, die alle anderen überragen: Mutter (mit Wörtern wie Himmelskräfte, Jugendfreundin, Gnade usw.) und Tod (mit Wörtern wie Grab, Gebein, Nacht, durchbohren usw.). Homburg führt sie bei seiner ersten Rede sofort zusammen: „O meine Mutter, also sprächst du nicht, / Wenn dich der Tod umschauerte, wie mich!" (8 f.) Dieser Homburg ist das Gegenteil von Karlos und muss sich deshalb auch gefallen lassen, von den Frauen aufgefordert zu werden: „Fasse dich!" (47) Homburgs Haltlosigkeit in seiner Todesangst entspricht nicht den Vorstellungen der Frauen vom brandenburgisch-preußischen Offizier und königlichen

Menschen. Dabei hat die Kurfürstin ihren Rettungsversuch schon unternommen, „doch alles, was ich flehte, war umsonst!" (63). Sie hat ihn wider besseres Wissen unternommen, denn natürlich weiß sie von der Macht des Gesetzes und kann also Homburg nur raten: „Wenn's so des Himmels Wille ist, / Wirst du mit Mut dich und mit Fassung rüsten!" (34 f.) Ähnlich argumentiert am Ende der Szene Natalie.
Die Frauen übernehmen die Verantwortung, die sie eigentlich von Homburg erwarten: Ein Soldat muss für seine Taten einstehen, deshalb ist er Soldat geworden. Sie gehen noch einen Schritt weiter und belehren ihn sogar über seine Pflicht als „Held": „Geh, junger Held, in deines Kerkers Haft, / Und auf dem Rückweg, schau noch einmal ruhig / Das Grab dir an ..." (98 ff.). Natalie zeigt jene Haltung, die sie von Homburg erwartet. (In einer späteren Szene – 4. Akt, 4. Auftritt – ist sie glücklich, als Homburg das Leben um jeden Preis, selbst um den einer Falschaussage, nicht will und die Begnadigung ablehnt; er will kein „Unwürdger" (4.4., S. 72) sein.) Homburg muss seine Todesfurcht überwinden, um seine preußische Ehre wiederzufinden. Er müsste außerdem die spontane Regung der Gefühle beherrschen lernen und zum Ausgleich mit dem Verstand bringen, der sich Gesetz und Befehl, letztlich dem kategorischen Imperativ, unterwirft. Nur eine stabile Beziehung beider Pole sichert den Charakter eines Helden. Das kann Homburg aber nicht. Kleists Gestalten haben zumeist die Eigenart, in Toben und Raserei zu verfallen. So auch hier: Bereits auf die erste Beschreibung seines Zustandes reagiert die Kurfürstin: „Du bist ganz außer dir!" (17); Hinweise, dass sich Homburg nicht beherrschen kann, finden sich in Fülle und zeigen, dass er den gewünschten Charakter kaum entwickeln kann.

Herstellen eines Kontextes (biographische, politisch-soziale Faktoren)

Attribute und Requisiten, mit denen Homburg umgeht, erinnern ebenso an romantische Requisiten wie auch Homburgs anfänglicher Auftritt als Träumer – er träumt vom Siegerkranz – und nächtlicher Schwärmer. Er träumt bereits den Sieg, ehe er die Tat begangen hat: Diese Vorwegnahme der Tat im Traum ist ebenfalls ein romantisches Vorgang. Homburg spricht von bevorzugten romantischen Dingen: Grab (19), Fackeln (19), Gebein (20), Feenreich (27) usw. Homburg neigt zu impulsiver Sprache, die von Ausrufen (Ach) und imperativischen Formeln (Sieh) geprägt ist. Er erscheint seinem Wesen und seinem Denken nach als eine romantische Gestalt, die an der Wirklichkeit zerbricht. Zwar hat er in der Schlacht wie ein Romantiker improvisiert, auf sein Glück und den Zufall vertraut, alles durchweg romantische Merkmale. Man könnte sogar vom Fragment einer Schlacht sprechen, das Homburg liefert, weil er die ganze Schlacht nicht überschaut; das Fragment war eine Lieblingsform der Romantiker. Der romantische Mann hat sich in einen Siegesrausch gestürzt, aber gegenüber dem Staat und seinem Gesetz hat er versagt. Der Kurfürst sucht die Siege nach Ordnung und Gesetz. Hier spricht sich Kritik Kleists an der Romantik aus, die zu keiner sachlichen Politik im Angesicht der besetzten Heimat in der Lage ist. Dahinter stecken bei Kleist die Ideen Kants: Das Individuum solle sich so verhalten, dass eine allgemeine Gesetzgebung daraus entstehen könne. Schillers Karlos vertritt solche Ideen noch vor Schillers Kant-Studien; er verhält sich so, wie es Elisabeth und Posa wünschen und wie sie meinen, dass es für die Niederländer günstig wäre. Homburg verhält sich völlig anders: Er macht die persönliche Willkür zum Gesetz und verlässt damit den Boden der Gesellschaft; sein Verhalten kann und darf nicht zur Gesetzgebung werden, verlöre doch dann ein Gemeinwesen seine Basis, würde aus der Moral des gemeinsamen Lebens in festen Normen eine unmoralische individuelle Befriedigung. Am Ende ringt sich

Homburg jedoch zum Appell Kants an das eigene Gewissen durch und entscheidet sich für die Einhaltung des Gesetzes; damit ist dem Kurfürsten die Möglichkeit zum Gnadenakt gegeben. Unveränderlichen Bestand in Homburgs Denken haben wie bei Kleist aufklärerische Positionen: Es klingt nach Rousseau, wenn Homburg als Fluchtposition beschreibt, auf seine Güter zurückzukehren und dort Ackerbau zu betreiben, „dass mir der Schweiß herabtrieft, säen, ernten" (74).

Reflektierte Schlussbetrachtung (Zusammenhang von Struktur und Absicht, Wirkung bis in die Gegenwart)

Während Schillers *Don Karlos* an der Veränderung seiner Haltung wächst, aus Liebe die Einsatzbereitschaft des Freiheitskämpfers entsteht, wird Kleists Prinz von Homburg kleinmütig, unheldisch und ängstlich. Er hat keine Aufgabe zur Verfügung, die ihn aufrichten würde; sogar seine Braut gibt er preis. Erst als ihm die Entscheidung selbst übertragen wird und er damit ein Urteil zwischen Pflicht und Neigung über die eigene Leistung hinaus zu fällen hat, dies aber im Angesicht der Verantwortung für das Vaterland, nicht mehr aus Prinzipientreue gegenüber dem Befehl, vollzieht sich ein Wandel: Homburg kehrt zu den aufklärerischen Positionen der strengen Pflichterfüllung zurück. Statt der Heldentat wird der Sieg in der Schlacht nun zum Ungehorsam. Damit gelangt Homburg wieder zum aufklärerischen Prinzip der Selbstbestimmung und zur Anerkennung der Pflicht als Teil der Freiheit; das sind die Positionen Kants wie die Schillers und eben auch die Kleists. Sie sind bis zum heutigen Tage Bestandteile des Freiheitsbegriffes.
Kleist zeigt die Problematik einer romantisch veranlagten Persönlichkeit in der Gestalt des Homburg. Während sich Schillers Karlos für die aufklärerische Idee der freien Gesellschaft entscheidet, ist Homburgs Maßstab die individuelle Befriedigung und Wunscherfüllung. Karlos und Homburg stammen beide aus der absolutistisch-aristokratischen Welt, stellen aber in dieser völlige Gegensätze dar, die – im Falle Karlos' – die Überwindung des absolutistischen Denkens andeuten, im Falle Homburgs den Untergang dieses Denkens bei der Entscheidung gegen die Gesetze und Normen.

Aufgabenart III A

Argumentative Entfaltung eines fachspezifischen Sachverhaltes bzw. Problems oder eines Problems, dessen fachlicher Hintergrund aus dem Unterricht bekannt ist, im Anschluss an die eingeschränkte Analyse einer Textvorlage

Aufgabenstellung

A Aufgabe

1. Analysieren Sie den Text aus *Das Leben des Friedrich Schiller* von Sigrid Damm. Bewerten Sie abschließend Damms These, Schiller sei „unzufrieden mit dem *Don Karlos*" und dieser bleibe „ein ungeliebtes Stück".
2. Setzen Sie sich anschließend in Form eines Briefes an Sigrid Damm mit dem Grund der Unzufriedenheit Schillers auseinander und beurteilen Sie die „Schwächen des Stücks".

Text

Sigrid Damm
Das Leben des Friedrich Schiller (2004)

S. 62–63:
Doch bereits im Frühjahr 1786 hatten sich erste Ermüdungserscheinungen angekündigt. Die Dresdner nennt er *ein seichtes ... zusammengeschrumpftes, unleidliches Volk.*
Bietet das Leben im privaten Kreis nicht genug Reibung, Spannung?
Die Arbeit am ‚Don Carlos' stockt.
Ich bin mürrisch und sehr unzufrieden. Kein Pulsschlag der vorigen Begeisterung. Mein Herz ist zusammengezogen, und die Lichter meiner Phantasie sind ausgelöscht, heißt es am 1. Mai an Huber. Schiller ist allein in Dresden, die Freunde sind nach Leipzig gereist.
Dann formuliert er einen Satz, wie ihn ähnlich Georg Büchner seinem Danton in den Mund legen wird. *Ich könnte des Lebens müde sein, wenn es der Mühe verlohnte zu sterben.*
Depressionen, Schreibkrisen, wie sie ihn schon in seiner *Einsiedelei* in Bauerbach, in anderer Weise in Mannheim, selbst in Leipzig überfallen haben und immer wieder überfallen werden? Dafür könnte stehen, dass er hinzufügt: *Ich bedarf einer Krisis – die Natur bereitet eine Zerstörung vor, um neu zu gebären.*
Aber es ist wohl weit mehr, ist ein Signal, dass Körners Großzügigkeit, ihn aus der Notwendigkeit des Brotverdienens zu setzen, ihn beengt, bedrückt. *Unabhängigkeit, die ich sonst für das höchste Gut halte, wird mir eben dadurch lästig, weil sie mir aufgedrungen wird,* schreibt er in jenem Mai.

S. 66–67:
Ende Mai 1787 kehrt Schiller nach Dresden zurück. Anfang Juni schließt er den ‚Don Carlos' ab. Bereits im Februar hatte Göschen mit dem Druck begonnen. Ende Juni 1787 bringt er dann die Buchausgabe unter dem Titel ‚Don Karlos Infant von Spanien' auf den Markt.
In einem äußert langwierigen Prozess über einen Zeitraum von vier Jahren hat Schiller das Stück geschrieben. Es ist sein erstes, das historische Studien zur Grundlage hat, das erste, in dem er seine Prosa durch Verse ersetzt.
Schiller ist unzufrieden mit dem ‚Don Carlos'. In mehreren Briefen wird er – im Bewusstsein der Schwächen des Stücks – es in der Öffentlichkeit verteidigen. Die lange Entstehungszeit habe *in* ihm *selbst vieles verändert*, schreibt er, Brüche zwischen den ersten und letzten Akten damit erklärend. Stecken nicht mehrere Tragödien in diesem Stück, und ist nicht gerade dies Schillers Schwierigkeit, dass er zwischen verschiedenen Konzeptionen schwankt und keine ganz aufgeben will?
‚Don Carlos' bleibt ein ungeliebtes Stück; Körner gegenüber wird er es als *Machwerk* bezeichnen, das ihn anekle. Von den ersten Entwürfen in Bauerbach bis zum Frühjahr 1805, kurz vor seinem Tod, wird ihn das Stück beschäftigen. Nach der Erstausgabe von 1787 eine Fassung von 1801, eine von 1805. Von keinem anderen Drama Schillers liegen so viele und so unterschiedliche Fassungen vor. Überliefert sind auch die Theatermanuskripte für Hamburg und Riga, ebenso die Regiebücher des ‚Don Carlos' von Hamburg, Mannheim, Frankfurt, Breslau und Weimar.
Das Mannheimer Regiebuch enthält neben Schillers Grundtext – vom Mannheimer Souffleur und Kopisten Johann Daniel Trinkle abgeschrieben – Dalbergs Textbearbeitung, seine teils massiven Änderungen. Das Rigaer Theatermanuskript ist eine Abschrift mit eigenhändigen Korrekturen Schillers und einem von ihm selbst geschriebenen Personenverzeichnis. Die Hamburger Bühnenfassung ist durchgängig von Schillers Hand, am 13. Juni 1787 schickt er sie an Schröder.

Sommer 1787: Abschluss und Erscheinen des ‚Don Carlos' als Zäsur. Die anstehende Klärung der künftigen literarischen Bestimmung. Das dringende Bedürfnis nach Unabhängigkeit.

Die Loslösung von Körner scheint einzig durch eine Ortsveränderung möglich. Wohin aber?

Hamburg steht zur Debatte. Schröder hat ihm Ende 1786 ein Engagement in der Hansestadt angeboten. Eine erneute Existenz als Theaterdichter aber reizt Schiller nicht. *In Mannheim* habe er *beinahe allen Enthousiasmus für das Drama verloren*. Er lehnt ab mit dem Argument, die trivialen Seiten des Bühnenbetriebes beschränkten seine literarische Phantasie. Er *glaube überzeugt zu seyn, daß ein Dichter, dem die Bühne, für die er schreibt immer gegenwärtig ist sehr leicht versucht werden kann, der augenblicklichen Wirkung den daurenden Gehalt aufzuopfern* ...

Er wolle sich *die glückliche Illusion bewahren ..., welche wegfällt sobald Coulissen und papierne Wände mich unter der Arbeit an meine Gränzen erinnern. Besser ist es immer wenn der erste Wurf ganz frei und kühn geschehen kann* ...

Weimar. Der Entschluss, dorthin zu gehen.

Die Finanzierung der Reise vom Honorar der Hamburger Bühnenfassung des ‚Don Carlos'. *Könnten Sie mir*, schreibt er Schröder am 13. Juni 1787, *eh ich abreise noch Geld schicken, so würde mir das sehr willkommen seyn. Ich brauch es zur Reise* ... Am 21. Juni sendet Schröder das Geld.

Am 20. Juli 1787 verlässt Schiller Dresden.

(Aus: Sigrid Damm: *Das Leben des Friedrich Schiller. Eine Wanderung*. Frankfurt am Main und Leipzig: Insel-Verlag, 2004, S. 62–63, 66–67. Alle Auslassungen bei Damm.)

Information zum Text:

Eine Wanderung: Mit diesem Untertitel bezeichnete Sigrid Damm ihre Beschäftigung mit Schiller und seinem Werk. Immer wieder angeregt wurde sie, die sonst Schiller nicht so nahe wie Goethe stand, durch Schillers Jugenddrama *Die Räuber,* die sie faszinierten und ihr Interesse für Schiller so weit entwickelte, dass es zu dieser beeindruckenden Biografie kommen konnte.

Erläuterung der Aufgabenstellung

Sie zeigen Ihr Können bei der Analyse von Sachtexten. Dazu verwenden Sie fachspezifische Begriffe und setzen die im Unterricht erlernten Argumentationsmöglichkeiten ein.

Davon ausgehend weisen Sie Ihr Textverständnis aus und bestimmen die zentrale Aussage mit entsprechenden Zitaten aus der Textvorlage. Konzentrieren Sie sich auf die von Sigrid Damm eingebrachten Begriffe.

Bei der Vorbereitung auf den von Ihnen zu schreibenden Brief bestimmen Sie die Parallelen zwischen der Textvorlage und Ihren Gedanken. Sie gehen auf die Bedeutung der verschiedenen Konzeptionen und der „mehreren Tragödien" ein und stellen, wenn möglich, aktuelle Bezüge her.

Schreibplan

zu Aufgabe 1

Schreibplan

Teilaufgabe 1: Analyse der Textvorlage		
Baustein	**Erläuterung**	**Mögliche Operatoren**
Einleitung	Text, Autor, Entstehungszeit/Veröffentlichung Thema, Sonderstellung des *Don Karlos:* „ein ungeliebtes Stück"	**verfasst/formuliert** eine aufgabenbezogene Einleitung, die die Sonderstellung des Stücks betrifft
Argumentation: Ansatz und Gang	Beschreibung der Brüche und „mehreren Tragödien" im *Don Karlos*	**stellt** den Standpunkt der Autorin dar, **beschreibt** den Aufbau des Textes
Argumentationsinhalte und Argumentationsmittel	Untersuchung zentraler Thesen/ Argumente; Untersuchung von auffälligen stilistischen Mittel	**erschließt** differenziert eine kritische Sicht auf die Thesen Damms; **erklärt** kritische Einschätzungen

Lösungsmöglichkeit

zu Aufgabe 1

(außer der Einleitung stichwortartig)

Lösung

Einleitung (Sonderstellung des *Don Karlos:* „ein ungeliebtes Stück")

Die Literaturwissenschaftlerin und Schriftstellerin Sigrid Damm hat 2004 anlässlich des Schillerjahres 2005 eine umfassende Biografie des Dichters veröffentlicht. Sie ist bereits früher mit Büchern zu Goethe und Goethes Familie und zu J. M. R. Lenz hervorgetreten und hatte damit große Erfolge. Wenn sie ihr Buch über Schiller im Untertitel als eine „Wanderung" bezeichnet, so ist es die Wanderung der Autorin zu Friedrich Schiller, der ihr bei ihren Arbeiten über die Sturm-und-Drang-Dichter und die deutsche Klassik nicht so nahe war wie Lenz oder Goethe. Doch ging besonders von den Sturm-und-Drang-Werken Schillers eine Faszination aus, die sie immer wieder anzog, wie sie zu Beginn ihrer Biografie erklärt. An den ausgewählten Passagen über *Don Karlos* fallen Hinweise auf, die dem Werk eine Sonderstellung im Schaffen Schillers einräumen.

Argumentation: Ansatz und Gang (Beschreibung der Brüche und „mehreren Tragödien" im *Don Karlos*)

Leiden am *Don Karlos*: lange Entstehungszeit. Stocken und Unterbrechung der Arbeit. *Don Karlos* begleitet ihn lebenslang „bis zum Frühjahr 1805, kurz vor seinem Tod" (Z. 37 f.). Zusammenhang von räumlicher Befindlichkeit und Schaffenslust. – Verlust der Lebens- und Schaffensfreude („Ermüdungserscheinungen", „Depressionen, Schreibkrisen", Z. 2, 14), Nähe zu Georg Büchners *Danton* mit der Idee der Selbstaufgabe. Hinweis auf die besonderen Schaffensumstände: benötigt *„Krisis"* und *„Zerstörung"*, um neu arbeiten zu können. (Z. 16 f.) „Bedürfnis nach Unabhängigkeit"(Z. 50 f.), Suche

nach der „Reibung, Spannung" (Z. 5) außerhalb des „privaten Kreis(es)" (Z. 5) als Quelle der „*Phantasie*" (Z. 8).
Verschiebung der Konzeptionen, daraus entstehende Unzufriedenheit. Stück entsteht von 1782 bis 1787, erlebte mehrere Wandlungen; erstes Stück, „das historische Studien zur Grundlage hat" (Z. 28 f.).

Schiller gibt später bestimmte Brüche zu:
- zwischen den ersten zwei Akten, die Karlos gehören, und den drei abschließenden Akten, die im Zeichen Posas stehen (*Briefe über Don Karlos*). Die Textgestaltung beschäftigt Schiller bis zum Tod. –
- Bruch auch zwischen neuem bürgerlichen Trauerspiel, – zu der Zeit ein erfolgreicher moderner Dramentyp –, mit der alten Haupt- und Staatsaktion.
- Bruch zwischen Familien- und politischem Stück, in dem die Abrechnung mit der unmenschlichen Inquisition eine wichtige Rolle spielen sollte,
- Bruch zwischen großem historischem Stück und dem bürgerlichen „Familiengemälde".

Tragödien:
Schiller sah mehrere Tragödien in dem Stück, dazu gehört
- die Tragödie der Liebe zwischen Karlos und Elisabeth,
- die Tragödie der Freundschaft zwischen Karlos und Posa,
- die Tragödie der Ehe zwischen Philipp und Elisabeth,
- die Tragödie zwischen spanischer Unterdrückung und niederländischem Freiheitskampf u. a.

„Brüche" schließlich auch in Inhalt und Form, die indessen notwendige Entwicklungsstufen ausmachen:
- Übergang von den bürgerlichen Stoffen einiger Sturm-und-Drang-Dramen Schillers mit aktuellen Stoffen (*Die Räuber, Kabale und Liebe*) zum ersten Stück, „das historische Studien zur Grundlage hat" (Z. 28 f.), was nur mit Einschränkungen stimmt, denn auch *Die Verschwörung des Fiesco zu Genua* (1783) ist ein zeitfernes, historisches Stück.
- Übergang von Prosa zum Vers.

Zusammenhang zwischen individueller Freiheit und schöpferischer Phantasie als „*glückliche Illusion*" (Z. 61). Besonders akzentuiertes Wortfeld bei Damm: Phantasie, Unabhängigkeit. Zu ihm gehören auch die Gegensätze: „Depressionen, Schreibkrisen" (Z. 14), aber auch „Regiebücher" (Z. 41) und „Änderungen" (Z. 45). Zusammengehörig: Phantasie und Disziplinierung.

Argumentationsinhalte und Argumentationsmittel
(Bedienen Sie sich bei der Lösung des Problems, wie es die Aufgabenart vorsieht, des Unterrichtsproblems, dessen fachlicher Hintergrund aus dem Unterricht bekannt ist.)

Schriftstellerin Damm greift Schillers Selbstaussagen auf, beschreibt den Zusammenhang von Ortswahl und künstlerischer Phantasie, von Unabhängigkeit in materieller Hinsicht bei vorhandener Disziplinierung und Ungebundenheit. Aus zwiespältiger Situation entsteht zwiespältiges Stück: *Don Karlos* als „*Machwerk*" (Z. 36), als „ein ungeliebtes Stück" (Z. 36) und die Unzufriedenheit des Schöpfers, der sein Stück mit *Briefen über Don Karlos* verteidigt.

Schillers Lebensumstände in ihrem Zusammenhang mit den Konzeptionen des *Don Karlos.* Lange Entstehungszeit habe selbst vieles verändert. Die durch veränderte Konzeptionen entstandenen „Schwächen des Stückes":

- 1783 das erste Konzept in Bauerbach; Hauptgestalten Karlos, Philipp, Elisabeth und Alba, tragischer Familienkonflikt der Liebe Karlos' zu seiner Stiefmutter.
- 1784 *Mannheimer Entwurf*: Familienhandlung im Vordergrund, Ausdruck einer Thematik des Sturm und Drang. Aber auch schon deutlich: der Freiheitskampf in Flandern, dadurch bekam Posa, der bisher nur Vertrauter der Liebenden war, ein Profil. Er vertrat nun die Freiheitsidee der Niederländer und den Kampf gegen die Tyrannei. Im Herbst 1784: fünffüßige jambische Verse an die Stelle der Prosa.
- 1785: Vers wird durchgeführt. Der Stoff ist größer, anspruchsvoller und bedeutender geworden, so dass, wollte man die klassische Einheit von Inhalt und Form erreichen, nur der Vers als höchstes Maß des Poetischen zur Verfügung steht. Bei dieser Entscheidung bleibt Schiller in seinen weiteren Dramen bis zum Tod.
- 1785 bis 1787: Veröffentlichungen in vier Heften der *Thalia;* der Text reichte bis zur entscheidenden Begegnung zwischen Philipp und Posa (3. Akt, 10. Szene), ohne dass diese ausgeführt wurde. Karlos konsequent bereit, sich von seiner Herkunft zu lösen und sich Menschheitsaufgaben zu widmen.
- 1785 bis 1787 entscheidende Schaffensphase in Leipzig und Dresden; das Stück erhält die politische Utopie, die komplizierte Entstehung fand ihren Abschluss. Die bisher dominierenden Ideen Rousseaus über das Naturrecht verbinden sich mit Montesquieus Staatslehre, die Posa in seinem Staatsideal der Zukunft umsetzt.

Entscheidende Veränderung bei der Konfliktsetzung, es würden „mehrere Tragödien in diesem einen Stück" stecken:

- Anfangs Familiengemälde, das trotz seiner hoheitlichen, königlichen Personen noch ganz den Konflikten der bürgerlichen Familie aus *Kabale und Liebe* entspricht, Liebe und Treue, Ehebruch Philipps und Intrigen.
- Neben der Liebe Karlos' zu seiner Stiefmutter spielt die Freundschaft zwischen Karlos und Posa eine Rolle; erinnert an die Freundschaftsbünde der Stürmer und Dränger (Straßburg, Göttinger Hain). Schiller erlebte solche Freundschaft bei den Körners in Leipzig und Dresden während der Entstehungszeit des *Don Karlos* als praktische Lebenshilfe. – Freundschaft zwischen Karlos und Posa von Beginn an problematisiert: Karlos versucht die Freundschaft zu erneuern, für Posa die Gelegenheit, mit Karlos' Hilfe seine politischen Ziele in Flandern zu verwirklichen. Stimmt Karlos' Freundschaftswunsch zu, ohne einen eigenen einzubringen. Posa ist Karlos ebenbürtig, aus dem Konflikt der bürgerlichen Familie sind die Menschheitsansprüche von Freiheit entwickelt worden. Das Interesse richtet sich nun auf Posa. –

Politisches Drama *Don Karlos* durch die Familienhandlung möglich, beide Handlungsstränge verfügen in der Figur Posas über den gleichen Beteiligten:
Er will einmal die Interessen der Niederländer durchsetzen und zum anderen dem König beim Klären der Familienprobleme dienstbar sein. Drei Handlungsstränge werden in der endgültigen Fassung parallel geführt, durchaus auch auf die verschiedenen Konzeptionen zurückverweisend:

- Karlos' Geheimnis ist die verbotene Liebe zu seiner Stiefmutter, verliert aber für die Handlung an Bedeutung, wird von Karlos im Interesse des politischen Kampfes aufgegeben;

- der niederländische Freiheitskampf, in dem Karlos von den Niederländern erwünscht ist. Durch Posa (und die Königin) handlungsbestimmend.
- Die dritte Handlung ist die Eboli-Intrige, selbstständig neben den beiden anderen Handlungen, die Konflikte der anderen Handlungen verstärkend, aber auch eine in sich geschlossene Verführungshandlung. Die Eboli-Handlung lebt von Verwechslungen, Täuschungen und Betrug; bringt Spannung ein.

S Schreibplan

Schreibplan

zu Aufgabe 2

Teilaufgabe 2: argumentative Entfaltung eines Sachverhaltes/eines Problems

Baustein	Erläuterung	Mögliche Operatoren
Überleitung	Zusammenhang zwischen Textvorlage und Brief, entsprechend dem Auftrag der Aufgabenstellung	**formuliert/verfasst** eine aufgabenbezogene Überleitung
Text-/ Kontextverständnis	Löst die Textvorlage aus dem Zusammenhang und geht auf Schillers Aussagen ein, die zu Damms These führen	**gibt** wichtige Informationen zur Textvorlage **wieder**
Problematisierung und Kontextualisierung	Welche Gründe führen zu Damms These und was bedeuten sie für Schillers Werk? Aufbau und Entfaltung einer eigenständigen Argumentation	**untersucht** Zusammenhänge **erläutert** an Beispielen Aussagen
reflektierte Schlussfolgerungen	Stellungnahme zu den Thesen Sigrid Damms und zu Schillers Verhältnis zu seinem Werk. Schwächen durch Programmatik verdeckt	**beurteilt** die Thesen und die Selbstaussagen Schillers und die der Autorin Sigrid Damm

L Lösung

Lösungsmöglichkeit

zu Aufgabe 2

(außer der Einleitung stichwortartig)

Einleitung (Zusammenhang zwischen Textvorlage und Brief)

Sehr geehrte Frau Damm,
in Ihrer Biografie über Friedrich Schiller beschreiben Sie die lange Entstehungszeit des *Don Karlos*. Sie beziehen sich auf Schiller, der sein Werk als *Machwerk* bezeichnete und daraus Schwächen ableitete, die er in seinen *Briefen über Don Karlos* erklären wollte. Nun ist nicht zu übersehen, dass aus der am Beginn betonten Liebesgeschichte, in die sich Karlos verstrickt hat, allmählich eine andere Geschichte, ein politischer Vorgang wird, der von grundsätzlicher und aktueller Bedeutung ist: Karlos und Posa wollen den niederländischen Befreiungskampf gegen Spanien unterstützen und Posa hat im Hinterkopf auch seinen utopischen Weltstaat, in dem die Bürgerlichkeit statt der Aristokratie herrschen

soll. Da der Übergang von der Liebes- in die Befreiungshandlung zwischen Karlos und Elisabeth, die den Freiheitskampf ebenfalls unterstützt, begründet und logisch entwickelt wird, ist mir der dramaturgische Bruch durchaus bewusst, ich würde ihn aber im Angesicht der entwickelten Programmatik nicht als eine „Schwäche" des Stückes bezeichnen, sondern sie vielmehr dadurch begründet sehen.

Text-/Kontextverständnis (Schillers Aussagen)

Familienhandlung bedient sich bewährter Grundstruktur, dem Vater-Sohn-Konflikt; alter Konflikt – Parabel vom verlorenen Sohn im Lukas-Evangelium bis zu Franz Kafkas *Das Urteil.* – Im Konflikt definieren und legitimieren sich Söhne als weltanschauliches und moralisch-ethisches Gegenstück zu ihrem Vater; der Konflikt steigert sich mit zunehmender Gnadenlosigkeit der Väter. Hier zusätzliche Qualität durch Politisierung des Konflikts; Sohn wird zum politischen Gegner des Vaters. Insofern steigern die Konzeptionsänderungen wechselseitig die Tragfähigkeit des Konflikts. Von Schiller kontinuierlich über verschiedene Stufen bis zur totalen Familienzerstörung geführt. Damit sind Vater und Sohn gleichermaßen erledigt, der eigentliche Sieger ist die Inquisition.
Der Aufbau des *Don Karlos* ist einheitlich geblieben: Nur eine grundsätzliche Veränderung, Gestalt des Karlos tritt ab dem 3. Akt zurück und macht Platz für Posa, der bis zu seinem Tod die Handlung dominiert. Kein Bruch, denn beide vertreten trotz einzelner Unterschiede das gleiche Ziel. Verschiebung stört das Stück kaum, erklärt sich aus der geistigen Nähe von Karlos und Posa. Freiheitsgedanke wird zur Klammer der Handlung, scheidet das Figurenensemble in Fürsprecher (Posa, Karlos, Königin) sowie Gegner (König, Alba, Großinquisitor). Umfangreiche geschichtsphilosophische und staatspolitische Begründung in der Zentralszene des Stückes (3. Akt, 10. Auftritt), wirkt gleichzeitig bis in die Gegenwart und lässt Rückschlüsse auf ein Globalisierungsmodell zu, wie es Posa entwirft. Lässt hohen Wert von Idealen erkennen, vergrößert Lebenssinn für das Individuum, wenn es sich für ein gemeinsames politisch-gesellschaftlich-soziales Ziel einsetzt.

Problematisierung und Kontextualisierung (welche Gründe führen zu Damms These und was bedeuten sie für Schillers Werk?)

Aus der Sicht Schillers, die Sie, Frau Damm, einnehmen, sind Brüche und Schwächen vorhanden und verständlich; der Dramatiker Schiller, der ausgeprägtes Gespür für entsprechende Situationen hat, ging von der dramaturgischen Logik aus. Heute, im Wissen um andere Formen der Dramatik und des Theaters, sind weniger die vollkommenen Intrigen der Eboli-Handlung oder die geheimnisvollen Ränkespiele der Inquisition beeindruckend, obwohl sie seinerzeit wesentlich die Spannungsführung bestimmten, sondern die Begründungen für die weltanschaulich groß angelegten Entwürfe und deren Konturen. Schlüsselszene (3. Akt, 10. Auftritt) hat kaum dramatische Handlung. Wird aber gerade dadurch vom dramatischen Einzelfall zum gültigen Gesellschaftsprogramm. Ideelles Zentrum und Forum für Schillers weltanschaulich-politische Ansichten, die von Rousseaus *Gesellschaftsvertrag* geprägt sind: Das Naturrecht, als Alternative zum Absolutismus, gebe den Menschen Freiheit und Gleichheit. In den *Briefen über Don Karlos* werden Posas Ideale zur „Hauptidee" des Stückes erklärt und der ursprüngliche Ansatz der Familientragödie wird zurückgedrängt. Insofern ist die Einschätzung in der Biografie zu den Brüchen und Schwächen logisch zwingend, für die Gegenwart aber nicht mehr der alleinige Maßstab.

Weitgehend ohne Brüche agiert Philipp II.; in allen Konzeptionen Schillers eine zentrale Gestalt. Wird durch seine Zugehörigkeit zur familiären und zur politischen Handlung in tragischen Konflikt verwickelt: die Einsamkeit des Herrschers und mitleidende Menschlichkeit schließen sich aus. Philipp wird verletzlich, als er zum Entsetzen des Hofes weint. Ein Herrscher regiert, ohne menschliche Regungen auszuüben; zeigt er solche, gilt er als unfähig. Eine andere Haltung erst in Posas Zukunftsreich möglich, das auf seine Verwirklichung wartet. Philipp kann nur Mensch oder König sein; da er beides sein möchte, verliert er seine Macht an die Inquisition, der Menschlichkeit fremd ist. Über diese Konstellation werden die Brüche und Handlungsverlagerungen aufgefangen und durchgeführt.

Reflektierte Schlussfolgerungen (Stellungnahme den Thesen Sigrid Damms und zu Schillers Verhältnis zu seinem Werk)

Schiller wollte möglicherweise in Anbetracht der fürstlichen Gönner, an die er sich wendete, den politischen Charakter des Stückes herunterzuspielen und manches, was bei ihnen Abstoß erregen konnte, aus den Brüchen und Schwächen begründen. Auch ging es darum, die Intendanten nicht zu verunsichern, um Aufführungen zu erreichen. Deshalb betonte er mehrfach das „Familiengemälde in einem fürstlichen Hause". Andererseits ließ Schiller keinen Zweifel daran, dass seine Stoßrichtung eine politische war, vor allem in der Kritik an der grausamen Inquisition. Sie beschäftigte Schiller im Zusammenhang mit dem Stück von Anfang an und drängte sich in den Vordergrund, um schließlich eine Art Rahmen des Stückes (Domingo zu Beginn, Großinquisitor am Schluss) zu bilden. – Leidenschaften wie Liebe, Eifersucht, Hass, Misstrauen und Freundschaft, religiöser menschenverachtender Fanatismus, brutale militärische „Henkersknecht(e)" (V. 162) und blutiger Terror der Inquisition wurden mit aktuellen Ideen der Freiheit, Gleichheit und souveränen Bürgerlichkeit verbunden. Personen des Stückes vertraten über ihre private Existenz hinaus epochale Vorstellungen, wie sie die Aufklärung entwickelt hatte, allen voran der Marquis von Posa. Und deshalb meine ich, hat der große Entwurf des Weltbürgertums, den Posa vornimmt, längst über die vermeintlichen Schwächen des Stückes gesiegt und sie in den Hintergrund gedrängt.

Stichwortverzeichnis

Königs Abi-Trainer: Die ideale Lösung für Abiturienten in Nordrhein-Westfalen!

Optimal vorbereitet auf die Pflichtschwerpunkte durch:

- Wiederholung und Festigung der verbindlichen Unterrichtsaspekte
- genaue Aufschlüsselung und Analyse der Übungsaufgaben:
  - Was wird konkret erwartet?
  - Welche methodischen und inhaltlichen Möglichkeiten der Aufgabenbewältigung gibt es?
- Schreibpläne geben konkrete Tipps und Hinweise für die Herangehensweise an die Abituraufgaben
- Abitur-Übungsaufgaben mit Lösungen

Bange
...leichter lernen!

Königs Abi-Trainer
Deutsch-Abitur NRW
2011 und 2012
Inhaltlicher Schwerpunkt: Liebeslyrik in Barock, Romantik und Moderne/Gegenwart (1950-2000)
Gym/Gesamtschule/Sek II
ISBN 978-3-8044-3206-2

Königs Abi-Trainer
Deutsch-Abitur NRW
2011
Inhaltlicher Schwerpunkt: Epochenumbruch 19./20. Jh.
- unter besonderer Berücksichtigung der Entwicklung epischer Texte:
Fontane: Effi Briest; Schnitzler: Traumnovelle/ Leutnant Gustl
Gym/Gesamtschule/Sek II
ISBN 978-3-8044-3205-5